21 SHIJI CHENGREN GAODENG JIAOYU CAIJINGLEI XILIE JIAOCAI

21世纪成人高等教育财经类系列教材

人力资源管理

RENLI ZIYUAN GUANLI

总主编：周传丽

主　编：沈远平（暨南大学）

刘　进（广东商学院）

副主编：刘春江（东莞理工学院）

索学芳（华南农业大学）

西南财经大学出版社

SOUTHWESTERN UNIVERSITY OF FINANCE & ECONOMICS PRESS

图书在版编目(CIP)数据

人力资源管理/沈远平,刘进主编.—成都:西南财经大学出版社,2011.12(2022.1重印)
ISBN 978-7-5504-0479-3

Ⅰ.①人… Ⅱ.①沈…②刘… Ⅲ.①人力资源管理—成人高等教育—教材 Ⅳ.①F241

中国版本图书馆CIP数据核字(2011)第235921号

人力资源管理

总主编:周传丽
主　编:沈远平　刘　进
副主编:刘春江　索学芳

责任编辑:王　利
助理编辑:海　燕　海　霞
封面设计:大　涛
责任印制:朱曼丽

出版发行	西南财经大学出版社(四川省成都市光华村街55号)
网　　址	http://cbs.swufe.edu.cn
电子邮件	bookcj@swufe.edu.cn
邮政编码	610074
电　　话	028-87353785
印　　刷	郫县犀浦印刷厂
成品尺寸	185mm×260mm
印　　张	16.25
字　　数	365千字
版　　次	2011年12月第1版
印　　次	2022年1月第5次印刷
印　　数	14001—16000册
书　　号	ISBN 978-7-5504-0479-3
定　　价	29.00元

21 世纪成人高等教育财经类系列教材简介

随着成人高等教育事业的蓬勃发展，成人高等教育教材存在可选版本较少和内容陈旧等问题。虽不少学校借用普通高校教材，但所借用的教材通常难度较高并脱离成人教育实际情况。

为解决这些问题，广东省普通高等学校成人高等教育研究会在总结广东省各普通高校成人教育教学、实践经验的基础上，组织有关高校专家编写本系列教材。本教材根据成人高等教育学生的实际入学基础编写，重点突出成人、业余、实用的特点，以求达到理论与实践相结合，学习内容和形式与成人学习者相符合的目的。

本系列教材实行主编负责制，由西南财经大学出版社于 2011 年 11 月陆续出版。

总 序

他们或许是一群走上社会后还需要更新知识和提升技能的人，他们或许是一群由于种种原因而没能接受普通高等教育的人，对他们而言，时间始终是一个极为强硬的约束，但对知识的渴求和现实的压力，使得他们义无反顾地选择了成人高等教育这一学习形式，以期实现自己的理想。

成人高等教育既是高等教育的重要组成部分，又是终生教育体系的重点发展方向。就培养目标而言，成人高等教育旨在培养具有专业知识和专业技能的应用型人才，以满足知识经济时代对人才的需求。基于此，成人高等教育的教学内容就应当能及时反映当代科技与经济发展水平，及时吸收经济与科技发展中创造出的新成果，并充分体现“学”和“用”的紧密结合。

为了解决成人高等教育教材“普教化”以及成教学生“工”与“学”的矛盾，由广东省普通高校成人高等教育专业委员会牵头，组织省内重点高校共同编写的“21世纪成人高等教育财经类系列教材”面世。该套教材共16种，其中6种本科用教材：《中级财务会计》、《成本会计》、《管理会计》、《会计电算化》、《管理学原理》、《中国税制》，6种专科用教材：《会计学原理》、《财务管理学》、《审计学基础》、《管理学原理》、《市场营销学》、《财政与金融》，4种本科专科通用教材：《宏观经济学》、《微观经济学》、《统计学原理》、《人力资源管理》。我们将分批推出这套系列教材。

我们奉行的理念是：集众多成人教育教材之精华，融几十位相关专业教师之经验，呈特色精品于学生。在充分顾及成人高等教育的教学规律和教育对象特点的基础上，本着“实用为主，够用为度”以及注重理论联系实际的总原则，博采众家之长，形成了具有明显成人高等教育特色的系列教材。该套教材总体特色体现在以下六个方面：

第一，内容简明。教材充分考虑到成人教育的特点，内容以涵盖本学科的主要知识为度，对围绕主要内容的扩展性知识点到为止。略去了复杂的推理、演绎和论证过程，以突出重点。

第二，体例新颖。教材各章正文前以“学习目标”和“引导案例”作为本章的学习提示，引领学生以探究、思考和追踪的方式学习相关知识。章前“学习目标”与章后“本章小结”相互呼应，便于学生加深对本章重要知识点的印象。章后的思考题、练习题和案例分析题有利于学生通过思考和探讨，提高对理论和业务原理的认知程度，培养学生的分析能力、决策能力和创新能力。

第三，彰显实用。教材内容突出实践中普遍应用的原理和方法，除个别教材受内容限制外，大部分教材各章、各节内容中辅之以鲜活实用的“小案例”和“小链接”，在阐述理论知识的同时，引发学生对现实问题的思考和探究，并有助于“教”与“学”的互动。

第四，体现前沿。教材充分体现了各专业和各学科的国内外最新研究成果和研究动向，同时修订了以往教材中已经陈旧过时的内容，以期实现与经济发展和科学研究同步，其中的会计系列教材更是体现了近年来我国会计改革与国际趋同的理念。

第五，系统整体。在该套教材的编写过程中，我们更加重视各门课程之间的内在联系以及同一门课程内容的前后关联，以期更好地帮助学生把握相关专业知识的系统性和整体性，避免局部知识之间相互隔离与割裂。与此同时，本系列教材还有意识地避免了某些知识点在多门课程中重复出现。

第六，生动立体。以成教学生为主体，教材尽可能用通俗、简明和生动的语言，将原本复杂难懂的理论表达出来。通过大量的图表呈现庞杂的流程和勾稽关系，使学生可以轻松地理清其中的原理和相互关系。此外，该套教材在架构上注意预留进一步编写制作电子课件、电子题库和网络测试题等其他辅助学习工具的空间，我们将进一步完善和补充成教学生需要的学习工具。

鉴于本系列教材的特点，它不仅适合成人高等教育，如脱产、业余及函授三种形式的教学使用，亦可作为各专科院校、各类型专业培训机构的教材，同时也可作为广大财经从业人员的学习参考用书。

受编者水平和经验所限，加之编写时间仓促，本系列教材不足之处在所难免，我们真诚地希望广大读者提出宝贵意见和建议，以促其日臻完善。

本次出版发行的系列教材是一个起点而不是终点，我们将伴随着经济发展的步伐，以“如切如磋，如琢如磨”的精神不断修订和完善这一阶段性成果。

总主编　周传丽

2011 年 9 月

前 言

进入21世纪，我国人事制度改革深入推进，全面推广现代人力资源管理方法，以适应我国社会主义市场经济发展的需要。在改革发展的过程中，许多企业和组织以现代人力资源管理基本原理为基础，人事制度改革取得了很大的进展，积累了不少经验。随着我国人事制度改革日益深入，对人力资源管理人才的需要也更加迫切。为了尽快培养我国社会主义市场经济发展需要的人力资源管理人才，我们组织编写了这本《人力资源管理》。

本书专为公开教育的人力资源管理专业编写，适用于公开教育管理学科各专业的学习者。根据公开教育的特点，本书的编写目的是，一方面使学习者了解和熟知人力资源管理的基本理论和原理，另一方面注重提高学习者人力资源管理实务的操作应用能力。本书分为十章，主要内容包括：人力资源管理基本概念、工作分析与职位评价、人力资源规划、人员招聘与人事测评、人力资源培训与开发、职业管理、绩效管理与绩效评估、激励理论与实践、薪酬管理与薪酬设计、劳动关系管理。本书的特点是理论知识阐述简明扼要、通俗易懂，实务操作训练简便易学、实用有效；在教学方法上引入案例分析学习法，着力提高学习者思辨能力和实际运用能力；在每章的结构上以引导案例开篇，以主题理论和原理为中心，以案例分析练习结束，并设计以章节主题内容为导向的思考题和练习，以帮助学习者将所学知识内化，成为自己的心得和体验。

本书由暨南大学管理学院沈远平教授组织编写，并负责全书的体系框架设计、提纲编写、全书统稿以及修改、审稿定稿等工作；江晓黎、杨思思参与了本书的起草编写，江晓黎起草编写了第一、二、三、四、五章，杨思思起草编写了第六、七、八、九、十章。广东商学院刘进老师、东莞理工学院刘春江老师、华南农业大学索学芳老师参与全书审稿工作。

本书编写时间比较仓促，编者水平有限，错误和疏漏在所难免，请广大读者批评指正。

编者

2011年8月于暨南园

目 录

第一章　人力资源管理概述

学习目标

1. 了解人力资源与人力资源管理的基本概念
2. 熟悉人力资源管理理论的建立与发展
3. 熟悉人事管理与人力资源管理的区别与联系
4. 了解战略人力资源管理的意义和作用

引导案例

东芝公司总裁土光敏夫与他的员工①

热爱自己的员工是经营者之本。一个优秀的企业家，只有做到让员工们认识到自己存在的价值和具备了充分的自信之后，才有可能做到与员工们产生内心的共鸣，事业才能迅猛发展。

土光敏夫使东芝企业获得成功的秘诀是“重视人的开发与活力”。他走遍了东芝在全国的各公司、企业，有时甚至乘夜间火车亲临企业现场视察。有时，即使是星期天，他也要到工厂去转转，与保卫人员和值班人员亲切交谈，从而与员工建立了深厚的感情。他说：“我非常喜欢和我的员工交往，无论哪种人我都喜欢与他交谈，因为从中我可以听到许多创造性的建议，使我获得极大收益。”

有一次，土光敏夫在前往东芝工厂时，正巧遇上倾盆大雨，但他赶到工厂后，下了车，不用雨伞，站在雨中和员工们讲话，激励大家，并且反复地讲述“人最宝贵”的道理，员工们很是感动。他们把土光敏夫围住，认真倾听他的每一句话。

炽热的话语把大家的心连到了一起，使他们忘记了自己是站在大雨之中。激动的泪水从土光敏夫和员工们的眼里流了出来，其情其景，感人肺腑。

讲完话后，土光敏夫的身上早已湿透了。当他要乘车离去时，激动的员工们一下子把他的车围住了，他们一边敲着汽车的玻璃门，一边高声喊道：“社长，当心别感冒！保重好身体，更好地工作。您放心吧，我们一定会拼命地工作!”

面对这一切，土光敏夫情不自禁地泪流满面，他被这些为了自己公司的兴旺发达而拼搏的员工们的真诚所打动，他更加想到了自己的职责，更加热爱自己的员工。

土光敏夫对人的管理方式是日本家族式管理的充分体现，也是东芝公司一直在行业中遥遥领先的原因之一。

问题：通过阅读此案例，你对土光敏夫的人力资源管理方式有怎样的感悟?

---

① 土光敏夫. 企业家反身管理［OL］. http://baike.baidu.com/view/4198406.htm.

第一节 人力资源管理的含义和特点

一、人力资源的内涵

1. 人力资源的含义

从经济学的理论来讲，资源是指为创造财富而投入到生产活动中的一种要素，它可以分为五类：自然资源、资本资源、信息资源、时间资源、人力资源。人力资源是指一般可以用于生产活动的、一定范围内人口总体所具有的劳动能力的总和。人力资源是最重要的资源之一，是生产活动中最活跃的因素，其他各种资源只有在人力资源的主导作用下，才能被赋予活力，才能创造财富。

“人力资源”这一概念最早由美国著名管理学者德鲁克在他的《管理的实践》(1945) 一书中提出。他指出：“和其他所有资源相比，人力资源唯一的区别就是它是人”，人力资源拥有其他资源所没有的素质，即“协调能力、融合能力、判断力和想象力”。而且，“人对自己是否工作拥有完全的自主”——经理们可以利用其他资源，但是人力资源只能自我利用。因此，人力资源是一种特殊的资源，它必须通过有效的激励机制才能被开发利用，为企业创造经济价值。

德鲁克提出的这一概念随后被管理学界、企业界所接受，雷西斯·列科及内贝尔·埃利斯等学者也从多个角度对人力资源的内涵分别进行了界定。本书综合各主要观点认为：人力资源是指能够推动整个经济和社会发展的、具有智力劳动和体力劳动能力的人的总和。

由于人力资源是一个内涵相当丰富的概念，为了便于理解，我们可以从以下五个方面对这一概念进行把握：

（1）人力资源的本质在于人是一定体质、智力、知识与技能即脑力与体力的总和；

（2）人的体力和智力是人力资源基础性的内容；

（3）人的劳动能力必须能为社会创造价值，是社会财富形成的源泉；

（4）人力资源所包含的能力是为社会创造正向价值的能力，也就是说，这种创造价值的能力必须为社会所接受；

（5）人力资源所包含的能力能够以一定的数量和质量表示出来。

人力资源的数量是指一定范围内可以投入劳动运行的人口数量，包括有劳动能力的在职及非个人原因暂时失业的人口。人力资源的质量是指一定范围内（国家、地区、企业等）的劳动力的素质的综合反映，具体包括体质、智力、知识、技能和劳动意愿等。

对人力资源概念的把握是理解、实施人力资源管理的基础。另外，我们还必须明确一点，那就是不同类别的人力资源价值不同，在招聘、选拔、培训、薪酬等工作上的成本也不同，所以除了正确理解人力资源的概念之外，我们还必须了解人力资源的分类，这也是人力资源管理与开发的基础性工作之一。

2. 人力资源的特点

人力资源是一种特殊而又重要的资源，是各种生产力要素中最具有活力和弹性的部分，是社会生产最基本的要素，具有以下基本特征：

（1）人力资源的生物性。与其他任何资源不同，人力资源属于人类自身所有，存在于人体之中，是一种“活”的资源，与人的生理特征、基因遗传等密切相关，具有生物性。

（2）人力资源的时代性。人力资源的数量、质量以及人力资源素质的提高，即人力资源的形成，受时代条件的制约，具有时代性。

（3）人力资源的能动性。人力资源的能动性是指人力资源是人的体力与智力的结合，具有主观能动性和不断开发的潜力。人力资源的能动性，主要表现在三个方面：

①自我强化：人类的教育和学习是人力资源自我强化的主要手段。人们通过正规教育、非正规教育和各种培训努力学习理论知识和实际技能，刻苦锻炼意志和身体，使自己获得更高的劳动素质和能力，这就是自我强化过程。

②选择职业：在市场经济中，人力资源主要靠市场来调节。人作为劳动力的所有者，可以自主择业。选择职业的过程也是人力资源主动与物质资源结合的过程。

③积极劳动：敬业、爱岗，积极工作，创造性劳动，这是人力资源能动性的最主要方面，也是人力资源发挥潜能的决定因素。

（4）人力资源的动态性。由于人作为生物有机体，有其生命周期，能从事劳动的自然时间被限制在生命周期的中间一段，人的劳动能力随着时间而变化，在青年、壮年、老年各个年龄组的人口的数量及其相互联系，特别是“劳动人口与被抚养人口”比例，都是不断变化的。因此，必须研究人力资源形成、开发、分配和使用的动态性。

（5）人力资源的再生性。人力资源是可再生资源，通过人类总体内各个个体的不断替换更新和劳动力的“消耗—生产—再消耗—再生产”的过程实现其再生。人力资源的再生性除了受生物规律支配外，还受到人类自身意识、意志的支配，以及人类文明发展活动的影响、新技术革命的制约。

（6）人力资源的社会性。与物质资源相比，人力资源的社会性和群体性是其最本质的属性，这种性质不但体现在人力资源的形成、发展与变化上，而且还体现在人力资源的作用成果上。人力资源的社会性主要体现在人力资源发挥作用的过程中，它们一般都存在于不同的劳动群体中，而这种群体性的特征就构成了人力资源社会性的基础。其影响因素主要有人类特定的生产方式和生存条件、社会经济条件和其他社会因素等。所以，从本质上讲，人力资源是一种社会资源，应当归整个社会所有，而不仅仅归属于一个具体的社会经济单位。

3. 人力资源的经济作用

在当今时代，随着经济一体化、全球化、知识化趋势的不断加强，人力资源日益成为现代经济发展的重要因素，人才的作用在全球综合国力竞争中越来越具有决定性的意义。

（1）人力资源是企业兴盛之本。任何企业都拥有三种资源：一是物力资源；二是财力资源；三是人力资源。一般来说，虽然物力资源和财力资源是衡量企业的重要的有形尺度，但是它具有有限性的特点。而人力资源正好与之相反，它是一种无形资源，具有相对的无限性，是可再生的资源。企业可以通过教育、培训和开发等活动提高人力资源的品质，增加人力资源的数量，用人力资源代替非人力资源，从而减轻企业发展过程中非人力资源稀缺的压力。从企业的生产经营过程看，人力资源是物力资源和财力资源的黏合剂。企业效益的高低取决于人力资源对非人力资源黏合的强度和效用。企业只有提高人力资源的素质，对人力资源进行合理有效的管理，调动劳动者的积极性，这种黏合的强度和效用才能提高，企业的效益才能提高，企业也才能长盛不衰。

（2）人力资源是经济增长的决定因素。经济增长是指国民生产总值或国内生产总值在量上的扩张，它由三个要素构成，即资本、劳动力、技术进步。而资本又分为物质资本和人力资本，我们能够看到人力资源在资本、劳动力和技术进步中所起的作用。人力资本、劳动力、技术进步分别是人力资源不同侧面的表现，其量的多少、质的高低取决于人力资源的数量及素质，尤其是人力资源的素质，包括劳动者的劳动态度、工作质量、创新能力、独立工作能力、动手解决问题能力、自学能力、知识水平等，可将其归纳为精神素质、文化素质、技能素质。也可以说，高素质的劳动者是企业的宝贵财产，人力资源的素质高低决定了产品的质量优劣和劳动生产率的高低，以及投入与产出的比例。因此，人力资源数量与质量的不断提升和发展直接推动着自然物质资源及资本资源的不断更新和发展，进而推动着整个社会经济的增长和发展，是经济增长的主要决定因素。

（3）人力资源是可持续发展的决定因素。可持续发展的核心是生态持续、经济持续和社会持续三者的统一，它取决于社会活动的主体——人，即人类对可持续发展的认识态度，提高人的素质是实现可持续发展的关键。在自然资源约束、环境保护、人与自然和谐的要求下，所消耗的只能是高品质的人力资源，需要用人的聪明才智来调节上述三者的关系以达到平衡。

二、人力资源管理的含义与目标

1．人力资源管理的含义

现在的企业管理者已逐渐意识到人力资源与企业组织本身所面临的问题之间有着很大的关系。例如，许多企业组织都面临以下两方面的问题：

（1）人力资源成本——不少管理者认识到有效的管理不仅是管理财力和物力，更要通过人力资源管理有效地降低人力资源的使用成本。

（2）效率——面对其他企业和国家的竞争，提高效率是保证自身竞争优势的重要条件，而该条件的促成，离不开对人力资源的管理。

所以，企业的衰亡主要是由于不能合理地选才、用才、育才和留才，以至于不能建立和保持一个有效率、有活力的员工队伍。这一结论是对人力资源重要性的论证，也为当代企业管理与发展指明了方向——人力资源管理。

人力资源管理，就是指运用现代化的科学方法，对与一定物力相结合的人力进行合理的培训、组织和调配，使人力、物力经常保持最佳比例，同时对人的思想、心理和行为进行恰当的诱导、控制和协调，充分发挥人的主观能动性，使人尽其才、事得其人、人事相宜，以实现组织目标。现代企业中的人力资源管理，主要具有以下五种基本功能：

（1）获取。根据企业目标确定所需的员工条件，通过规划、招聘、考试、测评、选拔来获取企业所需人员。

（2）整合。通过企业文化、信息沟通、人际关系和谐、矛盾冲突的化解等有效整合，使企业内部的个体、群众的目标、行为、态度符合企业的要求和理念，使之形成高度的合作与协调，发挥集体优势，提高企业的生产力和效益。

（3）保持。通过薪酬、考核、晋升等一系列管理活动，保持员工的积极性、主动性、创造性，维护劳动者的合法权益，保证员工拥有安全、健康、舒适的工作环境，以增进员工满意感，使之安心满意地工作。

（4）评价。对员工工作成果、劳动态度、技能水平以及其他方面做出全面考核、鉴定和评价，为做出对员工相应的奖惩、升降、去留等决策提供依据。

（5）发展。通过员工培训、工作丰富化、职业生涯规划与开发，促进员工知识、技巧和其他方面素质提高，使其劳动能力得到增强和发挥，最大限度地实现其个人价值和提高其对企业的贡献率，达到员工个人和企业共同发展的目的。

2. 人力资源管理的目标

人力资源管理目标是指企业人力资源管理需要完成的职责和应该达到的绩效。人力资源管理既要考虑组织目标的实现，又要考虑员工个人的发展，强调在实现组织目标的同时实现个人的全面发展。

人力资源管理目标包括全体管理人员在人力资源管理方面的目标任务，以及专门的人力资源管理部门的目标与任务。显然，两者有所不同，属于专业的人力资源管理部门的目标任务不一定是全体管理人员的人力资源管理目标与任务，而属于全体管理人员承担的人力资源管理目标任务，一般都是专业的人力资源管理部门应该完成的目标任务。

无论是专门的人力资源管理部门还是其他非人力资源管理部门，进行人力资源管理的目标与任务主要包括以下三个方面：

（1）保证组织对人力资源的需求得到最大限度的满足；

（2）最大限度地开发与管理组织内外的人力资源，促进组织的持续发展；

（3）维护与激励组织内部人力资源，使其潜能得到最大限度的发挥，使其人力资本得到应有的提升与扩充。

从管理理论和人力资源管理的发展历史来看，不同时期的人力资源管理目标是不同的，而且人力资源管理目标是紧紧围绕管理理论的核心而建立的。随着人们对人性认识的不断深化，从人事管理到人力资源管理的进步，人力资源管理的目标也逐渐完善和清晰。归纳起来，目前人们对人力资源管理目标的认识有以下几点：

首先，加强了对人和事的研究，例如工作分析、编写职位说明书、开展人事测评，将人与事有机地结合起来，建立员工招聘和选拔系统，以获得最符合组织需要的员工。

其次，建立完整的培训体系，通过各种培训活动，最大化发掘每个员工的潜质，既服务于组织的目标，也确保员工的事业发展和个人的尊严，重视员工的职业生涯发展规划，争取员工与组织共同发展。

再次，建立绩效管理体系，通过绩效评估，保持那些通过自己的工作绩效帮助组织实现组织目标的员工，同时建立激励机制，帮助那些潜力尚未发挥的员工创造出应有的绩效；同时通过绩效评估，帮助那些无法对组织提供帮助的员工找到合适的位置。

再其次，就是建立公平、公正的薪酬体系和奖惩机制，使员工的工作价值真正得到体现。

最后，确保组织遵守政府关于人力资源管理方面的法规和政策。

3. 人力资源管理的任务

人力资源管理关心的是“人的问题”，其核心是认识人性、尊重人性，强调现代人力资源管理“以人为本”。对一个组织来讲，主要关心人的本身、人与人的关系、人与工作的关系、人与环境的关系、人与组织的关系等。

目前比较公认的观点是：现代人力资源管理就是获取、整合、保持激励、控制、调整及开发的过程。换句话讲，人力资源管理主要包括求才、用才、育才、激才、留才等工作任务。

具体说来，现代人力资源管理主要包括以下具体的工作任务：

（1）制订人力资源计划；

（2）人力资源成本会计工作；

（3）岗位分析和工作设计；

（4）人力资源的招聘与选拔；

（5）雇佣管理与劳资关系；

（6）入职教育、培训和发展；

（7）工作绩效考核；

（8）帮助员工职业生涯发展；

（9）工资报酬管理；

（10）员工福利管理；

（11）保管员工档案。

三、人力资源管理的特点与作用

1. 人力资源管理的特点

根据人力资源的特征，对人力资源的开发和管理不同于对其他资源的开发和管理。在人力资源开发和管理上，其意义要从两个方面来理解：

一方面，人力资源外在要素——量的管理。对人力资源进行量的管理，就是根据人力和物力及其变化，对人力进行恰当的培训、组织和协调，使二者经常保持最佳比例和有机的结合，使人和物都充分发挥出最佳效应。

另一方面，对人力资源内在要素——质的管理。质的管理是对人的心理和行为的管理。就人的个体而言，主观能动性是积极性和创造性的基础，而人的思想、心理活动和行为都是人的主观能动性的表现。就人的群体而言，每一个个体的主观能动性，并不一定都能形成群体功能的最佳效应。只有群体人员在思想观念上一致、在感情上融洽、在行动上协作，才能使群体的功能等于或大于每一个个体功能的总和。

人力资源开发与管理，作为一个学科，具有以下几个明显的特点：

（1）综合性。人力资源开发与管理是一门相当复杂的综合性的科学，需要综合考虑各种因素，如经济因素、政治因素、文化因素、组织因素、心理因素、生理因素、民族因素、地缘因素等。从学科上来讲，它涉及经济学、社会学、人类学、心理学、人才学、管理学等多门学科。

（2）实践性。人力资源开发与管理成为一门学科，仅仅是最近二三十年的事情，它是现代社会化大生产高度发达、市场竞争全球化和白热化的产物，其主要理论诞生于发达国家。人力资源开发与管理的理论，来源于实际生活中对人力进行管理的经验，是对这些经验的概括和总结，并反过来指导实践，接受实践的检验。

（3）发展性。人力资源管理，实际上就是现代人事管理，是在人事管理发展的基础上建立起来的。人力资源管理在管理的观念和实践上都有飞跃的发展，但还需要继续探索和完善。

（4）民族性。人的行为深受其思想观念和感情的影响，而人的思想感情无不受到民族文化传统的制约。因此，人力资源开发和管理带有鲜明的民族特色。随着全球经济的发展，人力资源管理中民族性的特点越来越突出，怎样对来自不同国家（地区）的员工进行管理已经成为当前人力资源管理的重要课题。

（5）社会性。作为宏观文化环境的一部分，社会制度是民族文化之外的另一重要因素。现代经济是社会化程度非常高的经济，在影响劳动者工作积极性和工作效率的诸多因素中，生产关系（分配制度、领导方式、劳动关系、所有制关系等）和意识形态是两个重要的因素，而它们都与社会制度密切相关。

2. 人力资源管理的职责

通过前面对人力资源管理目标和任务的分析，我们可以得出这样一个概念：人力资源管理是每一位管理者工作的一个组成部分，每一位管理者都负有人力资源管理的职责。无论你是处在哪个层级上的管理者，无论你是直线管理者还是职能管理者，你都要通过对人的管理来达成工作目标。在人力资源管理方面，他们都要参与招募、面谈、甄选、培训、绩效考核等人事管理活动。一般大型企业组织都设有专门的人力资源管理部门。人力资源管理部门的管理者与组织内其他部门的管理者在人力资源管理方面所承担的责任和职能是不同的。因此，每一位管理者都应该明白自己的人力资源管理职责。

（1）直线职权与职能职权

职权是指做出决定、指挥他人工作以及发布命令的权力。在管理中，我们通常把直线职权与职能职权划分开来。

直线管理者：拥有直线职权的管理者属于直线管理者。他们被授权指挥下属的工作，负责实现组织的基本目标。

职能管理者：拥有职能职权的管理者属于职能管理者。他们被授权以指导、协助和建议的方式支持直线管理者去实现这些基本目标。

每一位管理者都具有人力资源管理的职责，在直线管理与职能管理之间，以及人力资源管理部门的人员的人力资源管理职责是不同的，但他们又要相互配合形成组织中人力资源管理的整体。

（2）直线管理与职能管理中的人力资源管理

人力资源管理的主要职能和实践活动可以归纳为四个方面：录用、保持、发展和调整。在人力资源管理的四个主要方面，直线管理者和职能管理者各自所承担的责任和职能可以归纳为表1－1[①]：

表1－1　　直线管理者与职能管理者在人力资源管理中的分工

职能	直线管理者的责任和职能	职能管理者的责任和职能
录用	提供工作分析、工作说明和最低合格要求的资料，使各个部门的人事计划与战略计划相一致。对工作申请人进行面试，综合人事部门收集的资料，做出最终的录用决定。	工作分析、人力资源计划、招聘、准备申请表、组织笔试和面试、核查背景情况和推荐资料、身体检查。
保持	公平对待员工，沟通、当面解决抱怨和争端，提倡协作、尊重人格、按照贡献评奖。	薪酬和福利政策、劳工关系、健康与安全、员工服务。
发展	在职培训、工作丰富化、应用激励方法、向员工反馈信息。	技术培训、管理发展与组织发展、职业前景规划、咨询服务、人力资源管理研究。
调整	执行纪律、解雇、提升、调动。	调查员工抱怨、下岗再就业服务、退休政策咨询。

（3）人力资源管理部门的管理职责

从管理职能的划分来看，人力资源管理部门的管理者属于职能管理人员。他们在招募、雇佣、报酬、绩效管理、员工关系等方面向直线管理者提供专业的帮助、建议和指导。但是，在人力资源管理的实践活动中，人力资源管理部门通常又能够发挥直线职能、协调职能和服务职能。

直线职能，是指在人事部门中，以直接指挥别人活动的形式执行直线管理的职能。换言之，他们在人事部门中所行使的是直线职权。随着人力资源管理的地位和作用越来越被组织的高层领导所重视，人力资源管理部门可以直接参与高层的战略研究和制定。人们对人力资源管理部门也就有了新的认识，他们常常把人事主管的“建议”看成是“上面的意思”，使得人事管理部门无意中行使了一种暗示职权。这是因为直线管理人员知道，人事主管经常有机会就甄选、轮岗、晋升等人事领域中的敏感问题与高层管理者接触。

协调功能，也被称为控制功能。人事主管以及人事部门就像是高层管理者的左膀右臂，负责确保既定的人事目标、人事政策以及人事程序确实被直线管理者认真、连续地执行了。

① WAYNE F CASIO. Managing Human Resources［M］. New York：McGraw－Hill，1995.

服务（职能）功能是人力资源管理者工作中最基本的内容。在人力资源管理的各个方面，他们都要向直线管理者提供人力资源的专业性帮助和服务。此外，他们也要对人力资源管理进行研究，为高层管理者在制定人力资源管理政策时提供必要的可靠的信息和建议。

3. 人力资源管理的地位与作用

（1）人力资源管理的重要性

随着知识经济的到来、高科技的不断发展，人才竞争成为一个组织、一个国家面对的主要问题。是否能够获得组织需要的人才、是否能够留住这些人才、是否能够挖掘这些人才的潜力并使他们的才能得到充分的发挥，将决定一个组织、一个国家的竞争力。人力资源管理在整个管理中显得越来越重要。要做好人力资源管理工作，不仅要具备现代人力资源管理的理念，而且要掌握现代人力资源管理的基本工具和技术。对于每一位管理者来讲，人力资源管理工作在其所有的管理工作中都占据着非常重要的位置。其具体表现为：

第一，人力资源管理是每一位管理者的工作职责和任务，对每一位管理者都很重要。每一位管理者在管理活动中，主要的工作就是处理人与事的关系，对人的管理工作占据了相当大的部分。根据上述观点，每一位管理者都要承担各自的人力资源管理责任和任务。因此，他们必须掌握一定的人力资源管理的理念和技术。

第二，管理者实际上是通过其他人来实现组织的工作目标的。这就要求管理者必须在人员规划、人力调配、培养员工、激励员工和提高工作效率方面做得很好，才能使组织获得成功。

第三，组织之间的竞争归根结底是人才的竞争。如何控制组织内部人才的流动率、如何留住组织所需要的人才、如何培养员工对组织的忠诚，这些都是当前人力资源管理面临的最大挑战之一。每一位管理者都要在这方面下工夫，做好人才的获取、培养、使用、保持工作。

第四，人力资源管理的一个重要观点就是，人是组织生存、发展并始终保持竞争力的特殊资源。心理学的第一定律认为，每个人都是不同的，每个人总是在生理或心理上存在着与其他人有所不同的地方，这是人力资源区别于其他形式的经济资源的重要特点。掌握这一特点，是人力资源管理的前提。

（2）人力资源管理的地位与作用

人力资源管理的功能决定了它在企业管理中的地位和作用。人力资源管理功能的增加和增强，使人力资源管理进入了组织高层，而不再是过去的简单职能服务部门，不再仅仅是处理日常人事事务，而是要参与到组织高层的管理决策活动之中。目前的人力资源管理的地位和作用具有以下几个方面的特点：

第一，人力资源管理的参谋和咨询功能将得到扩展。市场竞争日益激烈，主要是对人才的争夺和竞争，一个组织能否在人才竞争中获胜，人力资源管理成了组织管理中最重要的事项。因此，组织高层领导在组织的人事决策中往往要发挥人力资源管理的参谋和咨询职能。

第二，人力资源管理的直线功能将得到强化。传统的人事管理将“人事部门”列为职能服务部门，但是，随着人力资源管理职能的不断演变，许多组织和企业的“人事部门”行使了直线职能，而且获得了成功。人力资源管理职能的演变和转化，使得人力资源管理成为了一门专业。许多高校管理学科都开设了人力资源管理专业，人力资源管理研究成为了一项专业的研究。人力资源管理的专业化使得人事管理职业化。一个组织或企业的人力资源管理就不再仅仅是服务职能，而是要进行专业的领导和管理。但同时，人力资源管理人员要成为组织或企业的人力资源管理高层领导，他或她必须具备该组织或企业一流的业务经营管理的经历。一位优秀的人力资源管理者，不仅是人力资源管理专家，而且要精通本组织的业务。

第三，人力资源管理在制定和执行组织战略方面的作用将越来越大。战略管理已经成为许多组织或企业保持自己优势竞争地位的重要管理手段。在战略的制定和执行中，人力资源管理将发挥非常重要的作用，因而产生了战略人力资源管理。组织或企业的高层领导在战略规划阶段就将人力资源管理部门吸收进来，参与到组织的战略管理之中。人力资源管理将逐渐从战略的“反应者”转变为战略的“制定者和执行者”。

第二节　现代人力资源管理理论与发展

一、人事管理与现代人力资源管理

“人力资源管理”是近些年来出现的术语，早些年人们常用的词汇是“人事管理”。人力资源管理是由传统人事管理演化而来的。人事管理的发展演化是与人类社会经济管理活动的发展和管理理论的发展紧密联系在一起的。因此，在了解人事管理的产生和发展演化过程的同时，我们还要掌握与其相关的人力资源管理理念。

1. 人事管理活动的产生

自从有了人类社会活动，就有了人事管理活动。管理活动是进行共同生产劳动所必然引起的活动，人类社会的共同劳动也就必然产生管理活动。管理活动首先就是对人和事的管理，人事管理作为管理活动的主要组成部分，随着管理的产生而产生，随着管理的发展而发展，并最后分离出来，成为一种专门的管理。

在社会大分工之前，由于生产力水平极其低下，物质资料的生产方式非常简单，人与事的关系也相对单一，因此没有专门的管理人事关系的人事管理部门或机构。随着社会生产力的发展，产生了社会大分工，农业和畜牧业的分离、手工业和商业独立成为一个行业、脑力劳动和体力劳动的分离，使得社会生产劳动中人与事的关系更加复杂了。为了应对日益复杂的人与事的关系，保证社会生产的顺利进行，就必然地产生了专门处理人与事关系的人事管理部门，人事管理活动的主要特点也越来越明显，其职能也越来越清晰。从这个时期开始，专门从事组织、协调、控制人与事关系的人事管理活动才真正产生了，人们也开始专门研究人事管理。

2. 人事管理活动的发展和人事管理理念的演化

从人事管理的发展过程来看，每一次生产力的飞跃发展和每一次产业革命都会带来人事管理的巨大变化。使人事管理在理论上和管理实践上发生根本变化，促使人事管理转向人力资源管理的，是第二次世界大战以后的第三次技术革命。促使其发生根本转变的原因不仅仅是技术革命带来的生产力的发展和新兴产业的诞生，而且还有国际环境的变化。管理的理论更加完善、更加系统，使得人力资源管理的功能在过去的人事管理的基础上不仅得到扩展，而且发生了功能的转变。

首先，第二次世界大战以后，世界科技的发展速度是空前的。人们的工作方式发生了巨大的变化。世界范围内高新技术的蓬勃发展与广泛应用，不仅仅给人们带来了巨大的物质利益，而且大大减轻了人们的劳动强度，使人们的生活更加轻松、方便。但是，它同时也产生了许多负面的影响。机械化大生产和科学技术的应用使得人—机交互作用的范围扩大，人对机器和技术的依赖性也增大，而人与人之间的交流却越来越少，使人产生孤独感。另外，高科技、流水线、自动化使劳动者在工作中处于完全被动的地位，不能发挥其主观能动性，而且自己的劳动节奏和产量都受到机器的控制。劳动专业化分工也越来越细，使得劳动者觉得其工作单调无聊、枯燥乏味、精神紧张。这些问题都使工作效率不断下降。因此，人事管理就必须面对这些问题，解决好如何激励员工的工作活力、如何开发员工的才能和主观能动性等问题。

其次，随着生产力的高度发展和人们的生活水平不断提高，人们的需求层次也跟着提高了，劳动者的知识结构和知识水平也都发生了变化，对于具有一定知识水平的劳动者的管理也成了难题，这些劳动者变得难以管理了。金钱的激励作用变得越来越小，传统的人事管理的激励方法也显得不奏效了。

再次，世界范围内的经济竞争日益激烈，促使各国关注本国的人力资源开发，促进传统的人事管理转向人力资源管理。人们已经意识到，经济竞争的关键是看谁拥有合格的人才。人才已成为各国综合实力发展的决定因素。因此，对人才的争夺已扩大到世界范围。同时，各国把开发本国的人力资源放在了重要的战略地位上。人力资源开发成为了从幼儿开始的教育到成年后的使用、调配、继续教育管理直到老年退休后发挥余热等贯穿一个人一生全过程的整体性、综合性、全面性的行为过程，其对象是全社会的人。

最后，还有一些环境因素促进人事管理向人力资源管理转变，比如随着世界市场的形成和跨国公司的建立所带来的资金、技术、人力的跨国流动，在人员的选拔、培训和奖酬等方面对传统人事管理提出了新的要求，这些都促进了传统人事管理转向人力资源管理。

在传统的人事管理转向人力资源管理的过程中，各国不同的企业都在摸索人力资源管理的模式，至今仍未有一种固定的人力资源管理模式，人力资源管理的方法也在不断地创新。但是，人力资源管理的主导思想是基本一致的，即以人为中心进行管理，它围绕“开发其能力，激活其活力”的二元目标，着重于寻求人与工作相互适应，注重工作内容丰富化和工作水平的挑战性，强调员工与组织共同发展。

3. 现代人力资源管理与传统人事管理的区别

人力资源管理就是现代人事管理。它是在人事管理发展的基础上建立起来的。人力资源管理是对人力资源的获取、开发、保持和利用等方面所进行的计划、组织、指挥和控制的活动，是通过协调社会劳动组织中的人与事关系和共事人关系，以充分开发人力资源、挖掘人的潜力、调动人的积极性、提高工作效率，实现组织目标的理论、方法、工具和技术。人力资源管理与传统的人事管理的根本区别在于：

第一，从管理观念上看，传统的人事管理视人力为成本，而人力资源管理则视人力为资源。两种不同的观念在对人的管理上是截然不同的。前者将人力视为成本，其工作的重点是如何降低人力成本的投入（工资、奖金、福利费、培训费等）；而后者视人力为资源，不仅把人力看成自然性资源，而且是更重要的资本性资源，因此，人们将人力资源看成生产资料一样进行投资，以提高其产出率。

第二，从管理模式看，传统人事管理多为“被动反应型”，而人力资源管理是“主动开发型”。过去，传统的人事管理是根据员工的自我条件和绩效水平去管理，忽视人的潜能的开发和激励人的主观能动性，而人力资源管理则注重实现社会人力资源开发战略，因此表现出其主动性的一面。这一特点正是区别传统人事管理与人力资源管理的关键，从而实现了传统人事管理向人力资源管理的转化。

激励和挖掘人的潜力，提高工作绩效，是人力资源管理的核心。人力资源管理理论认为，工作绩效是能力（一个人能够做什么）和激励（一个人想做什么的积极性）的乘积函数。因此，人力资源管理的目标是二元化：一是开发人的能力，二是激发人的活力。为实现其二元目标，人力资源管理必须首先建立起科学严谨的人力资源培训管理体系，其次是建立起多维交叉的员工激励体系，最后是将人力资源开发贯穿于人力资源管理的全过程。

第三，从管理的重心来看，传统人事管理以事为重心，而人力资源管理则以人为重心，注重人与事互相适应，把人的发展和组织的发展有机地结合起来。传统的人事管理以事为重心表现在以事择人，谋求事得其人、人适其事，这一点无疑是对的。但是它过分强调了人适应其工作，不利于调动人的积极性和创新能力。与此不同的是，人力资源管理以人为重心，注重人与事的互相适应，不仅谋求事得其人，而且要人尽其才。以人为重心还注重人的潜能的开发，注意人性特点，从人的需要来进行工作设计，通过工作丰富化、扩大化、工作轮换等手段来激励人的工作积极性，这弥补了只靠物质奖励的不足。

第四，从管理的地位来看，传统人事管理处于执行层，而人力资源管理处于决策层。人力资源的重要性使人力资源管理的地位大大提高，人力资源管理被视为一种专业性工作，而且被设置在组织管理的高层。另外，在制定企业经营发展战略时，人力资源战略也被视为最重要的部分之一。

二、现代人力资源管理理论的发展

现代人力资源管理理论的发展与管理理论的发展紧密联系在一起，其发展演变过程主要经历了三个不同的发展阶段，各个阶段内的理论也不尽相同，但是都为人力资源管理的发展提供了科学的理论基础，并形成了现代人力资源管理理论框架。

1. 人际关系学说与行为科学理论阶段

（1）人际关系（人群关系）学说阶段。人际关系学说理论是作为科学管理的对立面而出现的。科学管理理论是建立在这样一个思想基础上的：如果管理人员规定出标准的操作方案和刺激办法，进行严格的管理，生产率就可以提高。它不考虑个人行为的差别和人与人之间的关系影响，可以说是排除了对人的因素的考虑。而人际关系学说则把注意力集中到人的因素方面来。这种人力管理思想的产生，是前后进行了十年的“霍桑实验”的结果，其代表人物是梅奥。总之，传统管理都是“以事为中心”的，而霍桑实验证明了要“以人为中心”，要在激励人的积极性上下工夫。

梅奥的这些观点主要反映在他于1932年出版的《工业文明的人类问题》、《工业文明的社会问题》等书中。在这些著作里，他建立了“人群关系”学说，形成了人群关系学派，这就为后来“行为科学”的产生与发展奠定了基础。此后，西方从事这方面研究的人大量涌现。

（2）“行为科学”阶段。20世纪50年代初期，在美国建立了人群行为研究基金会，并在1953年邀请了有关大学的一些教授举行讨论会，在这次会上首次提出了“行为科学”这一名称。与人群关系学派不同，行为科学家为充分开发和利用人力资源，将注意力从维护良好的人群关系转到了对企业组织人群行为的科学分析上。

2. 系统理论与经验主义阶段

从20世纪40年代至今，西方管理理论出现了许多学派。以巴纳德为代表的社会系统学派认为，社会的各级组织都是一个协作的系统，即由相互进行协作的个人组成的系统。而系统的效率是指系统成员个人目标的满足程度，协作效率则是个人效率的结果。因为协作只是个人为了满足其“个人目标”才产生的。协作系统成员个人目标是否得到满足，直接影响到他们是否积极参加协作系统，以及对协作系统做出贡献的程度。如果协作系统成员的个人目标得不到满足，他们就会认为这个系统是没有效率的，他们就会不支持或甚至退出这个系统。所以，衡量一个协作系统的效率的尺度，就是它生存的能力即它继续为其成员提供使他们的个人需要得到满足的诱导，以便使集体目标得以实现的能力。如果一个系统是无效率的，那么它的能力就必定很差。在这里，巴纳德把对正式组织的要求同个人的需要连接起来了。他的这一观点，被西方某些管理学者誉为管理思想上的里程碑，至今仍被许多人信奉。

以德鲁克为代表的经验主义学派认为，作为企业的经理人，有两项别人无法替代的特殊任务：

（1）经理人在做出每一项决策和采取每一次行动时，要把当前利益和长远利益协调起来；要树立目标，并将目标分解和传达给有关人员；要进行组织工作，对工作进行分类并划分成一些较小的活动，以便进行管理，建立组织机构，选拔人员等；要进行激励工作，经理人要利用奖金、薪酬、提拔、培训等手段来激励人们做好工作，并利用自上而下、自下而上的沟通工作使企业活动协调；要对企业的所有人员的工作进行评价；要使员工得到成长和发展。总之，经理人的工作就是激励、指挥和组织人们去做好他们的工作。

（2）经理人必须造成一个“生产的统一体”，这个统一体的生产力要比它的各个部分的生产力的总和更大。在这个意义上说，经理人好比是一个乐队的指挥。为了造成一个“生产的统一体”，经理人要克服企业中所有的弱点，并使各种资源特别是人力资源得到充分的发挥。在这里，对人的管理和人力资源开发被德鲁克强调到非常重要的地位。

20 世纪 60 年代出现的系统理论学派，就是用“系统理论”把泰勒的“科学管理”和“行为科学”以及现代管理的一些学派综合起来，形成的一种新的管理理论。这一学派认为，工商企业是一个由相互联系而共同工作的各个要素所组成的一个系统，以便达到一定目标。这些要素之间相互影响和制约，影响企业的发展。

系统管理理论在一定程度上克服了以前管理理论的某些片面性，把对人的管理放在科学的地位上。如上所述，传统管理理论大多强调“以事为中心”，强调环境和条件，强调标准操作和技术因素，忽视了人的社会心理因素的作用，而行为科学学派则重视人的社会心理因素，对技术方面的因素有所忽视。系统管理理论则要求把人和物的各种因素综合起来加以考察，以探讨其中相互运动的规律，并对人力管理子系统给予充分的重视。

3. 人力资本理论阶段

人力资本是为提高人的能力、挖掘人的潜力而投入的一种资本，是西方教育经济学中的一个基本概念。经济学家早就知道，人是国家财富的一个重要部分。现代经济学将资本分成物质资本和人力资本两种形式。所谓人力资本就是体现在劳动者身上、以劳动者的数量和质量表示的资本，它对经济起着生产性的作用，能使国民收入增加。人力资本和物质资本可以互相补充、互相代替。当代世界经济竞争日益激烈，而经济竞争的实质是科学技术的竞争，说到底是人才的竞争，因此人才培养是教育与经济发展中的重要战略。

人力资本理论来源于西方教育经济学理论。早在 1644 年，古典经济学的代表人物之一威廉·配第（1623—1687）就提出教育经济价值的问题。在此之后，古典哲学家、经济学家亚当·斯密（1723—1790）、阿尔弗雷德·马歇尔（1842—1924）和约翰·斯德达密尔（1806—1873）等在他们的著作中都提醒人们注意教育作为一种国家投资的重要性，并探讨如何资助教育事业，培养人才。亚当·斯密大胆地把一个国家全体居民所有后天获得的和有用的能力看成是资本的组成部分，他曾明确提出，学到有用的才能是财富的内容，应列入固定资本范围。

阿尔弗雷德·马歇尔在经济理论中正式提出人的能力因素。他说：“生产的发动机是两样东西：一个是知识，一个是组织，而不是土地和种子。”他在《经济学原理》一书中，考察生产因素时，与从前的经济学家不同之点在于，除土地、劳动、资本三因素外，提出了人的健康程度、产业训练问题，即把人的能力因素同人的健康程度及产业训练问题联系起来。他说：“我们必须考察人的体力的、精神的、道德的健康及其程度所依存的各种条件。唯有这些条件，才是劳动生产率的基础。物质财富的生产是依存于劳动生产率的。而且，物质财富，重要的在于通过很好地利用此财富提高人力。”

人力资本作为一种理论是 20 世纪 50 年代从经济学中分化出来的。对“人力资本”研究卓有贡献的应当是西奥多·舒尔茨，他于 1979 年获诺贝尔经济学奖，是人力资本理论的代表人物。舒尔茨的《人力资本投资》、《教育的经济价值》等一系列论著，使得人力资本理论系统化、理论化。

按照舒尔茨的解释，人力资本是与物质资本相对应的。他认为，资本有两种形式，即物质资本和人力资本。物质资本是体现于物质产品上的；人力资本是体现在劳动者身上的。由于各劳动者的素质、工作能力、技术水平、熟练程度各异，故受教育和训练之后，各劳动者的能力、智力、技术水平等提高的程度也不相同。因此，人力资本是以劳动者的质量或其技术知识、工作能力表现出来的资本。

舒尔茨的基本经济理论是由农业、人力资本和经济发展三个部分组成的，其核心是人力资本理论。1960 年，舒尔茨在美国经济学会年会上发表的题为《人力资本投资》的报告中，对这一理论作了系统阐述，并震动了整个西方学术界。他提出的人力资本理论的主要内容是：

（1）人力资源是一切资源中最主要的资源，人力资本理论是经济学的核心问题。舒尔茨一直强调要把人力资本理论作为经济学的核心问题来研究。

（2）在经济增长中，人力资本的作用大于物质资本的作用。

（3）人力资本的核心是提高人口质量，教育投资是人力投资的主要部分。

（4）教育投资应以市场供求关系为依据，以人力价格的浮动为衡量符号。

4. 经典人力资源管理理论

（1）泰罗的科学管理理论（1903）

泰罗是美国古典管理学家，主要著作有《科学管理原理》（1911）和《科学管理》（1912）。

他提倡的科学管理的核心包括：①管理要科学化、标准化；②要倡导精神革命，劳资双方利益一致。实施科学管理的结果是提高生产效率，而高效率是雇员和雇主实现共同富裕的基础。因此，泰罗认为只有用科学化、标准化的管理替代传统的经验管理，才是实现最高工作效率的手段。

科学管理的内容包括以下五个方面：

①进行动作研究，确定操作规程和动作规范，确定劳动时间定额，完善科学的操作方法，以提高工效。

②对工人进行科学的选择，培训工人使用标准的操作方法，使工人在岗位上成长。

③制定科学的工艺流程，使机器、设备、工艺、工具、材料、工作环境尽量标准化。

④实行计件工资，超额劳动得超额报酬。

⑤管理和劳动分离。

科学管理理论应用的成功案例：利用福特图表进行计划控制，创建了世界第一条福特汽车流水生产线，实现了机械化的大工业，大幅度提高了劳动生产率，出现了高效率、低成本、高工资和高利润的局面。

（2）吉尔布勒斯夫妇的动作研究（1907）

福兰克·吉尔布勒斯（Frank B. Gilbreth，1868—1924），美国动作研究之父。吉尔布勒斯夫人，美国历史上第一位心理学博士，被尊称为美国“管理学第一夫人”。主要著作：《动作研究》（1911）、《管理心理学》（1917）、《疲劳研究》（1919）、《时间研究》（1920）。

他们采用观察、记录和分析的方法进行动作研究，以确定标准工艺动作，提高生产效率。同时，他们制定了生产流程图和程序图，至今仍被广泛应用。他们主张，通过动作研究可以开发工人的自我管理意识；他们开创疲劳研究的先河，对保障工人健康和提高生产率的影响持续至今。

（3）韦伯的组织理论（1911）

马克斯·韦伯（Max Weber，1864—1920），德国古典管理学家，被尊称为“组织理论之父”。主要著作：《新教伦理与资本主义精神》、《一般经济史》、《社会和经济组织的理论》。

韦伯认为，社会上有三种权力，一是传统权力，依传统惯例或世袭而来；二是超凡权力，来源于自然崇拜或追随；三是法定权力，通过法律或制度规定而获得的权力。

对经济组织而言，应以合理合法权力为基础，才能保障组织连续和持久的经营目标。而规章制度是组织得以良性运作的保证，是组织中合法权力的基础。韦伯构建的理想的官僚组织模式为：

①组织依据合法程序产生，有明确的目标和完整的规章制度。

②组织结构是层控体系，组织中的人依据其职位的高低和正式的工作职责行使职权。

③人与人的关系是人对工作的关系，而不是人对人的关系。

④按职位需求，公开甄选适岗人才。

⑤对人员进行合理分工，并进行专业培训，以提高生产效率。

⑥按职位和贡献付酬，并建立升迁奖惩制度，以提高工人的事业心和成就感。

韦伯理性地、创造性地提出了行政组织科学的组织理论和组织准则，这是他在管理思想史上最大的贡献。

（4）法约尔的一般管理理论（1916）

亨利·法约尔（Henri Fayol，1841—1925），法国古典管理学家，与韦伯、泰罗并称为西方古典管理理论的三位先驱，并被尊称为管理过程学派的开山鼻祖。其代表作是《工业管理和一般管理》（1916）。

法约尔提出了管理的五大职能说，即管理就是计划、组织、指挥、协调和控制五大职能，并提出 14 项管理原则：劳动分工、权力与责任、纪律、统一指挥、统一领导、个人利益服从整体利益、人员报酬、集中、等级制度、秩序、公平、人员稳定、创新和团队精神。

法约尔的一般管理理论凝练出了管理的普遍原则，至今仍被作为我们日常管理的指南。

（5）梅奥的人际关系理论（1933）

乔治·埃尔顿·梅奥（George Elton Myao，1880—1949），是原籍澳大利亚的美国行为科学家，人际关系理论的创始人。主要著作：《组织中的人》和《管理和士气》。

梅奥在美国西方电器公司霍桑工厂进行了长达十年的著名的霍桑实验，真正揭开了对组织中人的行为研究的序幕。霍桑实验的初衷是试图寻找改善外部条件与环境以提高劳动生产率的途径，但结果表明影响生产率的根本因素不是外部工作条件，而是工人自身因素和被团体接受的融洽感和安全感。

梅奥提出的“人际关系理论”改变了人们对员工属性的认识，传统意义上的经济人被认为是社会人；企业中存在着非正式组织，必须注意与正式组织保持平衡；提高工人满意度是提高劳动生产率的首要条件，高满意度来源于物质和精神两种需求的合理满足。

(6) 马斯洛的需求层次理论（1943）

亚伯拉罕·马斯洛（Abraham H. Maslow，1908—1970)，美国心理学家，提出人类需求层次论学说。代表作:《人类动机理论》。

马斯洛指出，人的需求层次如图1-1所示，人的需求按重要性和层次性排序，低级层次需求获得满足后，人将追求高层次需求。

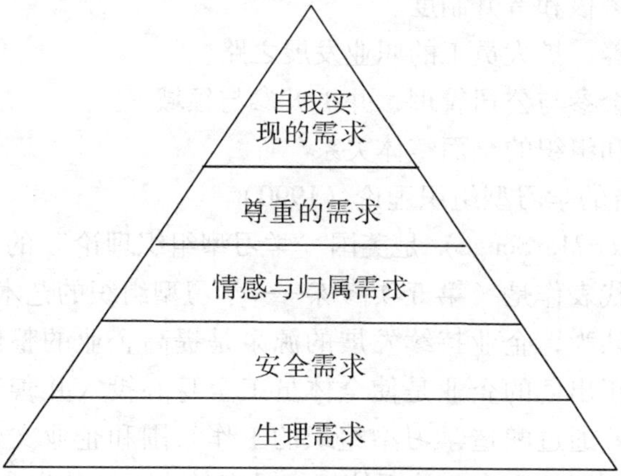

图1-1 马斯洛需求层次理论

(7) 麦格雷戈的人性假设与管理方式理论（1960）

道格拉斯·麦格雷戈（Douglas M. Mc Gregor，1906—1964)，美国著名行为科学家。代表作为《企业的人性方面》(1957)，提出了著名的X理论—Y理论。

麦格雷戈称传统的管理观点为X理论，并提出了对人性的假设条件和管理方式，他提出的相对于X理论的则是Y理论。

(8) 赫兹伯格的双因素激励理论（1966）

福雷德里克·赫兹伯格（Frederick Herzberg)，美国行为科学家。主要著作:《工作的激励因素》、《工作与人性》、《管理的选择：是更有效还是更有人性?》。双因素理论是他最主要的成就。

赫兹伯格认为，能给员工带来积极态度、较多满意感和激励作用的因素多为工作内容或工作本身方面的因素，这叫做激励因素，比如成就感、同事认可、上司赏识、更多职责或更大成长空间等。使员工感到不满意的、属于工作环境或工作关系方面的因素，被叫做保健因素，如公司政策、管理措施、监督、人际关系、工作条件、工资福利等。

双因素理论对管理者的启示是：要重视员工工作内容方面因素的重要性，特别是要使工作丰富化，多方面满足员工的需求。

(9) 威廉·大内的Z理论 (1981)

威廉·大内是日裔美国学者，代表作为《Z理论》(1981)。

Z理论认为，企业的成功离不开信任、敏感和亲密，因此完全可以以坦白、开放、沟通作为原则进行民主管理。

建立Z型组织的过程是：

①培养每个人的正直、善良的品行。

②领导者和管理者共同制定新的管理战略，明确共同的经营宗旨。

③通过高效协作、弹性激励措施来贯彻执行公司目标。

④培养管理人员的沟通技巧。

⑤稳定的雇佣制度。

⑥合理、长期的考核和晋升制度。

⑦岗位轮换，培养、扩大员工的职业发展之路。

⑧鼓励雇员、工会参与公司管理，并扩大参与领域。

⑨建立员工个人和组织的全面整体关系。

(10) 彼德·圣吉的学习型组织理论 (1990)

彼德·圣吉 (Peter M. Senge) 是美国“学习型组织理论”的创始人，当代最杰出的新管理学大师。其代表作是《第五项修炼——学习型组织的艺术与实务》。

学习型组织理论认为，企业持续发展的源泉是提高企业的整体竞争优势，提高整体竞争能力。未来真正出色的企业是使全体员工全身心投入并善于学习、持续学习的组织——学习型组织。通过酿造学习型组织的工作氛围和企业文化，引领员工们不断学习，不断进步，不断调整观念，从而使组织具有长盛不衰的生命力。

学习型组织的特点是：

①全体成员有共同的愿望和理想。

②善于不断学习。

③扁平式的组织结构。

④员工的自主、自觉性管理。

⑤员工家庭与事业之间的平衡。

⑥领导者的新角色是设计师、仆人和教师。

三、人力资源管理面临的挑战

1. 人力资源管理环境带来的挑战

第一，全球经济一体化带来的挑战。随着信息技术的迅速发展，全球经济一体化的趋势越来越明显，并正在以前所未有的高速度向前发展。随着区域性合作组织如欧盟、北美自由贸易区、亚太经合组织等的产生，国与国之间的界限已经越来越模糊。这种趋势在过去几年中迅速在全球蔓延，使世界经济已经形成“牵一发而动全身”的整体。当今的世界，国与国之间不仅仅只是竞争，更重要的是一个相互联系、相互制约、相互依存的整体。世界经济格局的重大变化，对全球的劳动力市场也会产生巨大的冲击。

在我国，随着中国经济的蓬勃发展和中国加入世界贸易组织（WTO），中国已经成了许多跨国公司投资的热点。中国企业不仅要面对国内的竞争者，而且还要面对全球竞争者的挑战。人力资源作为企业管理的一个重要组成部分，同样面临着非常激烈的挑战。中国的企业管理者如何确保自己的人才不会流失，中国的企业管理者如何保持长期的竞争优势，这是每一个有责任感的管理者都应该深思和解决的问题。

第二，技术进步带来的挑战。通常来说，技术进步必然带来两种结果：一是它能够使组织更有实力、更具竞争性；二是它改变了工作的性质。比如说，网络的普及已经使许多人在家办公成为了一种可能，然而，这种高科技的使用必然对员工的素质提出更高的要求，在这种自由宽松的工作秩序下，如何对员工的工作进行监督和考评已成了一个新的课题。事实上，随着技术的进步，其对组织的各个层次都产生了重要的影响，劳动密集型工作和一般事务性工作的作用将会大大削弱，技术类、管理类和专业化工作的作用将会大大加强。这样一来，人力资源管理工作就面临着结构调整等一系列重大变化。

第三，组织的发展带来的挑战。随着全球经济一体化的加剧，组织作为社会的基本单元已经发生了很大的变化，如今的时代，灵活开放已经成了组织发展的一种趋势。竞争的加剧、产品生命周期不断缩短以及外部市场的迅速变化，这些都要求组织要有很强的弹性和适应性。现代企业要参与市场竞争，就必须具有分权性和参与性，要以合作性团体来开发新的产品并满足顾客需求，这就对人力资源管理提出了新的要求：现代企业的人力资源部门必须具备良好的信息沟通渠道；现代企业的人力资源管理部门对员工的管理要做到公平、公正和透明，要对员工有更加有效的激励措施；要求组织内的每一位管理者都要从战略的高度重视人力资源管理与开发，从而不断适应组织变革的需要。

第四，人口结构变化带来的挑战。人口数量的变化具有明显的地域差别。在欧美发达国家，由于经济文化、思想观念等因素的影响，人口的出生率普遍偏低，人力资源供应相对不足；在亚非国家，由于人口出生没有得到有效的控制，人口出生率普遍偏高，人力资源相对供大于求。

劳动力的结构也发生了巨大变化。相对于亚非国家来说，欧美国家人口老龄化问题比较突出，而亚洲由于劳动力过剩，年轻劳动力的比例远远高于发达国家。相对来说，人才短缺仍然是世界各国普遍存在的问题。比如，我国在很长一段时期内，由于缺乏人才培养战略与市场需求导向，造成人才结构严重不平衡，部分专业人才过剩，而部分专业人才严重缺乏，这对我国经济发展带来了很大的影响。

2. 人力资源管理自身发展的挑战

（1）企业员工个性化发展的挑战。即企业员工日益跨文化、多样化、差异化、个性化，要求人力资源管理必须提供个性化、定制式人力资源产品/服务和关系管理，在人力资源管理中恰当地平衡组织与员工个人的利益。

（2）工作与生活质量提高的挑战。即员工不再仅仅追求工资、福利，而是对企业在各个方面所能满足自己日益增多的各种需求的程度越来越高、更全面化。因此，人力资源管理必须提供更加全面周到的人力资源产品/服务。

(3) 工作绩效评估的挑战。即员工考核与报酬日益强调以工作绩效考评为基础，并形成绩效、潜力、教导三结合的功能。

(4) 人员素质的挑战。即对企业家（CEO）、各类管理人员的素质要求日益提高，培训、教育、考核、选拔、任用越来越重要。

(5) 职业生涯管理的挑战。主要是员工日益重视个人职业发展计划的实现，企业必须日益重视职业生涯管理，为员工创造更多的成功机会和发展的途径，获得个人事业上的满意度。包括较成熟的企业组织的中上层职位在饱和的情况下如何处理员工的晋升问题。

(6) 人力资源要素发展变化的挑战。要求人力资源管理必须不断提高人力资源管理的预测性、战略规划与长远安排。

(7) 部门定位的挑战。人力资源部门必须在众多的企业职能部门中发挥其作用或显示其特别绩效，人力资源管理应担当重要角色以保证人力资源的有效利用。

第三节　战略人力资源管理

一、战略人力资源管理概述

1. 企业发展战略的基本概念

“战略”的原意为“指导战争全局的计划和策略”。《中国大百科全书·军事》对“战略”的定义是：“战争指导者为达成战争的政治目的，依据战争规律所制定和采取的准备和实施战争的方针、策略和方法。”在一般意义上，“战略”（Strategy）一词可以定义为“指导全局工作、决定全局命运的方针、方式和计划”。

企业发展战略则是指企业为了求得长远的发展，在对企业内部条件和外部环境进行有效的分析的基础上，根据企业的总体目标所确定的企业在一定时间发展的总体设想和谋划，包括战略指导思想、战略目标、战略重点和战略步骤等。企业发展战略是一个宏观管理概念，它具有指导性、全局性、长远性、竞争性、系统性、风险性六大主要特征。

企业发展战略的关键在于确定企业的长期目标，并通过对资源进行配置和经营实现这些目标。企业的战略类型根据企业所处的环境，可以分为：稳定型、反应型、领先型、探索型、创造型。可以说企业实施战略的过程也就是组织通过改变内部资源配置和行动方式，使之与环境相适应的过程。但无论企业发展战略的类型如何不同，企业实行战略管理的目的都是相同的，即在市场中生存、在竞争中取胜。这就是说企业要获得相比较的竞争优势，或取得更有利的市场地位。而企业的竞争优势则是通过有效的人力资源管理战略实现的。

企业发展战略明确了企业发展的方向，它赋予企业理想与活力，决定着企业经营的成败。著名的美、日汽车战就是企业战略管理的范例。20 世纪 70 年代初，日本汽车厂家根据对国际市场的调查和预测，选择了生产“轻便型”、“节能型”、“小型化”汽车的发展战略，终于在20世纪80年代的国际市场上击败了居于世界首位的美国小轿车，成为世界上最大的小轿车王国，而美国汽车业的“三大家”（通用、福特、克莱斯勒）1980年的亏损额则高达42亿美元。很明显，日本汽车厂家的成功和美国汽车厂家的失败，皆源于各自的企业发展战略。

随着世界经济全球化和一体化进程的加快和随之而来的国际竞争的加剧，对企业发展战略的要求也愈来愈高。而企业竞争优势是通过有效的人力资源管理战略实现的，有效的人力资源管理战略可以帮助企业获取和维持其竞争优势，并通过员工的有效活动来实现组织的战略目标。下面将对战略人力资源管理进行详细的说明与分析。

2. 战略人力资源管理的内涵

人力资源的战略管理又叫战略人力资源管理，最早是戴瓦纳（1981）在《人力资源管理：一个战略观》一文中提出的。戴瓦纳在文中指出，由于经济转换、人口转变、授权和规章法律、越来越多的管理复杂性和困难，使得人力资源管理的战略位置正在变得越来越重要。为了应对这些变化，越来越多的企业和公司正在努力应对人力资源问题。

目前，学术界对于战略人力资源管理的概念还没有形成一致观点，但戴瓦纳对其的定义已被大多数人接受，即：“企业为实现目标所进行和所采取的一系列有计划、具有战略性意义的人力资源部署和管理行为。”

戴瓦纳的定义充分诠释了战略人力资源管理的内涵和特征：

（1）人力资源的战略性。企业竞争优势来自于企业人力资源系统中那些具有某种特殊技能和核心知识，处于企业经营管理的重要位置或关键职位的那些人力资本。与一般的人力资本相比，战略人力资本在一定程度上具有专用性和不可替代性的特征，这符合资源基础理论的基本观点。

（2）人力资源管理的系统性。人力资源管理的系统性主要表现为企业为了获取和维持持续竞争优势而进行的一系列人力资源管理政策、实践、方法及手段。通过整个系统的默契配合，使企业人力资源得到最佳配置。

（3）人力资源管理的目标导向性。战略人力资源管理通过组织结构将企业人力资源管理置于企业经营系统中，以促进企业各个方面和部门的信息一致性，从而实现组织绩效最大化。

战略人力资源管理是组织战略不可或缺的有机组成部分，包括了组织通过人来达到组织目标的各个方面。因为人力资源是企业获取竞争优势的最主要的资源，所以企业可以通过人力资源规划、政策及管理实践来实现其具有竞争优势的人力资源配置；企业还可以通过人力资源管理活动来达到组织战略的灵活性，使人力资源与组织战略相匹配，从而实现组织的发展战略目标。由于人力资本已成为获取竞争优势的主要资源，战略也需要人来执行，所以最高管理层在开发战略时必须认真考虑人的因素。战略人力资源管理正是企业发展战略在这方面的整合。

3. 战略人力资源管理与公司战略的关系

战略人力资源管理理念视人力为资源，认为人力资源是一切资源中最宝贵的资源，认为企业的发展与员工的职业能力的发展是相互依赖的，企业鼓励员工不断地提高职业能力以增强企业的核心竞争力。而重视人的职业能力就必须首先重视人本身，把人力提升到了资本的高度，一方面通过投资人力资本形成企业的核心竞争力，另一方面是人力作为资本要素参与企业价值的分配。

那么战略人力资源与公司战略的关系是什么呢?

战略人力资源管理认为人力资源是组织发展战略不可或缺的有机组成部分，包括了公司通过人来达到组织目标的各个方面，如图1－2所示。

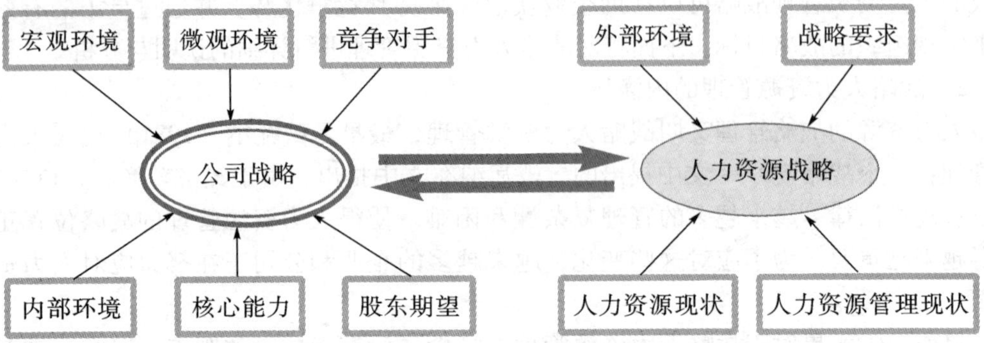

图1－2　公司战略和人力资源战略的关系

一方面，企业战略的关键在于确认好自己的客户，经营好自己的客户，实现客户满意和忠诚，从而实现企业的可持续发展。但是如何让客户满意？这需要企业有优良的产品与服务，给客户创造价值，能够为客户带来利益；而高质量的产品和服务，需要企业员工的努力。所以，人力资源是企业获取竞争优势的首要资源，而竞争优势正是企业战略得以实现的保证。

另一方面，企业获取战略上成功的各种要素，如研发能力、营销能力、生产能力、财务管理能力等，最终都要落实为人力资源。因此，在整个战略的实现过程中，人力资源的位置是最重要的。

战略人力资源管理强调通过人力资源的规划、政策及管理实践达到获得竞争优势的人力资源配置的目的，强调人力资源与组织战略的匹配，强调通过人力资源管理活动实现组织战略的灵活性，强调人力资源管理活动的目的是实现组织目标。战略人力资源管理把人力资源管理提升到战略的高度，就是系统地将人与组织联系起来，建立统一性和适应性相结合的人力资源管理。

战略人力资源管理不是一个概念，而是一个有机的体系，由战略人力资源管理理念、战略人力资源规划、战略人力资源管理核心职能和战略人力资源管理平台四部分组成，如图1－3所示。

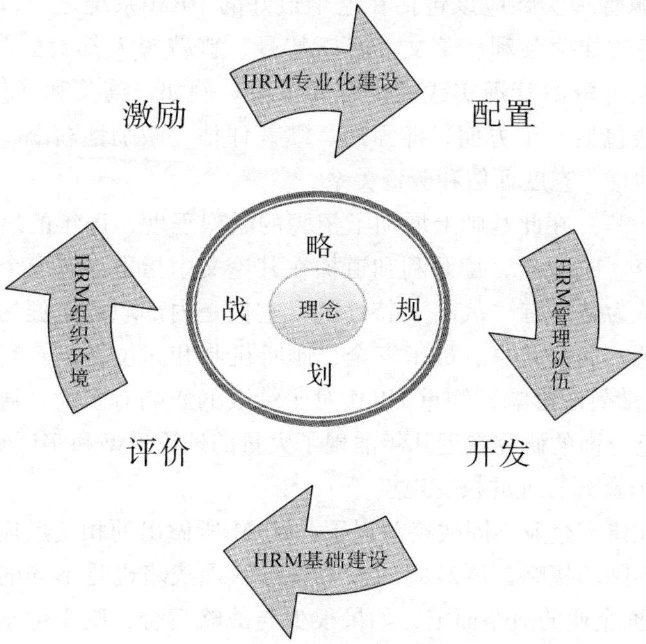

图 1－3 战略人力资源管理体系

战略人力资源管理理念是灵魂，以此来指导整个人力资源管理体系的建设；

战略人力资源规划是航标，指明人力资源管理体系构建的方向；

战略人力资源核心职能是手段，以此确保理念和规划在人力资源管理工作中实现；

战略人力资源管理平台是基础，在此基础之上才能构建和完善战略人力资源管理职能。

战略人力资源管理认为开发人力资源可以为企业创造价值，企业应该为员工提供一个有利于价值发挥的公平环境，给员工提供必要的资源，赋予员工责任的同时进行相应的授权，保证员工在充分的授权内开展自己的工作，并通过制定科学有效的激励机制来调动员工的积极性，在对员工能力、行为特征和绩效进行公平评价的基础上给予相应的物质激励和精神激励，激发员工在实现自我价值的基础上为企业创造价值。

二、战略人力资源管理的理论与内容

1. 战略人力资源管理理论

20 世纪 80 年代以来，战略人力资源管理在理论界和实践界受到越来越多的关注。回顾 20 多年来西方战略人力资源管理的发展，可以清楚地看到人力资源管理在企业中战略地位的逐渐确立，战略人力资源管理理论也越来越丰富。在众多的理论中，战略人力资源管理理论主要可以分为以下三个观点：

（1）战略人力资源管理的基本观点

基本观点的基本假设是不管企业的战略如何，都存在着一种最好的 HRM（企业人力资源管理）系统，这种 HRM 系统总是优于其他的系统，采纳这种 HRM 系统的企业会提高绩效。尽管这种方法得到了很多研究者的认同，也得到了实证的支持，但是，对于何种人力资源管理实践应该包括在这个最好的HRM系统之中，还没有一致的结论。许多著名学者，如德莱利、莱文、澳斯特曼、普费等人都对此问题进行了研究，并提出了不同的人力资源管理实践的内容和范围。例如，德莱利（1989）等人认为，人力资源管理实践包括八个方面，即甄选、绩效评估、激励性薪酬、职务设计、投诉处理程序、信息共享、态度评估和劳资关系。

海塞里德（1995）在此基础上增加了招聘的激烈程度、每年的培训实践和晋升标准三个方面的内容。1996年，德莱利和道梯在其论文中指出，有七个方面的人力资源管理实践活动被认为是具有“战略”特性的，它们是内部职业生涯的机会、正式的培训系统、绩效测评、利益共享、员工安全、倾听机制和岗位界定。其基本观点主要研究HRM对于企业绩效的影响，侧重HRM对于绩效的影响有多大，通过什么样的中间机制发生作用。这方面的研究在近几年涌现了大量的理论模型和实证研究。

（2）战略人力资源管理的权变观点

权变观点是在研究企业不同战略前提下，HRM所做出的相应反应，如在企业成长的不同阶段采用不同的战略，所对应的人力资源管理战略也是不同的。企业采取何种HRM系统应该根据企业的战略而定，如果很少与战略契合，则不但不会对绩效做出贡献，反而会对企业的绩效造成损害。这种HRM系统之间及与企业战略的配合是否有效果和必要，还没有得到证实。

（3）战略人力资源管理的匹配观点

匹配观点是研究人力资源管理系统内部以及人力资源管理系统与企业战略的匹配，这种匹配的协同作用是否存在，以及对于企业的绩效是否有影响。通过匹配调查来确定企业战略和人力资源管理实践及政策之间的“匹配”程度。这种匹配性包括“外部匹配性”（如与战略的适应性）和“内部匹配性”（实践中的一致性和相似性），主要考虑这些匹配性对组织输出的影响。战略人力资源管理要求人力资源管理必须与组织战略一致，而且人力资源各项职能之间要实现有效匹配。战略匹配或整合这个概念是战略性人力资源管理的中心概念，我们需要战略整合来保持企业战略和人力资源战略的完全一致，人力资源战略支持企业战略的实现，并且可以帮助我们制定企业战略。

上述三种观点就是战略人力资源管理理论的主要观点，它们的共同之处就是均与企业绩效有关，但是，它们又有其各自的侧重点，当然也有一定的局限性。但是，它们在一定程度上反映了战略人力资源管理的目的，即通过战略管理，使人力资源的作用得到了更好的发挥，让企业获得核心竞争力，组织取得竞争优势，从而进一步提高企业的绩效。随着世界范围内的竞争性、不确定性和不稳定性的加剧，为了取得成功，许多企业必须参与全球性的竞争，中国也不例外。但是，如何才能更好地参与其中呢?这要求我们根据战略人力资源管理理论，制定适当的人力资源管理战略，从而促进企业的发展。

2. 战略人力资源管理的层次与内容

（1）战略人力资源管理的三个层次

战略性人力资源管理的核心在于通过有计划的人力资源开发和管理，实现企业的战略目标。具体来说，战略性人力资源管理结构应包含以下三个层次：

①战略层次。这个层次主要解决长期规划问题，协调企业与外部环境关系，追求企业整体利益；根据企业总体发展战略制定企业人力资源战略规划，帮助企业实现其战略目标。

②管理层次。这个层次的重点从制定人力资源战略规划转移到制定运营性人力资源规划，人力资源的战略规划和方针被细化为具体的人力资源活动方案。该层次的所有具体内容都应遵从战略层次的纲要和方针，切实保证企业发展战略目标的实现。

③运作层次。在这一层次，人力资源管理人员直接与产品生产或提供具体服务的基层人员接触，充当协调者和激励者，使人力资源规划在这一层次得到具体实施。同时，要对人力资源规划实施过程进行控制、监督、分析、评价，找出不足并进行适当调整，以保证企业战略目标的实现。

（2）战略人力资源管理的内容

许多学者已对人力资源战略规划的内容进行了划分，对几项内容上的划分大体一致，但对另几项内容的划分又存在着许多区别，如划分内容上的区别、表述上的差异等。认识人力资源战略规划的重点和兼顾内容，非常有利于认清各项内容的主次、结构和作用。在以上认识的基础上，结合目前主流的划分方式，人力资源战略内容可分成七项子规划：

①外部人员补充规划：指根据组织内外环境变化和组织发展战略，通过有计划地吸收外部人员，从而对组织中长期内可能产生的空缺职位加以补充的规划。

②内部人员流动规划：指根据组织内外环境变化和组织发展战略，通过有计划地进行组织内部人员流动，实现在未来职位上配置内部人员的规划。

③人员退出规划：指组织根据组织内外环境变化和组织发展战略的要求，通过人事测评和绩效评估，有计划地将那些不适合组织发展需要的人员退出组织，或实施职业转型。

④职业生涯规划：指组织根据组织内外环境变化和组织发展战略，引导员工的职业发展方向，员工根据个人能力、兴趣、个性和可能的机会制定个人职业发展规划，从而组织可系统地帮助内部员工制定与组织目标相一致的个人职业发展规划。

⑤培训开发计划：指根据组织内外环境变化和组织发展战略，考虑员工发展需要，通过有计划地对员工进行培训和开发，提高员工能力、引导员工态度，使员工适应未来岗位的规划。

⑥薪酬激励规划：指根据组织内外环境变化和组织发展战略，为了使员工结构保持在一个恰当水平，为了提高员工工作绩效和激发员工工作热情，制定一系列薪酬激励政策的规划。

⑦组织文化规划：指根据组织内外环境变化和组织发展战略的需要，不断完善组织长期积累形成的组织文化，不断实施组织文化创新，使其在未来能更好地引导和激励员工，从而为组织提供更优秀的人力资源规划。

3．战略人力资源管理与传统人力资源管理的区别

战略人力资源管理与传统人力资源管理存在明显的不同，二者之间的区别可以归纳为以下几点：

（1）管理理念：战略人力资源管理以“人”为核心，视人为“资本”，强调“服务”，管理出发点是“着眼于人”，达到人与事的系统优化、使企业取得最佳的经济和社会效益之目的。传统人事管理以“事”为中心，将人视为一种成本，把人当成一种“工具”，强调“控制”，其管理的形式和目的是“控制人”。

（2）管理地位：在战略人力资源管理中，人力资源管理部门作为企业的核心部门，直接参与组织整体战略决策。而在传统人事管理中，人事部门属于企业的辅助部门，主要负责上级指令的贯彻执行，很少参与决策。

（3）管理内容：在战略人力资源管理中，以人为中心，重点是开发实现战略目标所必需的人力资源，灵活地按照国家及地方人事规定、制度，结合企业的实际情况制定符合企业需求的各种人力资源政策，建立起系统的人力资源管理体系。在传统人事管理中，主要的工作是负责员工的考勤、档案及合同管理等事务性工作。

（4）管理形式：战略人力资源管理体现企业全员参与人力资源管理的特色，因为人力资源工作要想切实有效，没有各部门的执行、配合是不可能实现的。传统人事管理基本上是独立作战，与其他部门的关系不大。

（5）管理策略：战略人力资源管理强调其在企业整体经营中的重要地位，侧重变革管理和人本管理，属预警式管理模式。传统人事管理侧重于规范管理和事务管理，属事后管理。

（6）管理体制：战略人力资源管理价值的体现是通过提升员工能力和组织绩效来实现的，其管理特点为“主动开发型”，员工的工作自主性和主动性高。传统人事管理价值的体现主要是在规范性及严格性，即是否将各项事务打理得井井有条、是否看得住和控制得住企业员工的行为等，其管理特点为“被动反应型”，员工的工作自主性低，主观能动性差。

三、战略人力资源管理体系

1．人力资源管理体系

人力资源管理是一项系统工程。它本身是一个体系，其内部各个环节和部分相互联系，相互依赖，相互促进；它在整个管理中，与其他管理系统紧密联系，相互依存。人力资源管理体系不仅仅是职能的分工组合，而且包括战略层面的全局把握，以及操作层面的科学管理[①]。从人力资源管理体系内的职能来看，绩效管理是人力资源管理的核心，与其他职能紧密关联，相互促进。人力资源管理的各个职能关系可以用图1－4表示。

---

① 罗青华．迎接企业间人力资源的竞争［J］．中外管理导报，1999（1）：29．

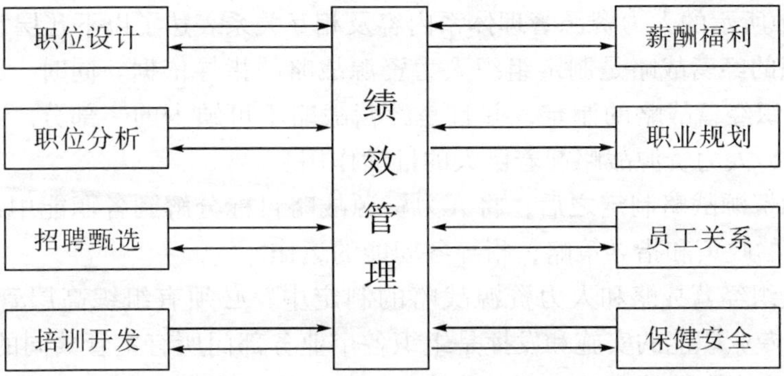

图1-4　人力资源管理各职能关系

人力资源管理体系还体现在组织的所有各层级管理者都必须参与的一项重要的管理活动。从组织高层领导把握宏观战略，制定人力资源战略规划和各项人力资源管理政策制度等，到各层级管理者的人力资源管理操作职能的实施和实现，形成了一个完整的体系。因此，人力资源管理是从宏观战略到各个操作职能的全面系统的管理。

2. 人力资源管理体系的主要内容

从人力资源管理体系的内外部关系来看，人力资源管理体系的内容不仅仅包括其本身的工作职责，而且还涉及整个组织系统内的有关工作职责。首先，在制定组织发展战略时，它具有参谋即提出建议、组织内外部环境分析、信息收集分析、协助决策等职责和任务；在组织发展经营战略的指导下，制定人力资源战略。

人力资源战略的内容，不仅是制定人力资源战略目标、人力资源规划和人力资源管理政策，而且在组织文化建设方面，围绕组织的经营宗旨，倡导和建设符合组织经营宗旨的组织文化，其中包括组织的经营理念、价值观、行为规范，以及对员工管理的指导思想和政策等。在具体的人力资源管理操作层面，它不仅从事招聘甄选、培训开发、薪酬福利、绩效管理和员工关系等人力资源管理实务，而且负有对组织各个职能部门和直线部门的人力资源管理工作指导和行政支持服务等职责和任务。我们可以从图1-5中了解较全面的人力资源管理体系的内容。

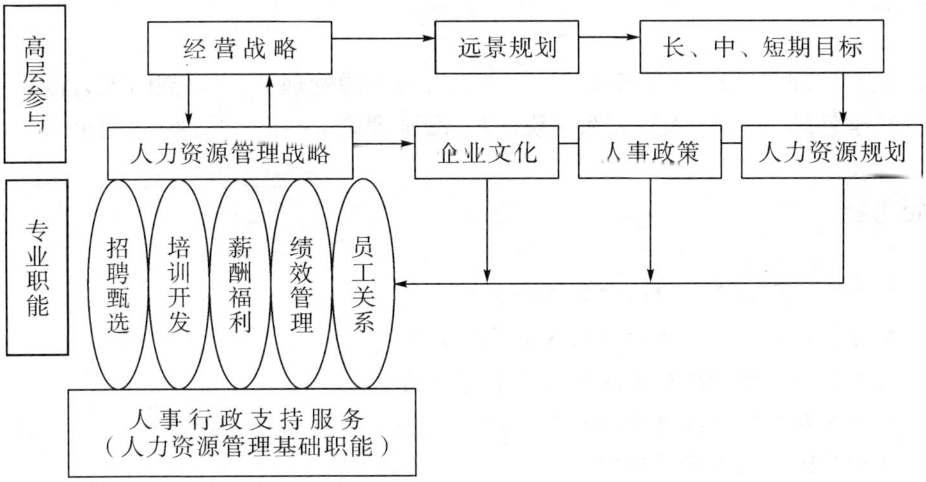

图1-5　人力资源管理体系内容及相互关系

图1－5中所示的人力资源管理体系内容及相互关系表达了以下几层意思：

（1）组织的经营战略是制定组织人力资源战略的指导依据。同时，组织的人力资源战略支持组织经营战略的制定，并且是经营战略不可缺少的一部分。在实行组织经营战略过程中，人力资源战略起着巨大的推动作用。

（2）人力资源战略制定之后，将人力资源战略目标分解到各职能中，并制定出指导各职能执行的政策和指导策略，指导各职能的运作。

（3）在组织经营战略和人力资源战略的制定中，必须有组织高层管理者的参与。各项人力资源专业职能的实施和发挥是组织各个业务部门所有主管共同的职责和任务。他们必须掌握人力资源管理的原理、政策和操作技能。

（4）在最下端的人事行政支持服务是人力资源管理的基础职能。这是人力资源管理部门的主要职能之一。

从上面关于人力资源管理体系的内容介绍中，我们清楚地认识到：人力资源管理不仅是人力资源部门的事，它需要整个组织上至高层领导、下至各个部门各级主管的共同关注和参与，是组织中每一位管理者的职责。

本章小结

本章主要阐述了人力资源、人事管理、人力资源管理的基本概念；介绍了现代人力资源管理理论的建立与发展过程，以及与管理理论的关系。核心概念就是人力资源管理就是现代人事管理，重视人事匹配、人的能力的开发和培养、人的工作热情的激发、人际关系的和谐等；在人力资源管理方面重点强调管理者的人力资源管理职责与任务，并对直线管理与职能管理在人力资源管理方面的联系与区别做了详细的阐述；最后讨论了企业战略发展与战略的人力资源管理问题，在企业发展战略的指导下推行战略人力资源管理。

关键概念

1. 人事管理　2. 人力资源　3. 人力资源管理　4. 战略人力资源管理
5. 科学管理　6. 人际关系学说　7. 激励理论　8. 学习型组织

本章思考题

1. 什么是人力资源？它的作用是什么？
2. 人力资源管理与人事管理的区别是什么？
3. 人力资源管理对现代企业管理有着怎样的意义？
4. 人力资源管理的经典理论有哪些？
5. 什么是战略人力资源管理？
6. 战略人力资源管理与传统人力资源管理是什么关系？

案例分析

方正人力资源管理：改制与八年之变①

2008 年 12 月，《哈佛商业评论》发布了一种独特的人力资源管理模式。李友无意间看到这篇文章，发现《对团队的评估和考核》等文中提到的一系列做法，方正早在 2006 年就已开始施行。

“简而言之，那就是一个 360 度的考核模式，员工的业绩可以完全被数据化”。四年之后，李友又将方正的人力资源模式进化了一步，将员工的各方面的考核尽可能同步还原，“还原的考核结果无好坏之分，只是供决策者参考”。

在李友看来，人力资源是公司管理中最为关键的一环。“我从不认为中国公司真正缺钱，真正缺的还是人。”目前方正的员工超过 3 万人，这一模式几乎可以做到推行至基层员工的考核中。

在不久后即将召开的方正集团董事会中，一个核心议题便是方正在未来五年里的用人策略。首要的一点似乎借鉴了“干部年轻化”和性别平衡的做法，如规定“总监级的干部，超过 35 岁就不再提拔”。李友希望将干部的年龄结构控制下来，而统计结果显示，公司 35 岁以下的干部人数非常有限，性别比例更是失衡。

李友进入方正已经超过十年，在他看来，方正历史上值得一提的事情，其一是激光照排技术的诞生，其二便是 2003 年 3 月 31 日开始的改制。他认为，改制使这家公司有了走向市场化的可能，从而才有机会发展壮大。方正的改制基本等同于“管理层持股”。当企业的业绩与每个人挂钩后，每个人就有了更多努力的可能。除了收入本身，这还意味着对个人能力的认可，比如只有成绩突出者才能去美国进修，而这也会被纳入考核体系之内，从而形成正向循环。

案例思考题

1. 方正的人力资源管理模式有什么特点？
2. 请结合本章节内容对方正人力资源管理的作用与意义进行评价。

---

① 方正人力资源管理：改制与八年之变［OL］. 中国人力资源开发网，http：//www. chinahrd. net/case/info/183525.

第二章　工作分析与职位评价

学习目标

1. 了解组织结构的基本含义和类型
2. 熟悉组织结构设计的基本原则、方法
3. 掌握工作分析的方法与实施过程
4. 了解和掌握岗位说明书的作用与编写方法
5. 掌握职位评价的基本原则和方法

引导案例

玛丽到底要什么样的工人①

"玛丽，我一直想象不出你究竟需要什么样的操作工人，"海湾机械公司人力资源部经理约翰·安德森说，"我已经给你提供了四位面试人选，他们好像都还符合工作说明中规定的要求，但你一个也没有录用。"

"什么工作说明?"玛丽答道，"我所关心的是找到一个能胜任那项工作的人。但是你给我派来的人都无法胜任，而且，我从来就没有见过什么工作说明。"

约翰递给玛丽一份该项工作说明，并逐条解释给她听。然后他们发现，要么是工作说明与实际工作不相符，要么是它规定以后，实际工作又有了很大变化。例如，工作说明中说明了有关老式钻床的使用经验，但实际中所使用的是一种新型数控机床。为了有效地使用这种新机器，工人们必须掌握更多的数学知识。

听了玛丽对操作工人必须具备的条件及应当履行职责的描述后，约翰说："我想我们现在可以重新写一份准确的工作说明，以它为指导，我们就能找到适合这项工作的人。让我们今后加强工作联系，这种状况就再也不会发生了。"

上述情况反映了人事管理中一个普遍存在的问题：工作说明对完成工作所需职责和技能的要求与实际工作中的要求不匹配。因此，人力资源部经理约翰·安德森无法为新的岗位确定合适的人选。

问题：从这个案例中，你能看出什么才是解决这个问题的关键所在吗?

① 玛丽到底要什么样的工人［OL］. MBA 智库，http：//doc.mbalib.com/view/40407af567c74ee474c46e502cab435c.html.

第一节 组织结构设计

一、组织结构的基本概念

1. 组织结构概述

组织结构是指一个组织内各构成要素以及它们之间的相互关系，它描述组织的框架体系。组织结构主要涉及企业部门构成、基本的岗位设置、权责关系、企业流程、管理流程及企业内部协调与控制机制等。企业组织结构是实现企业宗旨的平台，组织结构直接影响着企业内部组织行为的效果和效率，从而影响着企业目标的实现。图2－1是一家小型通信企业的组织结构图。

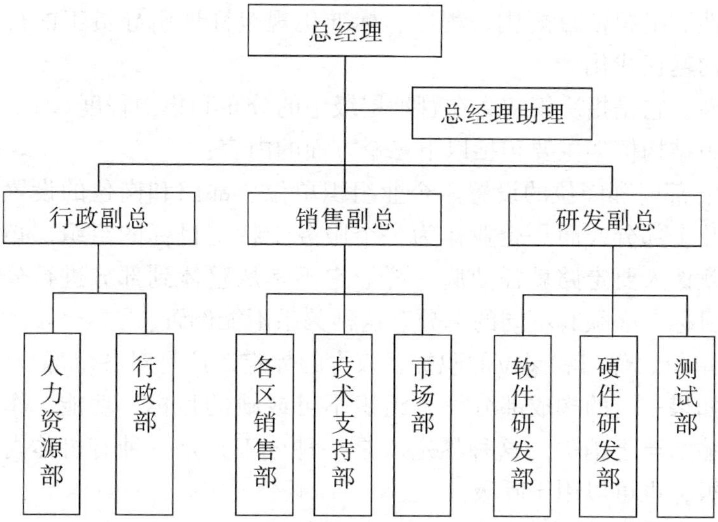

图2－1 小型通信企业的组织结构图

组织结构图是常见的表示组织内部关系的一种图表，它形象地反映了组织内部各部门、岗位相互之间的关系，因而组织结构图是对组织结构的直接反映。但是，组织结构图并不能代表组织结构的全部内容，完整的组织结构应包括如下四个关键要素：

（1）组织结构决定了正式报告关系，包括企业权力链条、组织层级数量、管理者的控制范围及幅度。图2－1说明了该组织的层级分三层，总经理为企业的最高管理者。

（2）组织结构明确了岗位和部门的一系列正式的任务安排，即企业的各项职能在各个部门与组织成员之间是如何分配的。从图2－1中可以看出，该企业基本职能分配，例如招聘工作由人力资源部负责，产品研发根据产品的不同分别由软件研发部和硬件研发部负责，但是由于组织结构图本身的简洁性要求，我们并不能直接从图表中了解所有部门及成员的工作。

（3）组织结构确定了如何由个体组织合成部门，再由部门到整个组织。从图2－1

中我们并不能看出这方面的内容。例如，人力资源部的负责人可能是人力资源经理，由他整合整个人力资源部的工作，并向行政副总负责，但是这在组织结构图上是不能直接体现的。

（4）组织内部的协调机制。组织结构决定如何设计一些系统，并通过这些系统来保证跨部门间的有效沟通、合作与整合。例如，在图2－1的企业中，如果市场部有职位空缺，市场部经理是直接找人力资源部经理解决还是向销售副总或行政副总报告来申请人员补充呢？这就要根据组织结构协调机制来进行处理，所谓“没有规矩不成方圆”，组织结构就是企业最根本的规矩系统。

2. 企业组织结构的内容与特点

关于组织结构的特点，可以归结为以下三个方面：

一是复杂性。组织内部分化的程度，分工越细、组织层级越多、管理幅度越大，组织复杂性就越高。

二是规范性。组织依靠规则、程序、标准化规范性地引导员工的行为。规章制度越多，组织结构越正式化。

三是集权性。它是指决策权力在管理层级中的分布和集中程度。

企业的组织结构框架主要包括以下三个方面的内容：

（1）单位、部门和岗位的设置。企业组织单位、部门和岗位的设置，不是把一个企业组织分成几个部分，而是企业作为一个服务于特定目标的组织，必须由几个相应的部分构成，就像人要走路就需要脚一样。它不是从整体到部分进行分割，而是整体为了达到特定目标，必须有不同的部分。这种关系不能倒置。

（2）各个单位、部门和岗位的职责、权力的界定。这是对各个部分的目标、功能、作用的界定。如果一定的构成部分没有组织不可或缺的目标、功能、作用，就会像人的尾巴一样萎缩乃至于消失。这种界定就是一种分工，是一种有机体内部的分工。例如嘴巴可以吃饭，也可以用于呼吸。

（3）单位、部门和岗位角色相互之间关系的界定。这就是界定各个部分在发挥作用时，彼此如何协调、配合、补充、替代的关系。

这三个方面的内容是紧密联系在一起的，在完成第一个方面的内容的同时，实际上就已经解决了后面两个方面的内容。但作为一项大的整体工作，三者存在一种彼此承接的关系。我们要对组织架构进行规范分析，其重点是第一个方面的内容，后面两个方面的内容是对第一个方面内容的进一步展开。

3. 组织结构的基础

通过对组织结构特点与内容的分析，我们认为在对组织结构进行设计之前，应该明确下列五个方面的内容，从而使组织结构更加适应企业的需要，进而促进企业的发展。

（1）有明确的组织疆界。组织的疆界是划分企业内外资源的分水岭。企业必须通过管理手段控制组织内资源，而通过市场手段购买组织外资源。聪明的企业家会有效地设计自己企业的疆界，专注于控制具有核心竞争力的资源，以达到企业利润最大化的目的。

（2）集权与分权的统一。权力是组织中一种无形的力量。一个管理者的权力来源于组织对其的依赖度、所控制的财务资源、正式职位赋予的权力以及对决策信息的控制。管理者位于组织结构的中心，其权力的集中是组织正常运转的保证。组织结构中高层对低层有控制的权力，而低层对高层同样有讨价还价的权力。为了减少高层和低层之间的权力摩擦，提高效率和员工参与意识，越来越多的组织倾向于将管理者的权力分散，分别授予中级管理人员和普通员工。

（3）注意对影响组织结构要素的分析。根据美国的伯顿和奥贝尔两位教授的长期研究，影响组织结构的要素有六类，包括：领导和管理模式、组织及文化氛围、组织规模及组织技能、组织的外部环境、组织的技术水平和组织的战略发展。两位教授还指出，很多企业组织结构的调整，目的多是希望新的组织结构能满足六要素的要求。

（4）合适的部门组合。不同业务和不同目标的企业可能会有不同的部门组合即组织结构的类型，一般分为：职能式、矩阵式、事业部式、官僚式和特别式组合。随着信息技术的发展和企业管理水平的提高，现代企业的组织架构正由一成不变的集权化、等级制的组织架构，转向分权化而富有弹性的架构。

（5）迅速有效的执行能力。越庞大的组织，执行能力越低，这就导致了大企业的效率不如小企业。要提升企业的执行能力，首先应保证管理指令传递系统的顺畅，每个员工都有明确的汇报路线，每个员工都有唯一的经理负责他的行政管理和工作行为。

此外，应注意管理层级和控制跨度。管理层级过多会导致企业执行速度减慢，而适当控制跨度可以减少管理成本，提高企业效率。管理层级和控制跨度是检验组织管理效率的主要因素。

二、组织结构的基本类型

1．常用的组织结构类型

企业组织结构根据组织规模和基本目标及任务来确定，常用的组织结构类型有以下几种：

（1）直线制

直线制是企业发展初期一种最简单的组织结构，如图2－2所示。

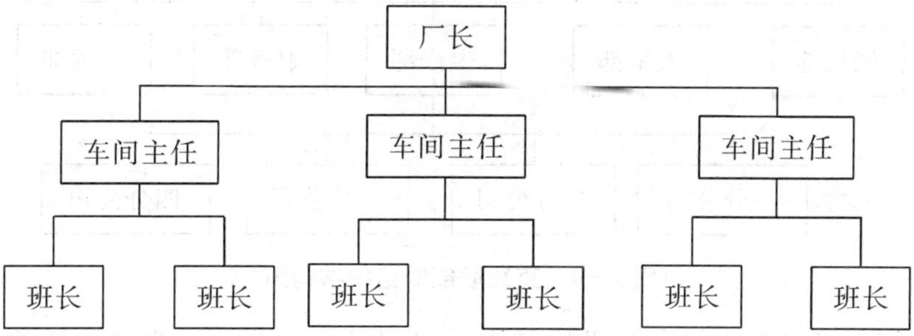

图2－2　直线制组织结构图

直线制组织的领导职能都由企业各级主管一人执行，上下级权责关系呈一条直线。下属单位只接受一个上级的指令。

它的优点是：结构简化，权力集中，命令统一，决策迅速，责任明确。

它的缺点是：没有职能机构和职能人员当领导的助手。在规模较大、管理比较复杂的企业中，主管人员难以具备足够的知识和精力来胜任全面的管理，因而不能适应日益复杂的管理需要。

这种组织结构形式适合于产销单一、工艺简单的小型企业。

（2）职能制

职能制组织结构与直线制恰恰相反。它的组织结构如图2－3所示。

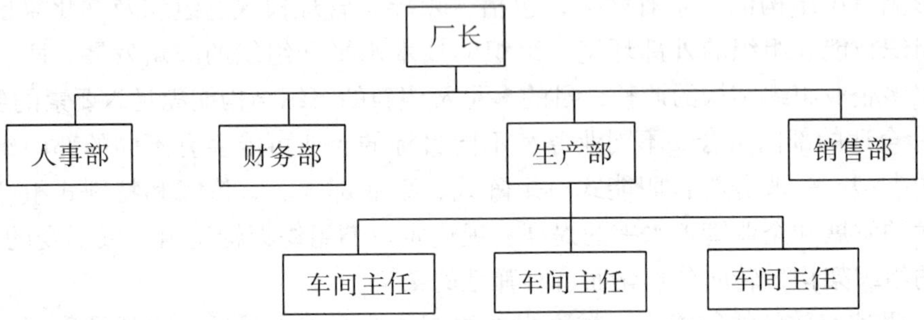

图2－3　职能制组织结构图

职能制组织的企业内部各个管理层次都设立职能机构，并由许多通晓各种业务的专业人员组成。各职能机构在自己的业务范围内有权向下级发布命令，下级都要服从各职能部门的指挥。

它的优点是：不同的管理职能部门行使不同的管理职权，管理分工细化，从而能大大提高管理的专业化程度，能够适应日益复杂的管理需要。

它的缺点是：政出多门，多头领导，管理混乱，协调困难，导致下属无所适从；上层领导与基层脱节，信息不畅。

（3）直线职能制

直线职能制吸收了以上两种组织结构的长处而弥补了它们的不足，如图2－4所示。

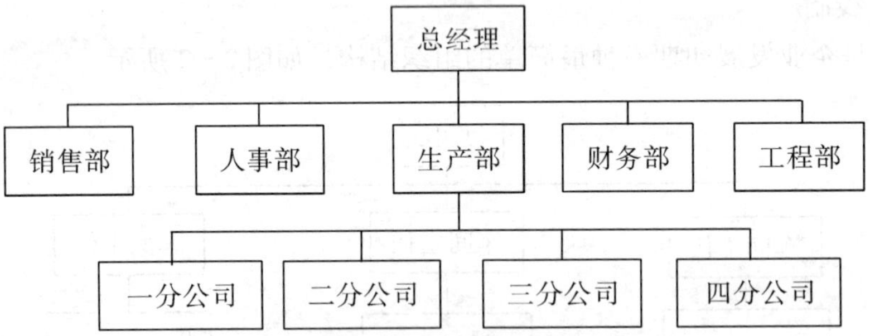

图2－4　直线职能制组织结构图

直线职能制组织企业的全部机构和人员可以分为两类：一类是直线机构和人员；另一类是职能机构和人员。直线机构和人员在自己的职责范围内有一定的决策权，对下属有指挥和命令的权力，对自己部门的工作要负全面责任；而职能机构及其人员，则是直线指挥人员的参谋，对直线部门下级没有指挥和命令的权力，只能提供建议和在业务上进行指导。

它的优点是：各级直线领导人员都有相应的职能机构和人员作为参谋和助手，因此能够对本部门进行有效的指挥，以适应现代企业管理比较复杂和细致的特点；而且每一级又都是由直线领导人员统一指挥，满足了企业组织的统一领导原则。

它的缺点是：职能机构和人员的权力、责任究竟应该占多大比例，管理者不易把握。

直线职能制在企业规模较小、产品品种简单、工艺较稳定又联系紧密的情况下，优点较突出；但对于大型企业来说，由于产品或服务种类繁多、市场变幻莫测，就不适应了。

（4）事业部制

事业部制是目前国外大型企业通常采用的一种组织结构。它的组织结构如图 2－5 所示。

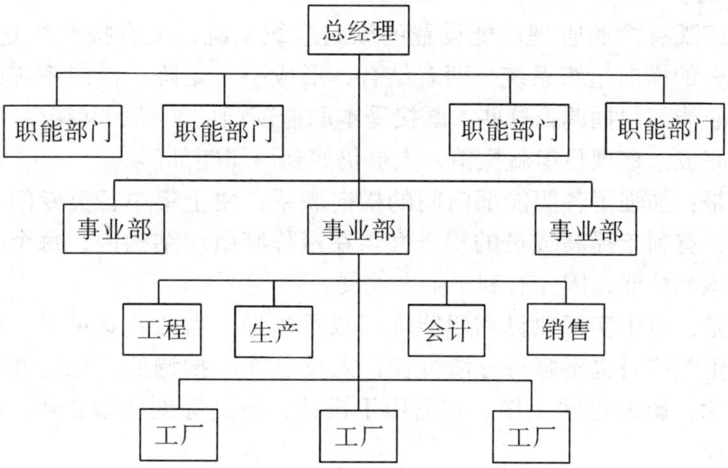

图 2－5　事业部制组织结构图

事业部制要求把企业的生产经营活动，按照产品或地区的不同，建立经营事业部。每个经营事业部是一个利润中心，在总公司领导下，独立核算、自负盈亏。

它的优点是：有利于调动各事业部的积极性，事业部有一定的经营自主权，可以较快地对市场做出反应，一定程度上增强了适应性和竞争力；同一产品或同一地区的产品开发、制造、销售等一条龙业务属于同一主管，便于综合协调，也有利于培养有整体领导能力的高级人才；公司最高管理层可以从日常事务中摆脱出来，集中精力研究重大战略问题。

它的缺点是：各事业部容易产生本位主义和短期行为；资源的相互调剂会与既得利益发生矛盾；人员调动、技术及管理方法的交流会遇到阻力；企业和各事业部都设置职能机构，机构容易重叠，且费用（成本）增大。

事业部制适用于企业规模较大、产品种类较多、各种产品之间的工艺差别较大、市场变化较快及要求适应性强的大型联合企业。

（5）矩阵制

矩阵制企业组织结构如图 2－6 所示。

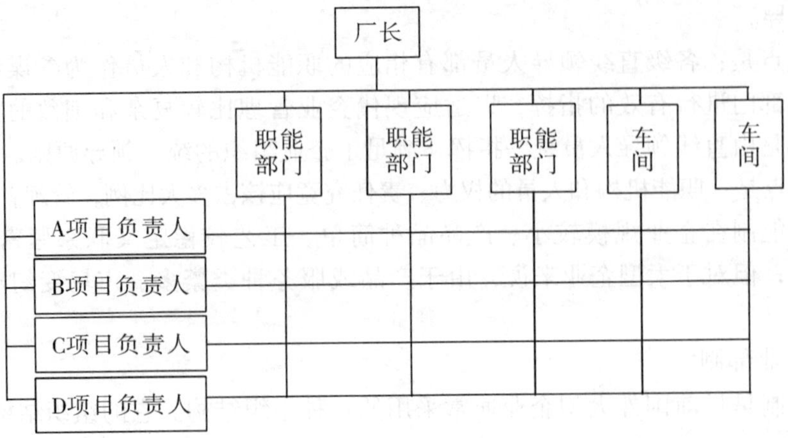

图2－6　矩阵制组织结构图

矩阵制组织既有按照管理职能设置的纵向组织系统，又有按照规划目标（产品、工程项目）划分的横向组织系统，两者结合，形成一个矩阵。横向系统的项目组所需工作人员从各职能部门抽调，这些人既接受本职能部门的领导，又接受项目组的领导，一旦某一项目完成，该项目组就撤销，人员仍回到原职能部门。

它的优点是：加强了各职能部门间的横向联系，便于集中各类专门人才加速完成某一特定项目，有利于提高成员的积极性。在矩阵制组织结构内，每个人都有更多机会学习新的知识和技能，因此有利于个人发展。

它的缺点是：由于实行项目和职能部门双重领导，当两者意见不一致时令人无所适从；工作发生差错时也不容易分清责任；人员是临时抽调的，稳定性较差；成员容易产生临时观念，影响正常工作。它适用于设计、研制等创新型企业，如军工、航空航天工业的企业。

2. 现代新型组织结构模式

以现代组织理论为指导建立的组织结构模式，可以称之为有机式组织（Organic organization，又称适应性组织）。有机组织强调组织结构扁平化，提高组织运作效率。有机式组织与科层式组织相比有以下几个特点：

（1）没有严格的等级关系，而是一种广泛的合作关系，部门之间、成员之间互相合作、互相沟通。

（2）组织成员都有一定的职责，但职责不是固定的，而是根据环境变化不断进行调整。

（3）决策不再集中于高层管理者，而是授予低层管理者更多的决策权，以便对变化的环境迅速做出反应，重大的决策才交由高层管理者进行。

（4）重视组织成员的特殊要求，不是单靠经济利益来刺激员工，而是强调工作内容多样化、丰富化，多方面调动员工的积极性和创造性。

（5）组织结构趋向扁平化，通过信息系统建设、管理人员培训、工作规范化等措施增大管理幅度，降低管理层次，增强组织的适应能力。

3. 组织结构图范本

（1）生产企业组织结构图范本

生产企业选择哪一种组织结构形式，或具体按哪一种方式来组织生产经营，一定要结合本企业的实际情况，例如企业规模大小、人员素质高低、生产工艺复杂程度、所处环境等。总之，要以能最有效地完成企业目标为依据来选择具体的生产组织形式，并设置相应的生产管理机构。某生产企业组织结构范本如图2－7所示。

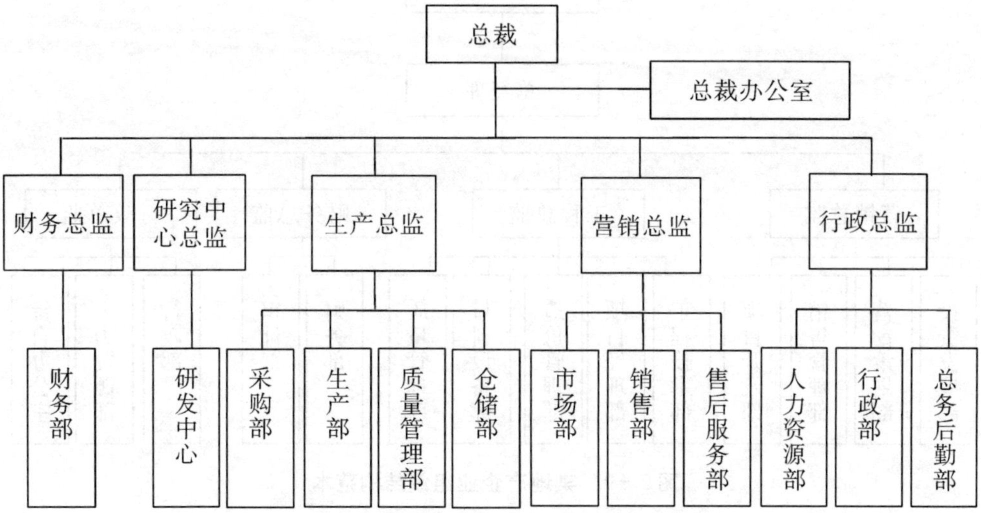

图2－7　某生产企业组织结构范本

（2）销售企业组织结构图范本

某销售企业组织结构范本如图2－8所示。

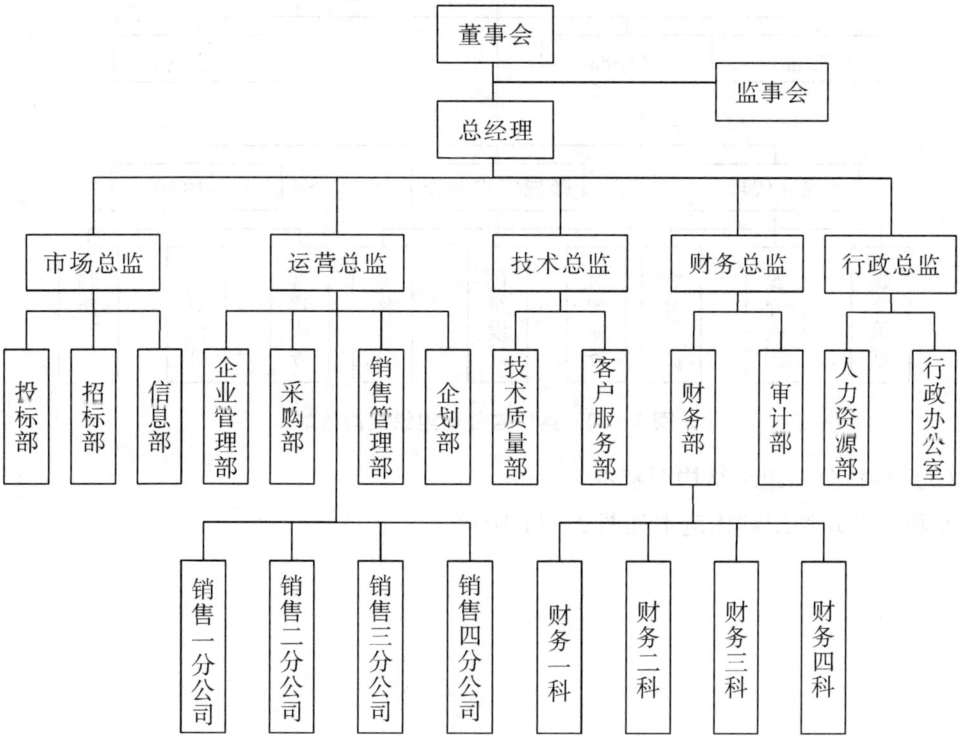

图2－8　某销售企业组织结构范本

(3) 地产企业组织结构图范本

某地产企业组织结构范本如图 2－9 所示。

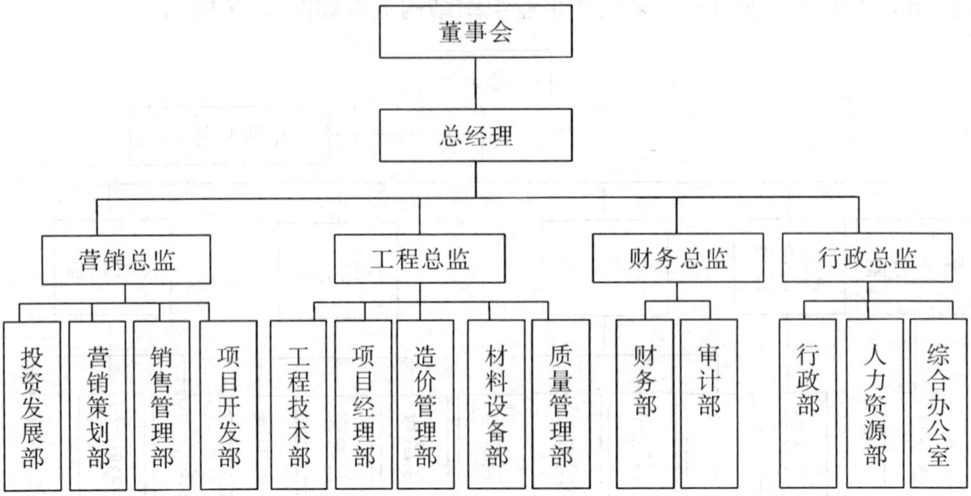

图 2－9　某地产企业组织结构范本

(4) 广告公司组织结构图范本

某广告公司组织结构范本如图 2－10 所示。

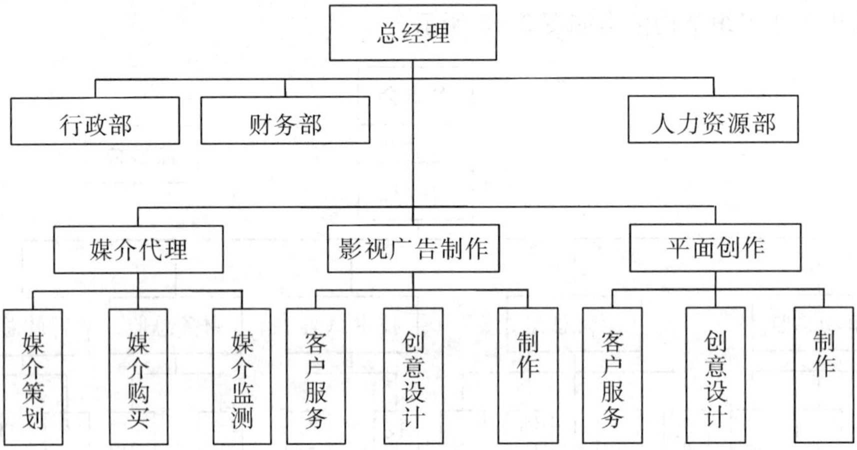

图 2－10　某广告公司组织结构范本

(5) 科技公司组织结构图范本

某科技公司组织结构范本如图 2－11 所示。

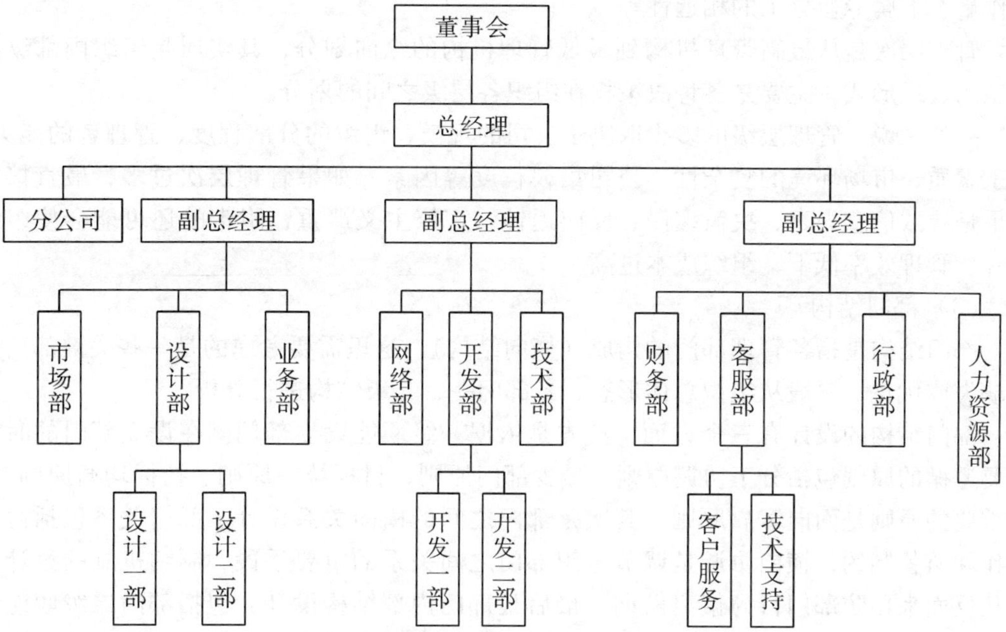

图 2－11　某科技公司组织结构范本

三、如何设计一个富有弹性的组织结构

1. 组织结构设计的基本概念

组织结构设计，是依据组织目标及任务的要求，并通过对组织各类资源的整合和优化，确立企业某一阶段的最合理的管控模式，实现组织资源价值最大化和组织绩效最大化。简单地说，就是在资源有限的状况下通过组织结构设计提高组织的执行力和战斗力。

在企业的组织中，对构成企业组织的各要素进行排列、组合，明确管理层次，分清各部门、各岗位之间的职责和相互协作关系，并使其在实现企业的战略目标过程中获得最佳的工作业绩。组织结构设计主要包括以下几个方面的内容：

（1）职能结构

职能结构是指实现组织目标所需的各项业务工作以及比例和关系，其需要考虑的维度包括职能重叠、职能冗余、职能缺失、职能衔接不足、职能分散、职能分工过细和职能弱化等方面。

组织结构中的职能设计包括两个层次，一是基于公司关键价值链的主流程所需的一级职能设计，包括流程的各个环节，再增加对于关键控制点的检查和控制，即构成了一级职能。这也往往是划分职能部门的依据。二是在主流之外的其他流程和辅助流程所需的职能设计，这往往是设计岗位职能的依据。

（2）层次结构

层次结构是指管理层次的构成及管理者所管理的人数（纵向结构）。其考虑的维度包括管理人员分管职能的相似性、管理幅度、授权范围、决策复杂性、指导与控制的工作量、下属专业分工的相近性等。

管理层次是从最高管理机构到最低管理机构的纵向划分，其实质是组织内部纵向分工的表现形式，主要是各种决策权在组织各层级之间的划分。

一般来说，管理层级的多少取决于公司的规模、组织的分散程度、管理者的能力、员工素质、市场环境的复杂性、公司集权程度等因素。如果管理层次过多，最直接的结果是导致信息失真、决策缓慢、反应迟钝、官僚主义严重，附带的还可能会使组织臃肿、管理效率低下、组织成本过高。

（3）部门结构

部门结构是指各管理部门的构成（横向结构）。这里需要考虑的是一些关键部门是否缺失或优化。一般从组织总体形态，各部门一、二级结构进行分析。

部门结构的设计有三个方面，首先是依据一级职能设立部门。在设立部门的时候需要遵循的原则包括分工协调原则、最少部门原则、目标统一原则、指标均衡原则等，最重要的原则是面向客户原则。其次是部门之间的横向关系设计。部门关系包括协调协作和监督制约，横向协调是调节组织部门之间关系的重要手段，制约机制的设计就是从反面来预防部门行为偏离航向。最后是部门内部结构设计，包括部门二级职能划分和岗位设置。岗位设置需要依照以下原则进行：因事设岗、工作丰富化、最少岗位数、客户导向、规范化与系统化以及基于一般性规律。

（4）职权结构

职权结构是指各层次、各部门在权力和责任方面的分工及相互关系，主要考虑部门、岗位之间关系是否对等。

职权设计就是全面正确地处理上下级之间和同级之间的职权关系，把各类型职权合理分配到各个层次和部门，建立起集中统一、上下左右协调配合的职权结构。职权设计主要包括：①按照专业分工，各部门所享有的相应职权；②按照在各项工作中同级部门之间的协作关系，各自享有的相应职权，如决定权、确认权、协商权；③按照有关部门之间的横向制约关系所确定的监督权。

职权设计成功的关键在于设计一个能够在组织运作过程中发挥优势的动态模型，能够及时根据环境变化，做出适当的自我修复与调整。其难点在于参谋职权和职能部门职权的设计。

（5）管理流程

管理流程是指组织结构不但需要符合企业的核心业务流程，还需要与企业的管理流程相配套。组织结构中的各个部门需要借助流程进行有机链接，既明确各自的合理分工，又规定跨部门的流程规则，部门设置不合理、部门之间壁垒重重往往是引起管理流程问题的重要原因。

2. 组织结构设计的原则

（1）战略导向原则。组织是实现组织战略目标的有机载体，组织的结构、体系、过程、文化等均是为完成组织战略目标服务的，达成战略目标是组织设计的最终目的。组织应通过组织结构的完善，使每个人在实现组织目标的过程中做出更大的贡献。

（2）适度超前原则。组织结构设计应综合考虑组织的内外部环境、组织的理念与文化价值观、组织当前以及未来的发展战略等，以适应组织现实状况。并且，随着企业的成长与发展，组织结构应有一定的拓展空间。

（3）系统优化原则。现代组织是一个开放系统，组织中的人、财、物与外界环境频繁交流，联系紧密，需要开放型的组织系统，以提高对环境的适应能力和应变能力。因此，组织机构应与组织目标相适应。组织设计应简化流程，有利于信息畅通、决策迅速、部门协调；充分考虑交叉业务活动的统一协调和过程管理的整体性。

（4）有效管理幅度与合理管理层次的原则。管理层级与管理幅度的设置受到组织规模的制约，在组织规模一定的情况下，管理幅度越大，管理层次越少。管理层级的设计应在有效控制的前提下尽量减少管理层级，精简编制，促进信息流通，实现组织扁平化。

其中，管理幅度受主管直接有效地指挥、监督部属能力的限制。管理幅度的设计没有一定的标准，要具体问题具体分析。一般情况下，高层管理幅度以 3 ~6 人较为合适，中层管理幅度以 5 ~9 人较为合适，低层管理幅度以 7 ~15 人较为合适。

影响管理幅度设置的主要因素如下：

① 员工的素质。主管及其部属能力强、学历高、经验丰富者，可以加大控制面，管理幅度可加大；反之，管理幅度应小一些。

② 沟通的程度。组织目标、决策制度、命令可迅速而有效地传达，渠道畅通，管理幅度可加大；反之，管理幅度应小一些。

③ 职务的内容。工作性质较为单纯、标准，工作结构化程度较高，可适度扩大控制的层面。

④ 协调工作量。利用幕僚机构及专员作为沟通协调者，可以扩大控制的层面。

⑤ 追踪控制。拥有良好、彻底、客观的追踪执行工具、机构、人员及程序者，可以扩大控制的层面。

⑥ 组织文化。具有追根究底的风气与良好的企业文化背景的公司也可扩大控制的层面。

⑦ 地域相近性。所辖地域近，可扩大管理控制的层面；地域远则应缩小管理控制的层面。

（5）责权利对等原则。责权利相互对等，是组织正常运行的基本要求。权责不对等对组织危害极大，有权无责容易出现“瞎指挥”的现象；有责无权会严重挫伤员工的积极性，也不利于人才的培养。因此，在组织结构设计时，应着重强调职责和权力的设置，使公司能够做到职责明确、权力对等、分配公平。

（6）职能专业化原则。公司整体目标的实现需要完成多种职能工作，应充分考虑专业化分工与团队协作。特别是对于以事业发展、提高效率、监督控制为首要任务的业务活动，以此原则为主，进行部门划分和权限分配。当然，公司的整体行为并不是孤立的，各职能部门应做到既分工明确，又协调一致。

（7）稳定性与适应性相结合的原则。

首先，企业组织结构必须具有一定的稳定性，这样可使组织中的每个人的工作相对稳定，相互之间的关系也相对稳定，这是企业能正常开展生产经营的必要条件，如果组织结构朝令夕改，必然造成职责不清的混乱局面。

其次，企业组织结构又必须具有一定的适应性。由于企业的外部环境和内部条件是在不断变化的，如果组织结构、组织职责不注意去适应这种变化，企业就会缺乏生命力、缺乏经营活力。

因此，企业应该根据行业特点、生产规模、专业技术复杂程度、专业化水平、市场需求和服务对象的变化、经济体制的改革需求等进行相应的动态调整。企业应该强调并贯彻这一原则，应在保持稳定性的基础上进一步加强和提高组织结构的适应性。

3. 组织结构设计的步骤

前面已经分析了组织结构设计的内容以及原则，下面将对如何设计组织结构进行逐步的分解说明：

第一步，选择确定组织架构的基础模式。这一步工作要求根据自己企业的实际，选择确定一个典型的组织模式，作为企业的组织架构的基础模式。

第二步，分析确定担负各子系统目标、功能、作用的工作量。这一步工作要求根据目标功能树系统分析模型，分析确定自己企业内部各个子系统目标、功能、作用所担负的工作量。要考虑的变量有二：一是企业的规模；二是企业的行业性质。

第三步，确定职能部门。这一步工作要求根据自己企业内部各个子系统的工作量大小和不同子系统之间的关系，来确定企业职能管理部门。即把属于关联关系和独立关系，并且工作量不大的子系统的目标、功能、作用合并起来，由一个职能管理部门作为主承担单位，负责所合并子系统的目标、功能、作用工作的协调和汇总。把属于制衡关系的子系统的目标、功能、作用分别交由不同单位、部门或岗位角色承担。

第四步，平衡工作量。这一步工作要求对所拟定的各个单位、部门的工作量进行大体的平衡。因为工作量过大的单位、部门往往会造成管理跨度过大，而工作量过小的单位、部门，往往会造成管理跨度过小。

第五步，确定下级对口单位、部门或岗位的设置。如果企业下属的子公司、独立公司、分公司规模仍然比较大，上级职能管理部门无法完全承担其相应子系统目标、功能、作用的工作协调和汇总，就有必要在这个层次上设置对口的职能部门或者专员岗位。

第六步，绘制组织架构图。这一步工作要求直观地画出整个企业的单位、部门和岗位之间的关系，及所承担的子系统目标、功能、作用的相应工作。

第七步，拟定企业系统分析文件。这一步工作也就是为企业组织架构确立规范。企业系统分析文件是具体描绘企业内部各个子系统的目标、功能、作用，该由哪些单位、部门或者岗位来具体承担，以及所承担的内容，并对职责和权力进行界定。

第八步，根据企业系统分析文件撰写组织说明书。这一步工作就是在组织结构图的基础上，分析界定各个单位、部门组织和岗位的具体工作职责、所享有的权力、信息传递路线、资源流转路线等。

第九步，拟定单位、部门和岗位工作标准。明确界定各个单位、部门和岗位的工作职责、工作目标、工作要求。

第十步，根据企业系统分析文件、组织说明书及单位、部门和岗位工作标准进行工作分析，并撰写工作说明书。除了界定前述内容外，还要明确界定任职的条件和资格。

第十一步，就上述文件进行汇总讨论，在获得通过后正式颁布，组织架构调整改造工作完成。

第二节 工作分析

组织为了完成自己的整体目标，将设计各种不同职能的部门机构，并将整体目标分解给各个部门机构。各个部门机构的工作需要进一步分解，将工作任务按照职位设计的原理，落实到职位上。职位，即岗位，它是根据组织目标需要设置的具有一个人工作量的单元，是职权和相应责任的统一体。也就是说，每个职位的工作任务，正好是一个人所能够承担的工作。每个人所承担的工作内容具有很高的关联性。各项工作之间都是相互联系的。因此，对每个职位的工作要进行合理的分配和组织。为了更好地合理设计职位，必须对职位进行研究，实施职位管理。

职位管理通过职位分析来明确不同职位在组织中的角色和职责以及相应的任职资格；然后通过职位评估等分析工具来确定职位在组织中的相对价值大小，在组织内部形成职位价值序列。职位管理的基本内容可以分成四大块：一是组织设计，二是工作分析，三是职位描述和职位规范，四是职位评估。

一、工作设计

1. 工作设计的基本概念

（1）工作设计的定义

工作设计是指为了有效地达到组织目标与满足个人需要而进行的工作内容、工作职能和工作关系等方面的设计。也就是说，工作设计是根据组织结构各部门的职责、任务、目标的需要，将其分解到部门各个岗位，确定每个岗位的任务、责任、权力及组织中与其他岗位关系的过程。①

（2）工作设计的基本原则

第一，系统原则。所谓系统，就是由若干既有区别又相互依存的要素所组成，处于一定环境之中的有机整体。任何一个完善的组织机构都是一个相对独立的系统。在设置组织机构内的职位时，我们要从系统的概念出发，从总体上和与其他工作的联系上检验这个职位是否符合本系统的需要，是否有独立存在的必要。

第二，最低职位数量原则。任何一个组织，其职位的数量是有限的。因为它受到工作任务大小、复杂程度及经费开支等因素的限制。为了使一个组织以最少的耗费获得最大的效益，其职位数量应限制在能有效地完成任务所需要职位的最低数，使每个职位的工作量满负荷。

---

① 王青. 工作分析——理论与应用［M］. 北京：清华大学出版社、北京交通大学出版社，2009：139.

第三，能级原则。“能级”，是指一个组织中各职位功能的等级，也就是职位在该组织这个“管理场”中所具有的能量等级。一个职位的功能大小，是由它在组织中的工作性质、任务的大小、工作的繁简难易程度以及职责、权力大小等因素所决定的。

第四，最低职位层次原则。设置职位时，要根据工作与任务的要求，能设低层次职位，就不设高层次职位。

2. 工作设计的内容

岗位设计的主要内容包括工作内容、工作职责和工作关系设计三个方面。

（1）工作内容

工作内容的设计是工作设计的重点，一般包括工作的广度、工作的深度、工作的自主性、工作的完整性以及工作的反馈五个方面：

①工作的广度，即工作的多样性。工作设计得过于单一，员工容易感到枯燥和厌烦，因此设计工作时，尽量使工作多样化，使员工在完成任务的过程中能进行不同的活动，保持对工作的兴趣。

②工作的深度。设计的工作应具有从易到难的一定层次，对员工工作的技能提出不同程度的要求，从而增加工作的挑战性，激发员工的创造力和克服困难的能力。

③工作的完整性。保证工作的完整性能使员工有成就感，即使是流水作业中的一个简单程序，也要是全过程，让员工见到自己的工作成果，感受到自己工作的意义。

④工作的自主性。适当的自主权力能增加员工的工作责任感，使员工感到自己受到了信任和重视。认识到自己工作的重要性，使员工工作的责任心增强，工作的热情提高。

⑤工作的反馈。工作的反馈包括两方面的信息：一是同事及上级对自己工作的反馈，如对自己工作能力、工作态度的评价等；二是工作本身的反馈，如工作的质量、数量、效率等。工作反馈信息使员工对自己的工作效果有个全面的认识，能正确引导和激励员工，有利于员工在工作上精益求精。

（2）工作职责

工作职责设计主要包括工作的责任、权力、方法以及工作中的相互沟通和协作等方面。

①工作责任。工作责任设计就是员工在工作中应承担的职责及压力范围的界定，也就是工作负荷的设定。责任的界定要适度，工作负荷过低、无压力会导致员工行为轻率和低效；工作负荷过高、压力过大又会影响员工的身心健康，会导致员工产生抱怨和抵触情绪。

②工作权力。权力与责任是对应的，责任越大权力范围越广，否则二者脱节，会影响员工的工作积极性。

③工作方法。包括领导对下级的工作方法、组织和个人的工作方法设计等。工作方法的设计具有灵活性和多样性，不同性质的工作根据其工作特点的不同，采取的具体方法也不同，不能千篇一律。

④相互沟通。沟通是一个信息交流的过程，是整个工作流程顺利进行的信息基础，包括垂直沟通、平行沟通、斜向沟通等形式。

⑤协作。整个组织是有机联系的整体，是由若干个相互联系、相互制约的环节构成的，每个环节的变化都会影响其他环节以及整个组织运行，因此各环节之间必须相互合作、相互制约。

(3) 工作关系

组织中的工作关系，表现为合作关系、协作关系、监督关系等各个方面。

3. 工作设计的方法

(1) 传统的科学管理方法

传统的科学管理方法是依据泰勒的科学管理原理来设计的。按照科学管理方法进行工作设计的基本途径是时间—动作研究，即工作程序研究和分析员工在工作时身体部位，如手、臂和身体其他部位的动作，研究员工、劳动工具和原材料之间的物理机械关系，研究工作环节和工作程序之间的最佳组合，使工作效率最大化。时间—动作研究的基本目的是实现工作的简单化和标准化，以使所有员工都能够达到预先确定的生产水平。这样设计出来的工作的优点是工作安全、简单、可靠，使员工工作中的精神需要最小化。缺点是工作单调乏味、令人厌倦，工作很难使工人产生成就感。这种职位设计方法主要是用于工作结构程度高、操作性强的工作。

(2) 人际关系方法

人际关系方法是从员工的角度来考虑工作设计，是针对科学管理方法设计的工作的缺陷进行改进后的工作设计方法。这种方法强调工作对工作承担者的心理影响，增加工作对员工的吸引力，提高员工的工作成就感。由于工作成就感来自于工作本身，人际关系哲学提出的工作设计方法包括工作扩大化、工作轮调和工作丰富化。

①工作扩大化：工作扩大化是扩展一项工作的任务和职责，这些工作与员工以前的工作内容非常相似，只是一种工作内容在水平方向上的扩展，不需要员工具备新的技能。因此，这种方法没有从根本上改变工作的枯燥和单调。

②工作轮调：工作轮调是让员工先后承担不同的但是在内容上很相似的工作。这种方法很难在工作技能上得到提高。

③工作丰富化：工作丰富化是指在工作中赋予员工更多的责任、自主权和控制权。工作丰富化是垂直地增加工作内容。这样可使员工承担更多的任务、更大的责任，员工有更大的自主权和更高程度的自我管理，还有对工作绩效的反馈。工作丰富化思想对工作设计的影响甚大，从而形成了工作特征模型。

(3) 工作特征模型方法

工作特征模型方法的理论依据是赫兹伯格的保健—激励理论。在工作丰富化思想的基础上，采取以下措施：

① 组成自然的工作群体，使每个员工不仅仅只完成自己的那部分工作，可以改变员工的工作内容。

② 实行任务合并，让员工从头到尾完成一项完整的工作，而不是让他只承担其中的一部分。

③ 建立客户关系，即让员工尽可能有与客户接触的机会。

④ 让员工规划和控制其工作，而不是让别人来控制，员工可以自己决定其工作的

进度，处理遇到的问题，甚至决定上下班时间。

⑤ 建立通畅的反馈渠道，让员工能够迅速地知道自己的工作绩效情形。

工作丰富化的核心就是激励的工作特征模型。根据这一模型，一个工作可以使员工产生三种心理状态：感受到工作的意义、感受到工作结果的责任和了解工作结果。引导这些关键的心理状态的是工作的某些核心维度：工作技能的多样性、任务的完整性、工作任务的意义、工作的自主性和工作绩效反馈。

（4）优秀业绩工作体系

所谓优秀业绩工作体系，是将科学管理哲学与人际关系方法结合起来的一种工作设计方法。在优秀业绩工作体系中，操作者不再从事某种特定任务的工作，而是每位员工都具有多方面的技能，这些员工组成工作小组。工作任务被分配到工作小组，然后由小组去决定谁在什么时候从事什么任务。工作小组有权在既定的技术约束和预算约束下，自己决定工作任务的分配方式，他们只是对最终产品负责。在管理上，工作小组的管理者其实是一名教练和激励者，由此发展产生了自我管理团队。

（5）辅助工作设计方法

所谓辅助工作设计方法，指的是缩短工作周期和弹性工作制。虽然这种方法没有改变工作的操作方式，实际上不能称为工作设计方法，但是它改变了员工个人工作的时间，给予员工更多的自由，可以提高工作效率，所以可以把它称为辅助的工作设计方法。

二、工作分析概述

1. 工作分析的含义

工作分析，亦称职务分析或岗位分析，是工作信息提取的情报手段，通过工作分析，提供有关工作的全面信息，以便对组织进行有效的管理。[①] 具体来说，工作分析就是把员工担任的每个职务的内容加以分析，清楚地确定该职务的固有性质和组织内职务之间的相互关系和特点，并确定操作人员在履行职务时应具备的技术、知识、能力与责任，亦即对某一职位工作的内容及有关因素做全面的、有系统有组织的描写或记载。

作为一门专业学科，人力资源管理也与其他专业领域一样，有着自己的专业术语，下面简要地介绍一下与工作分析相关的专业术语，这些术语大都与我们日常生活中所理解的概念含义不同。

（1）要素：工作的最小单位，即工作已不能再进一步划分成任何动作、运动，或其他任何心理过程。

（2）任务：为一个明确目的所进行的工作活动。

（3）职责：由一个个体操作的包括一定数量的任务的工作。

（4）职位：在一定时期，一定组织中由一个个体所操作的一个或多个职责。每位员工在组织中都有自己所处的职位。即员工的数量与职位的数量是相等的。

① 付亚和. 工作分析［M］. 上海：复旦大学出版社，2005：6.

（5）职务：亦可称为工作，指一组具有明显相似职责的职位，如机械师。一个职务可能只有一个职位，亦可能有几个职位，这是与组织的规模相关联的。

（6）职业：不同时期、不同组织中类似的一组职务，如教师、技师、电工等。

（7）工作活动：员工完成预期职务目标所进行的体力或脑力活动的过程。

工作分析是确定完成各项工作所需要的技能、责任和知识的系统过程。通过工作分析，可以确定某一工作的任务和性质是什么，工作的任务和性质决定了什么样的人才能有效地完成这项工作。职务分析的结果是职务说明书。职务说明书通常包括两个方面：一是工作描述，另一是任职资格。

（1）工作描述：工作描述指对职务的性质、任务、责任、工作内容、处理方法等所作的书面记录。它解决的是职务承担者做什么、怎么做和为什么做等问题。其基本要素包括工作名称、工作内容和程序、工作条件和物理环境、社会环境等。

（2）任职资格：任职资格则是根据工作描述所提供的资料，拟定工作资格，列举并说明适合从事某一职务的人员所必须具备的个人特质条件与所受的训练，以供招聘（或职业训练）使用。任职资格的主要内容包括：有关工作程序和技术的要求、工作技能、独立思考与判断能力、记忆力、注意力、知觉能力、警觉性、操作能力（速度、准确性和协调性）、工作态度和各种特殊能力要求。任职资格还包括文化程度、工作经验、生活经验和健康状况等内容。

2. 工作分析的内容与目的

（1）工作分析的内容

工作分析的内容包括工作分析要素、工作说明、工作规范三个部分，下面分别阐述。

①工作分析要素

要进行工作分析，首先必须弄清该项工作由哪些要素构成、其具体含义是什么。一般来说，工作分析包含以下七个要素：

● 什么职位。工作分析首先要确定工作的名称、职位。即在调查的基础上，根据工作性质、工作繁简难易、责任大小及资格四个方面，确定各项工作的名称并进行归类。

● 做什么。即应具体描述工作者所做工作的内容，在描述时应使用动词，如包装、装载、刨、磨、检测、修理等。

● 如何做。即根据工作内容和性质，确定完成该项工作的方法与步骤，这是决定工作完成效果的关键。

● 为何做。即要说明工作的性质和重要性。

● 何时完成。即完成工作的具体时间。

● 为谁做。即该项工作的隶属关系，明确前后工作之间的联系及职责要求。

● 需要何种技能。即完成该项工作所需要的工作技能。如口头交流技能、迅速计算技能、组织分析技能、联络技能等。

②工作说明

工作说明是有关工作范围、任务、责任、方法、技能、工作环境、工作联系及所需要人员种类的详细描述。它的主要功能有：让职工了解工作的大致情况；建立工作程序和工作标准；阐明工作任务、责任与职权；有助于员工的聘用与考核、培训等。

③工作规范

为了使员工更详细地了解其工作的内容和要求，以便能顺利地进行工作，在实际工作中还需要比工作说明书更加详细的文字说明，规定执行一项工作的各项任务、程序以及所需的具体技能、知识及其他条件。为此，企业在工作分析的基础上，可制定“工作规范书”或将此项内容包括在工作手册、工作指南等文本之中。所谓工作规范，就是对完成一项工作所需的技能、知识以及职责、程序的具体说明。它是工作分析结果的另一个组成部分。

（2）工作分析的目的

工作分析是人力资源管理的基本工具，是其他所有工作的基础。它的主要目的有两个：

第一，弄清楚企业中每个岗位都在做什么；

第二，明确这些岗位对员工有什么具体要求。

通过工作分析，产生出的工作说明书和岗位任职资格要求是企业进行其他人力资源管理工作的重要依据。通常来说，工作分析的目的是为了解决以下六个重要的问题：

①工人完成什么样的体力和脑力活动；

②工作将在什么时候完成；

③工作将在哪里完成；

④工人如何完成此项工作；

⑤为什么要完成此项工作；

⑥完成工作需要哪些条件。

3. 工作分析结果的作用

工作分析对于人事研究和人事管理具有非常重要的作用。全面地和深入地进行工作分析，可以使组织充分了解工作的具体特点和对工作人员的行为要求，为做出人事决策奠定坚实的基础。

（1）工作分析为人力资源开发与管理活动提供依据

①工作分析为人力资源规划提供了必要的信息。

②工作分析为人员的招聘录用提供了明确的标准。

③工作分析为人员的培训开发提供了明确的依据。

④工作分析为科学的绩效管理提供了帮助。

⑤工作分析为制定公平合理的薪酬政策奠定了基础。

（2）工作分析为组织职能的实现奠定基础

首先，工作分析有助于员工本人反省和审查自己的工作内容和工作行为，以帮助员工自觉主动地寻找工作中存在的问题，圆满实现职位对于组织的贡献。

其次，在工作分析过程中，人力资源管理人员能够充分地了解组织经营的各个重要业务环节和业务流程，从而有助于人力资源管理职能真正上升到战略地位。

最后，借助于工作分析，组织的最高经营管理层能够充分了解每一个工作岗位上的人目前所做的工作，可以发现职位之间的职责交叉和职责空缺现象，并通过职位及时调整，提高组织的协同效应。

（3）工作分析对人力资源管理的基础作用

①工作分析对绩效考核的作用。

②工作分析对人员招聘与录用的作用。

③工作分析对员工培训与职业生涯设计的作用。

④工作分析对人力资源规划的作用。

⑤工作分析对薪酬设计与管理的作用。

⑥工作分析对组织分析的作用。

三、工作分析的基本方法

工作分析的方法有很多，常用的方法有访谈法、问卷法、工作日志法、工作参与法、现场观察法、关键事件法等。每种方法都有其适用的条件，各有利弊。一般在组织管理实践过程中，常常是几种方法综合使用，其中以问卷法与访谈法使用得最多。下面介绍常用的几种方法。

1. 访谈法

（1）访谈法的定义与优缺点

访谈法又叫面谈法，是与担任有关工作职务的人员一起讨论工作的特点和要求，从而取得有关信息的调查研究方法。

访谈法包括四种访谈类型：对任职者进行的个别访谈；对与该工作联系比较密切者进行的群体访谈；对主管人员进行的访谈；对任职者的下属进行的访谈。访谈法的优点在于：访谈问题可不拘形式，灵活应变；能简单且迅速收集大量信息；便于双方沟通，易消除受访者疑虑。其不足在于：费时、费力、成本高；对访谈技巧要求较高；会占用较多工作时间。

（2）访谈法的实施过程

访谈法的实施可以分为四个步骤，如图 2－12 所示。

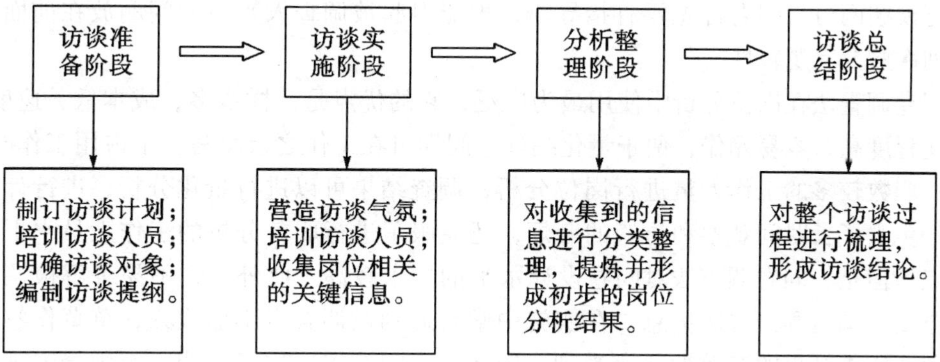

图 2－12　访谈法实施步骤

（3）访谈的主要内容：

①工作目标，即组织为什么设立这一职务，根据什么确定对职务的报酬。

②工作内容，即任职者在组织中有多大的作用，其行动对组织产生的后果有多大。

③工作的性质和范围，是面谈的核心。主要了解该工作在组织中的关系，其上下属职能的关系，所需的一般技术知识、管理知识、人际关系知识，需要解决的问题的性质以及自主权。

④所负责任，涉及组织、战略政策、控制、执行等方面。

（4）访谈的时间和地点

一般来说，时间和地点应该尽量以方便受访者为主，一个比较充分的收集访谈资料的过程应该包括一次以上的访谈；每次访谈的时间应该在一个小时以上，但是最好不要超过两个小时。

（5）协商有关事宜

一般来说，访谈者在访谈开始之前就应该向受访者介绍自己以及访谈的目的，并且就语言的使用、交谈规则、自愿原则、保密原则和录音等问题与对方进行磋商。

（6）访谈法的注意事项

①对访谈人员进行培训。

②准备并熟悉访谈提纲。

③演练和预热。

④注意运用访谈技巧。

2. 问卷调查法

（1）问卷调查法的特点

问卷调查法是工作分析最主要的方法之一。问卷既可由岗位任职者填写，也可由工作分析人员来填写。根据工作分析目的和调查条件的不同，调查内容可包括工作任务、活动内容、工作范围、考核标准、必需的知识技能等。当组织规模较大且员工文化程度较高时，应当首先考虑问卷调查法。

问卷调查法成功的关键环节包括两个方面：一是调查问卷的设计，二是问卷调查的实施过程。问卷的设计要做到：提问要准确；问卷表格要精练；语言通俗易懂，问题不可模棱两可；问卷首先要有指导语，把能引起被调查人兴趣的问题放在前面；问题排列次序要有逻辑性。

问卷调查法在岗位分析中使用最为广泛，它的优点是：样本多、成本低、速度快；标准化程度高，容易操作，便于量化统计。问卷可在工作之余填写，不占用工作时间，适合对职数较多的工作人员进行岗位分析，调查结果可以进行量化分析，进行计算机处理。免去了长时间观察和访谈的麻烦，还克服了进行职务分析的工作人员水平不一的弱点。但是，问卷调查法对问卷设计水平的要求较高。此外，它不易了解被调查对象的态度、动机等深层次信息，在实施中常会遇到被调查者不愿投入，草草作答了事的现象，调查结果的有效性便会受到一定影响。问卷需要进行说明，否则会因理解不同，产生信息误差。

（2）问卷调查法的实施过程

图 2－13 描述了问卷调查法的四个基本步骤：

调查准备：了解工作分析的范围及工作特性、确定工作分析人员等；

↓

设计调查问卷：精心设计的问卷是获得大量有用信息的关键；

↓

填写调查问卷：提供安静的场所，向接受问卷调查的员工讲解工作分析的目的与意义，并说明填写问卷的注意事项；鼓励员工真实、客观地填写问卷调查表，打消填写者的顾虑；职务分析人员随时解答问卷的相关问题。另外调查问卷也可以通过E-mail等电子方式传递。需要分析人员现场做的工作应该在问卷说明部分充分体现。

↓

回收并处理调查信息：回收的问卷应保证没有漏填、错填的地方，对问卷的信息进行统计分析，提取与工作相关的内容后，进入编写工作说明书的程序。

图 2－13　问卷法实施步骤

在这四个步骤过程中，需要注意工作环节和内容。

①确定问卷的目的与内容

在进行问卷调查之前，首先应该做的就是明确研究目的，再根据研究目的收集所需资料，确定调查对象和调查内容。在把一个题目放进问卷之前，应该先确定将来如何使用或者如何进行结果统计。如果不能预先确定就不要设计无用的题目。

②确定问卷的形式

问卷的形式一般分为结构型问卷、非结构型问卷和综合型问卷。研究者应根据实际需要，选择最贴切的问卷形式。结构型问卷又称为封闭式问卷，是对所有被测试者应用一样的题目，对回答有一定结构限制的问卷类型。即在研究者事先规定的各种答案中，填答者选择符合自己当时意见、态度的一个或几个答案。题目可以分为单选题、多选题、判断题、排序或赋值题、分叉题、配对题等。

结构型问卷比较便于调查对象回答和研究者进行统计分析，但它对问题的答案进行了限制，没有给填答者留下发挥其创造性或自我表达的机会，也可能会使对问题没有看法或者没有适合自己答案的填答者随便乱答或者不答。所以，研究者在题目的设计上应该尽可能做到深思熟虑。非结构型问卷的问题是开放式的。

综合型问卷就是结构型问卷与非结构型问卷的综合形式，即一份问卷中既包含了开放式的问题也包含了封闭式的问题，这种类型的问卷综合了以上两类问卷的优点，因而是使用最广泛的一种问卷形式。

③问卷的编制

问卷的编制可以根据以前的工作说明书、相关职位工作说明书范本以及实际工作内容进行编写。

（3）问卷调查法的注意事项

①提问准确、语言通俗易懂。

②问题不可模棱两可。

③避免诱导性的问题。

④问题的排列次序：把能吸引被调查人兴趣的问题放在前面，简单的问题放在前面，难于回答的、开放式的问题放在后面。

⑤按照时间的先后顺序排列。

问卷调查法的调查样本量大、范围广，且节省时间，但不像访谈法那样可以面对面地交流信息，因此不容易了解被调查对象的态度和动机等较深层次的信息。其缺陷在于：一是不易唤起被调查对象的兴趣；二是除非问卷很长，否则就不能获得足够详细的信息。

3．工作日志法

（1）工作日志法的定义与优缺点

工作日志法，也称工作写实法，是指任职者在一定周期内，按时间顺序准确、详细地记录自己的工作内容、工作过程及责任、权力、人际关系、工作负荷、感受等，然后进行归纳分析，从而实现工作分析目的的一种分析方法。[①] 如果这种记录很详细，那么经常会提示访谈、问卷等方法无法获得或者观察不到的细节。

工作日志法的优点在于如果这种记录很详细，分析人员会得到一些利用其他方法无法获得或者观察不到的细节，而其最大的问题在于工作日志内容的真实性很难保证。该方法对高水平的、复杂的工作的分析比较经济、有效。工作日志法多应用在工作内容较多样化或工作时空较多变化的工作上，并且在职务分析时常辅以其他方法，而较少作为唯一的信息收集技术。

（2）工作日志法的基本程序及注意事项

工作日志法的基本程序如图 2－14 所示。

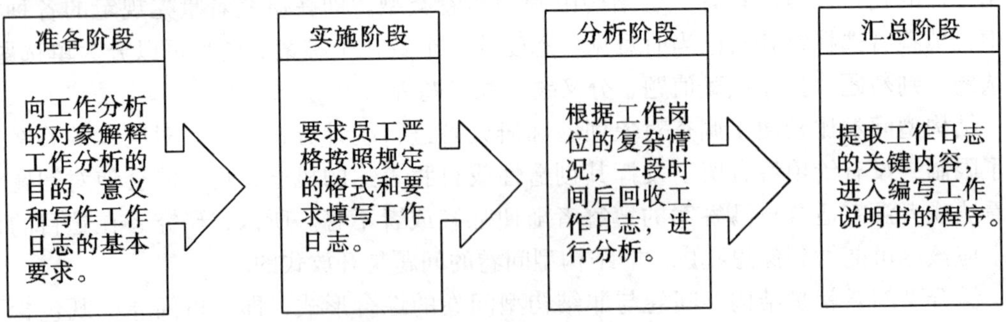

图 2－14　工作日志法的程序

① 王青．工作分析——理论与应用［M］．北京：清华大学出版社、北京交通大学出版社，2009：13.

由于工作日志法是由工作者按工作日志的形式详细地记录有关的工作信息，因此主要应该注意两个方面的问题：

①工作性质的特殊性会影响日志的准确性或工作的连续性。如果活动内容有限且相对固定，应该尽可能地列成表格，使工作者只需要填写活动消耗的时间等少量内容，重复性工作活动只在工作活动结果和时间消耗栏目添加，事后进行汇总。

②对日志的真实性应该进行检查，因为工作者一般有夸大自己工作的量和度的倾向。检查工作可由工作者的直接上级来承担。

(3) 工作日志法的类型

工作日志法的种类有很多，如个人工作日志、班组工作日志、特殊工作日志等。

4. 结构化工作分析方法

结构化工作分析方法一般采用问卷形式，通过对某种职务特征的单元或项目的描述来进行工作分析，随后根据工作分析人员提供的情况来确定这个项目是否适用于所研究的职务，或者更确切地说，用一个等级评定量表指出这个项目与职务的关系。结构化的工作分析方法的最大特点是可以利用计算机对职务信息进行定量分析。

(1) 结构化工作分析方法的主要类型

①任务调查表

任务调查表是用来收集工作信息或职业信息的调查表。工作分析人员依据每一条检查项目或评定项目，列出任务或工作活动一览表，其内容包括所要完成的任务、难易程度、学习时间、与整体绩效的关系等，所得到的数据可以用计算机进行分析。美国空军广泛运用的一种任务调查表包括大约500条任务说明（按照主要职能或主要责任分类）。

有一种特殊的任务调查表，包括了从学徒工到熟练工、从低级管理人员到高级管理人员的所有工作等级，它必须靠复杂的计算机程序分析处理，称之为职业数据全面分析计划（简称CODAP）。它把具有类似任务的工作或任务组合归为一类或工作族，可用于多种分析目的。在美国，除了国防部外，所有军事机构和某些民用职业机构也利用职业数据全面分析计划进行工作分析。

②职位分析问卷（PAQ）

任务调查表基本上运用于对职务本身的统计分析，难以确定行为方面的影响，可以说是一种职务定向的信息收集方法。与此相对照，人员定向的信息内容则描述如何完成某一工作，更注意对工作人员的行为做出一般概括。由麦考密克、珍纳尔与米查姆设计的职位分析问卷正是这种方法之一，它以对人员定向的工作要素的统计分析为基础。该表由194个项目或职务要素构成，这些项目分为六个主要方面：信息输入（员工在何处及怎样得到其职务所需要的信息）、心理过程（完成职务所需的推理、计划、决策等）、工作输出（员工操作所需的体力活动及他们所使用的工具和设备）、人际活动（人际信息交流、人际关系、个人联系、管理和相互协调等）、工作情境与职务关系（工作条件、物资和社会环境）、其他方面（工作时间安排、报酬方法、职务要求、具体职责等）。每一个项目既要评定其是否为一个职务的要素，还要在一个评定量表上评定其重要程度、花费时间及困难程度。

职位分析问卷的不足主要表现在以下两个方面：第一，阿维·伯格勒的研究指出，由于没有对职务的特殊工作活动进行描述，因此，职务中行为的共同之处就使任务之间的差异变得模糊了。第二，阿什·艾吉欧指出 PAQ 的可读性差，通常具备大学阅读水平以上者才能够理解其各个项目，任职者和主管人员如果没有受过 10 ~ 12 年以上的教育就难以使用这种问卷。尽管如此，PAQ 仍是劳动心理学领域中使用广泛、很受欢迎的工作分析问卷之一。

③功能性工作分析（FJA）

美国劳工部提出一种称为工作者功能的工作分析（Functional Job Analysis，FJA，也叫功能性工作分析）作为工作分析程序的一个阶段。工作者功能是指那些确定工作者与信息、人和事之间关系的活动。每项功能描述一种广泛的行动，它概括出在与信息、人和事发生关系时工作者做什么。在信息、人、事三个范畴中，每一类的工作者功能的安排是有结构的，即从不很复杂的功能上升到比较复杂的功能。然而这种等级关系有时是有限的、不精确的、本末倒置或根本不存在的。因而，应把这些情况解释为是反映工作者与信息、人和事之间的关系特性，而不是表明职务复杂的严格水平。

④关键事件法（CIT）

此法由 J. C. Flanagan 在 1954 年发展起来，其主要原则是认定员工与职务有关的行为，并选择其中最重要、最关键的部分来评定其效果。它首先从领导、员工或其他熟悉职务的人那里收集一系列职务行为的事件，然后，描述“特别好”或“特别坏”的职务绩效。这种方法考虑了职务的动态特点和静态特点。对每一事件的描述内容包括：

a. 导致事件发生的原因和背景；

b. 员工的特别有效或多余的行为；

c. 关键行为的后果；

d. 员工自己能否支配或控制上述后果。

在大量收集这些关键事件以后，可以对它们做出分类，并总结出职务的关键特征和行为要求。关键事件法的主要优点是研究的焦点集中在职务行为上，因为行为是可观察、可测量的。同时，通过这种工作分析法可以确定行为的任何可能的利益和作用。但这个方法也有两个主要的缺点：一是费时，需要花大量的时间去收集那些关键事件，并加以概括和分类；二是关键事件的定义是显著地对工作绩效有效或无效的事件，这就遗漏了平均绩效水平。而对工作来说，最重要的一点就是要描述“平均”的职务绩效。利用关键事件法，对中等绩效的员工就难以涉及，因而全面的工作分析就不能完成。

（2）结构化工作分析方法之间的比较

任务调查表、职位分析问卷、功能性工作分析与关键事件法中，没有一种方法能适用于所有工作分析的目的，但它们各自都有自己的优点。按照莱文、阿什、霍尔和西斯让克设计的程序，让 93 名经验丰富的工作分析人员对这几种方法根据下述因素进行评定：一是工作分析的目的，如职务描述、职务分类、职务评价、职务设计、人员要求、绩效评估、人员培训、工人的流动性、职务效率、人力计划等方面的要求；二是工作分析的实际考虑，如职业的通用性、标准化，回答者或使用者的可接受性，工作分析人员所需要的训练，预先的操作测验，所需样本的大小，实际应用时的适用性、可靠性、代价，成果的质量，完成的时间。通过对比分析，最后得到以下结果：

①从职务描述和分类来看，任务调查表和功能性工作分析的评价最高。

②职位分析问卷和任务调查表被认为最标准化、最可靠。

③从实际应用时的情况来看，对职位分析问卷的评价最高。在“实际考虑”的10项因素中，对职位分析问卷的评价都是最高的。

④当工作分析的目的是职务评价时，对职位分析问卷的评价最高，功能性工作分析和任务调查表的评价次之。

⑤对于绩效评估来说，关键事件法明显好于其他方法。

四、工作分析的实施过程与管理

工作分析是一项技术性很强的工作，需要做周密的准备。同时还需具有与组织人事管理活动相匹配的科学的、合理的操作程序。图2－15是工作分析的程序模型，工作分析通常依照该程序进行。

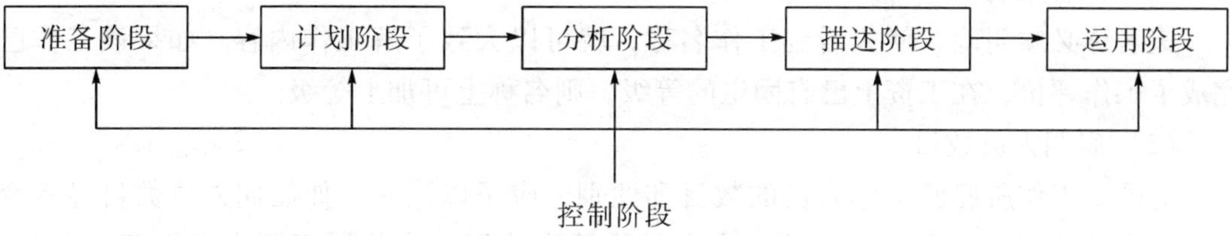

图2－15　工作分析的实施流程图

1. 准备阶段

在准备阶段，主要解决以下几个问题：

（1）建立工作分析小组

小组成员通常由分析专家构成。所谓分析专家，是指具有分析专长，并对组织结构和组织内各项工作有明确概念的人员。一旦小组成员确定之后，赋予他们进行分析活动的权限，以保证分析工作的协调和顺利进行。

（2）明确工作分析的总目标、总任务

根据总目标、总任务，对企业现状进行初步了解，掌握各种数据和资料。

（3）明确工作分析的目的

有了明确的目的，才能正确确定分析的范围、对象和内容，规定分析的方式、方法，并弄清应当收集什么资料、到哪儿去收集、用什么方法去收集。

（4）明确分析对象

为保证分析结果的正确性，应该选择有代表性、典型性的工作作为分析的对象。

（5）建立良好的工作关系

为了搞好工作分析，还应做好员工的心理准备工作，建立起友好的合作关系。

2. 计划阶段

分析人员为使研究工作迅速有效，应制订一套执行计划。同时，要求管理部门提供有关的信息。无论这些信息来源与种类如何，分析人员应将其予以编排，也可用图表方式表示。这一阶段包括以下几项内容：

（1）选择信息来源

信息来源的选择应注意：①不同层次的信息提供者提供的信息存在不同程度的差别。②工作分析人员应站在公正的角度来处理不同的信息，不要事先存有偏见。③使用各种职业信息文件时，要结合实际，不可照搬照抄。

（2）选择收集信息的方法和系统

信息收集的方法和分析信息适用的系统由工作分析人员根据企业的实际需要灵活选用。由于分析人员有了分析前的计划，对可省略和重复之处均已了解，因此可节省很多时间。但是分析人员必须切记，这种计划仅仅是预定性的，以后必须将其和各单位实际情况相验证，才不致发生错误。

3．分析阶段

工作分析是收集、分析、综合组织与某个工作有关的信息的过程。也就是说该阶段包括信息的收集、分析、综合三个相关活动，是整个工作分析过程的核心部分。

（1）工作名称

该名称必须明确，使人看到工作名称，就可以大致了解工作内容。如果该工作已完成了工作评价，在工资上已有固定的等级，则名称上可加上等级。

（2）雇佣人员数目

对同一工作所雇佣工作人员的数目和性别，应予以记录。如雇佣人员数目经常变动，其变动范围应予以说明。若所雇人员是轮班使用，或分属于两个以上工作单位，也应分别说明，由此可了解工作的负荷量及人力配置情况。

（3）工作单位

工作单位是显示工作所在的单位及其上下左右的关系，也就是说明工作在组织中的位置。

（4）职责

所谓职责，就是这项工作的权限和责任有多大，主要包括以下几个方面：

①对原材料和产品的职责；

②对机械设备的职责；

③对工作程序的职责；

④对其他人员的工作职责；

⑤对其他人员合作的职责；

⑥对其他人员安全的职责。

分析人员应尽量采用定量的方法来确定某一工作所有职责的情况。

（5）工作知识

工作是为圆满完成某项事情以达成企业目标，工作人员应具备相关工作的实际知识。这种知识应包括任用后为执行其工作任务，所需获得的知识，以及任用前已具备的知识。

(6) 智力要求

智力要求指在执行过程中所需运用的智力，包括判断、决策、警觉、主动、积极、反应、适应等。

(7) 熟练及精确度

该因素适用于需要手工操作的工作，虽然熟练程度不能用“量”来衡量，但熟练与精确度关系密切，在很多情况下，工作的精确度可用允许误差来加以衡量。

(8) 机械、设备、工具

在从事岗位工作时，所需使用的各种机械、设备、工具等，其名称、性能、用途，均应记录。

(9) 经验

该工作是否需要有经验的人承担，如有需要则应以何种经验为主，其程度如何。

(10) 教育与训练

①内部训练：由雇主所给予的训练，无论是否在本企业中举行，还是在外面培训，只要该训练是为企业中某一专门工作而开办的就行。

②职业训练：由私人或职业学校所进行的训练。其目的在于发展普通或特种技能，并非为任何企业现有某一特种工作而训练。

③技术训练：指在中学以上教育中含有技术性的训练。

④一般教育：指所接受的大、中、小学教育。

(11) 身体要求

有些工作必须有站立、弯腰、半蹲、跪下、旋转等消耗体力的要求，应加以记录并作具体说明。

(12) 工作环境

工作环境包括室内、室外、湿度、工作环境的宽窄、温度、震动、油渍、噪声、光度、灰尘、突变等，各有关项目都需要做具体的说明。

(13) 与其他工作的关系

表明该工作与同机构中其他工作的关系，由此可表示工作升迁及调职的关系。

(14) 工作时间与轮班

该项工作的时间、工作的天数、轮班次数、长度都是雇佣时的重要信息，均应予以说明。

(15) 工作人员特性

这主要指执行工作的各项能力，包括手、脚、腿、臂的力量及灵巧程度，感觉辨别能力，记忆、计算及表达能力。

(16) 选任方法

此项工作，应用何种选任方法，均应加以说明。

总之，工作分析的项目很多，凡是一切与工作有关的资料均在分析的范围之内，分析人员可视不同的目的全部予以分析，也可选择其中必要的项目予以分析。

4. 描述阶段

仅仅研究分析一组工作，这不能表明就完成了工作分析，分析人员还必须将获得的信息予以整理并写出报告。通常对工作分析所获得信息以下列方式整理：

（1）文字说明

将工作分析所获得的资料以文字说明的方式表述和描述，列举工作名称、工作内容、工作设备与材料、工作环境及工作条件等。

（2）工作列表及问卷

工作列表是把工作加以分析，以工作的内容及活动分项排列，由实际从事工作的人员加以评判。或填写分析所需时间及发生次数，以了解工作内容。列表或问卷只是处理形式不同而已。

（3）活动分析

该分析实质上就是作业分析。通常是把工作的活动按工作系统与作业顺序一一列举，然后对每一作业进一步加以详细分析。活动分析多以观察及面谈的方法对现有工作加以分析，所得资料作为教育及训练的参考。

（4）决定因素法

该种方法是把完成某项工作的几项最重要行为加以列表，列表时可从积极方面说明工作本身特别需要的因素，从消极方面说明亟待排除的因素。

至于工作分析的报告，其编排应该根据分析的目的加以选择，以简短清晰的字句，撰写成说明式的报告初稿，送交有关主管和分管人员，获取补充建议后，再予修正定稿。

5. 运用阶段

此阶段是对工作分析的验证。只有通过实际的检验，工作分析才具有可行性和有效性，才能不断适应外部环境的变化，从而不断地完善工作分析的运行程序。此阶段的工作主要有两部分：

其一，培训工作分析的工作人员。这些人员在很大程度上影响着分析程序运行的准确性、运行速度及费用，因此，培训运用工作人员可以增强管理活动的科学性和规范性。

其二，制定各种具体的应用文件。

6. 控制阶段

控制活动贯穿于工作分析的始终，是一个不断调整的过程。随着时间的推移，任何事物都在变化，工作分析也不例外。组织的生产经营活动是不断变化的，这些变化会直接或间接地引起组织分工协作体制发生相应的调整，从而也相应地引起工作的变化。因此，一项工作要有成效，就必须因人制宜地做些改变。另外，工作分析文件的适用性只有通过反馈才能得到确认，并根据反馈修改其中不相适应的部分。所以，控制活动是工作分析中的一项长期的重要活动。

第三节 职位说明与职位评价

一、职位说明书

1. 职位说明书概述

职位说明书，又称工作说明书，是对工作分析的结果（如工作描述、工作规范等）进行整合而形成的具有企业法规效果的正式文本。编制职位说明书是企业各项人力资源管理中最为基础的工作，也是确定薪酬制度、考核标准、培训内容等的依据。

编写职位说明书的主要目的：

（1）组织目的：确定工作在组织中何处完成并使工作责任人与其他相关人员明确该工作岗位对实现组织目标和部门目标的贡献或作用。

（2）招募与选拔目的：使人力资源管理部门明确该工作岗位对人员的要求，使应聘者了解工作要求与用人条件。

（3）法律目的：使企业在人员选拔与任用上有据可依，以免引起法律诉讼。

（4）绩效管理目的：提供了设置目标的基本构架，为企业进行全面绩效管理提供重要衡量标准。

（5）薪酬管理目的：职位说明书是企业进行工作评价与分级的重要工具，通过对工作进行评价与分级，衡量每个工作岗位对企业的贡献从而为薪酬分级与分档提供参考依据。

（6）培训目的：职位说明书中应明确提出岗位对知识、技能、经验和能力的要求，如果新招聘或现在岗人员不具备职位说明书上所列要求，有关部门就要提出相应培训计划。

2. 职位说明书的编写

职位说明书的编写是以工作分析的结果为基础的，因此，在收集整理了工作分析的资料后，可以根据岗位的特点结合相关企业的职位说明书范例进行编写。职位说明书编写的内容主要包括以下几方面内容：

（1）岗位基本信息。包括：岗位名称；直接上级岗位名称；所属部门；岗位编码；工资等级；定员人数；岗位性质。同时也可选择性地列出岗位分析人员姓名、人数和岗位分析结果的批准人等栏目。

岗位名称应标准化，以求看过名称就能了解岗位的性质和内容，主要是命名要准确，切忌粗俗和冗长。

（2）岗位职责概述。即用最简练的语言说明岗位的性质、中心任务和责任。

（3）岗位职责详述。这是职位说明的重点之一，要逐项列出本岗位所应负有的职责。较为理想的格式是首先把岗位工作内容归为几个大类，然后再分点说明。

（4）关键业绩指标。这个内容指明各项工作内容所应产生的结果或所应达到的标准，以定量化为最好。最常见的关键业绩指标有三种：一是效益类指标，如资产盈利率、盈利水平等；二是营运类指标，如部门管理费用控制、市场份额等；三是组织类指标，如满意度、服务效率等。

值得注意的有两点：关键业绩指标最好同第三项的岗位职责详述对应起来；各项指标最好能够量化，从而有利于执行。

（5）岗位关系。岗位关系描述包括：此岗位受谁监督、监督谁；此岗位可晋升的岗位；可转换的岗位；可升迁至此的岗位；与哪些岗位发生联系及联系的密切程度；有时还应包括与企业外部的联系。

（6）岗位环境。主要包括五个方面：

①工作场所，在室内、室外，还是其他的特殊场所；

②工作环境的危险性，说明危险存在的可能性，对人员伤害的具体部位、发生的频率及危险性原因等；

③工作时间特征，如正常工作时间、加班时间等；

④工作的均衡性，即工作是否存在忙闲不均的现象及经常性程度；

⑤工作环境中的不良因素，即是否在高温、高湿、寒冷、粉尘、有异味、噪声等环境中工作，工作环境是否使人愉快。

（7）任职资格条件。常见的任职资格条件有：

①学历及专业要求；

②所需资格证书；

③经验：一般经验、专业经验、管理经验；

④知识：基础知识、业务知识、政策知识、相关知识；

⑤技能要求，即完成本岗位工作所需要的专业技术水平；

⑥一般能力要求，如计划、协调、实施、组织、控制、领导、冲突管理、公共关系、信息管理等能力及需求强度；

⑦个性要求，如情绪稳定性、责任心、外向、内向、支配性、主动性等性格特点。

需要说明的是，由于编写职位说明书的目的、用途不同，在资料收集以及编写时的侧重点也不尽相同。例如，如果说明书是用来指导人如何工作的，则对于工作内容必须加以详细说明；如果是用来进行工作评价的，则应该强调工作的繁简及责任的轻重等。

3．职位说明书范例

表 2－1　　**岗位说明书范例**

<table>
<tr><td colspan="2">人力资源部经理岗位说明书</td></tr>
<tr><td>职位名称：人力资源部经理</td><td>管辖人数：2 人</td></tr>
<tr><td colspan="2">工作内容：
1．编制公司人力资源规划。
2．负责选拔、配置分公司中层管理人员。
3．组织公司人员招聘。
4．办理员工人事变动事宜。
5．建立健全公司人力资源管理制度。
6．编制工资计划；核定分公司工资总额，审查分公司工资管理制度。
7．做好劳动合同的签订和管理工作，协商解决劳动纠纷，代表公司进行劳动诉讼。
8．制订员工培训计划，组织技能考核鉴定和岗位培训工作。
9．负责公司考勤管理。
10．制定公司考核制度，定期进行员工考核。
11．负责人力资源管理信息系统的建立，为公司人力资源管理决策提供依据。
12．负责公司专业技术职务的评聘工作。
13．完成上级主管交办的其他工作。</td></tr>
<tr><td colspan="2">权限与责任</td></tr>
<tr><td>1．权限：
经总经理授权后，可独立开展人员招聘、录用及安置工作。
有权根据公司有关规定对员工进行日常考核并提出奖惩意见；经公司批准后，执行奖惩决定。</td><td>2．责任：
对公司人力资源的合理配置，公司人力资源管理制度的建立健全，建立职务聘任、全员劳动合同制，负组织责任。
发生劳动争议时，应承担协商处理责任。
由于劳动合同的签订与管理不善，发生劳动争议并给公司造成损失，应负赔偿责任及相应的行政责任。
负责公司委托的人力资源管理课题的组织、协调和验收工作。</td></tr>
<tr><td>所受指导：
接受办公室主任的行政领导，业务上由总经理直接指导，具体工作任务和目标由总经理下达。</td><td>所予指导：
1．指导分公司健全人力资源管理制度。
2．指导分公司合理配置人力资源。
3．指导分公司制定并完善工资、奖励制度。
4．指导分公司制订并实施员工培训计划。</td></tr>
<tr><td colspan="2">任职资格</td></tr>
<tr><td colspan="2">1．年龄区间：32～38 岁
2．性别：无特殊要求
3．教育背景
所需最低学历：大学专科
专业：人事管理或相关专业
4．培训
培训科目：现代人力资源管理技术、劳动法、公司历史
培训时限：三个月
5．经验：从事人力资源管理实务工作五年以上
6．技能：具有独立从事公司人力资源管理实务工作的能力，能够运用专业知识解决比较复杂的人事管理实际问题，有较强的组织协调能力。
7．体能：无特殊要求
8．晋升趋势：暂无</td></tr>
</table>

二、职位评价

职位评价或岗位评价，是根据工作分析的结果，按照一定标准，对工作的性质、强度、责任、复杂性及所需的任职资格等因素的差异程度，进行综合评估的活动。[①] 它以岗位任务在整个工作中的相对重要程度的评估结果为标准，以某具体岗位在正常情况下对工人的要求进行的系统分析和对照为依据，而不考虑个人的工作能力或在工作中的表现。岗位评价确立了企业内部各岗位之间的重要性，为岗位工作制度的确立提供了依据。

职位评价的根本目的是决定企业中各个岗位相对价值的大小。它包括为确定一个职位相对于其他职位的价值所做的规范的、系统的多因素比较，并最终确定该职位的工资或薪酬等级。职位评价是科学的薪酬管理工具。从管理制度建立的过程来看，职位评价是介于工作分析和薪酬制度设计之间的一个环节。职位评价的结果可以用于职位分类、分等和分级。在确定各类职位等级时，将通过职位评价所得的相近分值的职位列为同一等级。职位评价的结果还可以用于绩效考评。

1. 职位评价概述

岗位评价是一项系统工程，从整个评价系统来看，由评价指标、评价标准、评价技术方法和数据处理等若干子系统构成。这些子系统相互联系、相互衔接、相互制约，从而构成具有特定功能的有机整体。

（1）岗位评价指标

岗位评价是一种多因素的定量评价系统，因而岗位评价因素是该系统的基础。决定生产岗位劳动状况和劳动量的因素是复杂的、多样化的，既不能也没必要把所有的因素都作为岗位评价的因素。因此，只有正确选择合适的评价因素，才能达到对岗位劳动进行全面科学评价的目的。

劳动者在生产劳动过程中，运用智力和消耗体力，都受劳动环境和其他因素的影响。在劳动管理中把这几方面的影响综合归纳为：劳动责任、劳动技能、劳动心理、劳动强度、劳动环境，称为岗位评价五要素。从这五个方面进行岗位评价，能较全面科学地反映岗位的劳动消耗和不同岗位之间的劳动差别。

为了能在实际工作中便于对五个因素进行定量评定或测定，根据企业生产岗位实际情况和管理状况，又将每个因素进行分解，共划分为24个指标。这24个指标中，按照指标的性质和评价方法不同，可分为两类：一类为评定指标，即劳动技能和劳动责任及劳动心理等14个指标。另一类为测定指标，即劳动强度和劳动环境等10个指标。这类指标可以用仪器和其他方法衡量。

评价生产岗位的五个因素，24个指标较全面地体现了各行业生产岗位劳动者的劳动状况。但具体对每个行业或企业而言，由于生产经营情况各不相同，劳动环境和条件各有差异，因此，在进行岗位评价时，应具体结合各自的实际情况，从中选择合适的评价指标。

---

① 杨明海，等. 工作分析与岗位评价［M］. 北京：电子工业出版社，2010：155.

（2）岗位评价标准

岗位评价标准是指有关部门对岗位评价的方法、指标及指标体系等方面所做的统一规定。它包括评价指标标准和评价技术方法标准。

任何同类事物之间的比较都必须建立在统一的标准基础上，以保证评价工作的正确性和评价结果的可比性。因此，岗位评价也必须采用统一的标准进行评价。一般以国家已颁布的有关标准和行业标准作为评价标准，并应用国家标准规定的方法和技术进行评价。对于暂时还没有国家标准的部分，则根据制定国家标准的基本思想和要求来制定统一的评价标准。

（3）岗位评价技术方法

岗位评价的因素较多，涉及面广，需要运用多种技术和方法才能对多个评价因素进行准确的测定或评定，最终做出科学的评价。岗位评价方法很多，归纳起来主要有排列法、分类法、评分法和因素比较法四种。该部分将在下节详细说明。

（4）岗位评价结果的加工和分析

岗位评价数据资料从方案的设计、评价和加工整理到分析，是一个完整的工作体系。岗位评价数据资料的整理，是为分析论证提供系统和条理化的综合资料的工作过程，是整个评价分析实施阶段的主要工作。数据的加工整理过程就是为了揭示被掩盖的现象之间的相互关系，并通过整理使这种固有的内在关系能明显地用数量关系表现出来，使各岗位间的差异性表现出来，明确地反映不同工作性质、不同工作责任、不同工作环境和不同工作场所的岗位劳动之间的区别与联系，以达到数据资料配套、规范的目的，更好地完成数据资料有机配合、完整配套、规范统一的任务。而对这些加工整理以后的资料进行分析研究则是整个岗位评价工作的重要环节。评价结果的分析研究工作是对整个评价工作的综合和分析，分析质量的好坏直接影响着评价结果的合理运用。

综上所述，岗位评价系统的各个子系统都具有特定的功能和目的，同时它们又是相互联系、相互作用和相互依赖的。它们采用各种专业技术方法，从不同的角度，全面地、准确地反映劳动量的大小，为实现企业现代化管理提供客观科学的依据。

2. 职位评价的原则

（1）系统原则

所谓系统，就是由相互作用和相互依赖的若干既有区别又相互依存的要素构成的具有特定功能的有机整体。其中各个要素也可以构成子系统，而子系统本身又从属于一个更大的系统。系统的基本特征：整体性、目的性、相关性、环境适应性。

（2）实用性原则

环境评价还必须从目前企业生产和管理的实际出发，选择能促进企业生产和管理工作发展的评价因素，尤其是要选择目前企业劳动管理基础工作需要的评价因素，使评价结果能直接应用于企业劳动管理实践中，特别是企业劳动组织、工资、福利、劳动保护等基础管理工作，以提高职位评价的应用价值。

（3）标准化原则

标准化是现代科学管理的重要手段，是现代企业劳动人事管理的基础，也是国家的一项重要技术经济政策。标准化的作用在于能统一技术要求，保证工作质量，提高工作效率和减少劳动成本。显然，为了保证评价工作的规范化和评价结果的可比性，提高评价工作的科学性和工作效率，职位评价也必须采用标准化。

岗位评级的标准化就是对衡量劳动者所耗费的劳动大小的依据以及职位评价的技术方法——特定的程序或形式做出统一规定，在规定范围内，作为评价工作中共同遵守的准则和依据。职位评价的标准化具体表现在评价指标的统一性、各评价指标的统一评价标准、评价技术方法的统一规定和数据处理的统一程序等方面。

（4）能级对应原则

在管理系统中，各种管理功能是不相同的。根据管理的功能把管理系统分成不同级别，把相应的管理内容和管理者分配到相应的级别中去，各居其位，各显其能，这就是管理的能级对应原则。一个岗位能级的大小，是由它在组织中的工作性质、繁简难易、责任大小、任务轻重等因素所决定的。功能大的岗位，能级就高；反之，就低。各种岗位有不同的能级，人也有各种不同的才能。现代科学化管理必须使具有相应才能的人处于相应的能级岗位，这就叫做人尽其才，各尽所能。

一般来说，一个组织或单位中，管理能级层次必须具有稳定的组织形态。稳定的管理结构应是正三角形。对于任何一个完整的管理系统而言，管理三角形一般可分为四个层次：决策层、管理层、执行层和操作层。这四个层次不仅使命不同，而且标志着四大能级差异。同时，不同能级对应于不同的权力、物质利益和精神荣誉，而且这种对应是一种动态的能级对应。只有这样，才能获得最佳的管理效果和经济效益。

（5）优化原则

所谓优化，就是按照规定的目的，在一定的约束条件下，寻求最佳方案。上至国家、民族，下至企业、个人都要讲究最优化发展。企业在现有的社会环境中生存，都会有自己的发展条件。只要充分利用各自的条件发展自己，每个工作岗位、每个人都会得到应有的最优化发展，整个企业也将会得到最佳的发展。因此，优化的原则不但要体现在职位评价各项工作环节上，还要反映在职位评价的具体方法和步骤上，甚至落实到每个人身上。

3. 职位评价的实施过程

在选择了岗位评价方法后，专家首先设计了管理岗位、专业技术岗位和生产操作岗位三个测评标准表，然后确定了岗位测评的三个基本原则：一是要有较高起点的原则。即在岗位评价之前，一定要明确战略、流程、岗位、职责。二是要有合理方式的原则。即根据该公司岗位比较多的情况，选择了标杆岗位进行测评，同时选择了人机对话的测评方式。三是员工广泛参与的原则。对岗位的测评由本单位员工代表来完成，这样有助于员工对岗位测评结果的认同。岗位评价大致有以下四个基本步骤：

第一步：准备阶段。先要理清岗位，确定参加岗位测评的岗位名称和数量。然后成立岗位测评小组，确定岗位测评代表，具体负责对各个岗位的测评打分工作。同时，专家组编制职位测评指导手册。

第二步：培训阶段。由专家组对岗位测评小组的代表进行岗位测评的目的、基本知识、方法等方面的培训指导。

第三步：测评阶段。先进行试测评。由岗位测评小组对一个部门的标杆岗位进行试测。专家组确认测评结果基本符合要求后，进行正式测评。

第四步：统计阶段。岗位测评完成后要进行数据的处理工作，并且对数据进行有针对性的分析，为岗位测评结果与薪酬制度对接提供科学依据。

职位测评结果的调整。虽然岗位评价的标准体系和方法是发达国家企业数十年积累经验的成果，具有科学性和公正性，但运用到我国的企业时，岗位测评结果会出现一定的偏差。调整岗位测评结果一般应考虑三个方面：一是体现公平；二是兼顾现状；三是着眼未来。结合外部标杆企业，对岗位测评结果进行调整后，便可将测评结果向岗位等级表进行转换。

在转换中，特别注意以下三点：一是职位体系的建立。根据该公司的特点，建立统一的职位体系框架。在该框架内，将各类别所有岗位归并为四大类：决策层、管理层、执行层、操作层。在这四大类岗位层级下，又分别建立了管理人员的职位体系、专业技术人员的职位体系、生产操作人员的职位体系。二是各个职位体系与岗位测评结果的整合。按照测评结果的分值，将各个岗位分别纳入相应职位等级内。三是各个职位体系的相互对接。为了充分体现各类别职位体系的价值、贡献区别，经过多次测算，找出管理人员、专业技术人员和生产操作人员三大职位体系的对接点，根据对接点，确定各自的岗位等级表，从而完成薪酬制度设计的前期准备工作。

三、职位评价方法

1. 岗位排序法

(1) 岗位排序法及其优缺点

岗位排序法是目前国内外广泛应用的一种职位评价方法，这种方法是根据一些特定的标准，例如工作的复杂程度、对组织的贡献大小等，对各个岗位的相对价值进行整体的比较，进而将岗位按照相对价值的高低排列出一个次序。

排序时基本采用两种做法。①直接排序，即按照岗位的说明，根据排序标准从高到低或从低到高进行排序。②交替排序法，即先从所需排序的岗位中选出相对价值最高的排在第一位，再选出相对价值最低的排在倒数第一位，然后再从剩下的岗位中选出相对价值最高的排在第二位，接下去再选出剩下的岗位中相对价值最低的排在倒数第二位，依此类推。

岗位排序法的主要优点是简单、容易操作、省时省力，适用于较小规模、岗位数量较少、新设立岗位较多，评价者对岗位了解不是很充分的情况。但是这种方法也有一些不完善之处，首先这种方法带有一些主观性，评价者多依据自己对岗位的主观感觉进行排序；其次，对岗位进行排序无法准确得知岗位之间的相对价值关系。

(2) 排序法的操作步骤

①工作分析。对工作岗位情况进行全面调查，收集有关岗位方面的资料、数据，并写出调查报告，其中要特别说明基本的工作要素：任务、责任、与其他工作岗位的联系、工作条件、技能和能力要求等。

②选择需要评估的岗位，也就是选择标准工作岗位的过程。由于其他岗位的排列

顺序是以标准岗位作为参照对象的，因此标准岗位的选择是一项十分重要的工作。它必须满足以下两个条件：

一是必须广泛分布于现有的岗位结构中，同时其彼此之间的关系需要得到广泛的认同。

二是必须能代表岗位所包括的职能特性和要求。

③工作岗位排列。对单位同类岗位的重要性逐一做出评价，最重要的排在第一位，再按较重要的、一般重要的岗位，逐级往下排列。

④岗位定级。将每个岗位所有评定人员的评定结果汇总，得到总序数，除以评定人数得到每一岗位的平均序数。最后，按平均序数的大小，由小到大评定出岗位的相对价值的次序。

为了提高排序法的准确性和可靠性，可以采取多维度的排列方法，引入每个岗位的具体素质要求，例如岗位职责、知识经验、技能要求等多个维度进行评价。

在每个人做出评价后，将他们各自的岗位评价表进行汇总求均值，得出最终排序结果，也就是再进行一次简单排序即可得出最终结果。

2. 岗位分类法

（1）岗位分类法及其优缺点

所谓岗位分类法，就是通过制定出一套岗位级别标准，将岗位与标准进行比较，并归到各个级别中去。岗位分类法好像一个有很多层次的书架，每一层都代表着一个等级，比如说把最贵的书放到最上面一层，最便宜的书放到最下面一层。而每个岗位则好像是一本书，我们的目标是将这些书放到书架的各个层次上去，这样做的结果是可以看到不同价值的岗位分布情况。因此，首先需要建立一个很好的书架，也就是岗位级别的标准。如果这个标准建立得不合理，那么就可能会出现书架中有的层次挤满了很多书，而有的层次则没有书，这样，挤在一起的书就很难被区分出来。

在岗位分类法中，关键是建立一个岗位级别体系。各等级标准应明确反映出实际上各种工作在技能、责任上存在的不同水平。在确定不同等级要求之前，要选择出构成工作基本内容的基础因素，但如何选择因素或选取多少则依据工作性质来决定。在实际测评时，应注意不能把岗位分解成各构成要素，而是要作为整体进行评定。岗位分类同企业单位以外的职业分类标准存在密切的联系。各类职业分类标准是以企业单位、国家机关岗位分类为基础制定的。一旦这类标准建立之后，企业单位在进行岗位分类时，便可依据、参照或执行这类标准。

岗位分类法是一种简便易理解易操作的岗位评价方法，适用于大型组织对大量的岗位进行评价。同时这种方法的灵活性较大，在组织中岗位发生了变化，可以迅速地将组织中新出现的岗位归类到合适的类别中去。

但是，这种方法也有一定的不足，那就是对岗位等级的划分和界定存在一定的难度，有一定的主观性。如果岗位级别划分得不合理，将会影响对全部岗位的评价。另外，这种方法对岗位的评价也是比较粗糙的，只能得出一个岗位归在哪个等级中的结论，对于岗位之间的价值的量化关系也不是很清楚，因此在运用到薪酬体系中时会遇到一定的困难。同时岗位分类法适用性有局限，即只适合岗位性质大致类似、可以进行明确的分组，并且工作内容改变的可能性不大的岗位。

（2）分类法的操作步骤

①工作分析。和其他方法一样，工作岗位分析是基础的准备工作。由企业内专门人员组成的评定小组，收集各种有关的资料、数据，写出调查报告。

②岗位分类。按照生产经营过程中各类岗位的作用和特征，首先将全部岗位划分为若干个大类。然后在划分大类的基础上，再进一步按每一大类中各种岗位的性质和特征，划分为若干种类。最后根据每一种类中反映岗位性质的显著特征，将岗位划分为若干小类。

③建立等级结构和等级标准。由于等级数量、结构与组织结构有明显的关系，因此这一步骤比较重要和复杂。它包括以下三个方面：

一是确定等级数量。等级的数量取决于工作性质、组织规模、功能的不同和有关人事政策。不同企业根据各自的实际情况，选择一定的等级数量，并没有统一的规定和要求。但无论是对单个的职务还是对组织整体都要确定等级数量。

二是确定基本因素。通过这些基本因素测评每一职位或工作岗位的重要程度。当然，不同的机构所选择的因素不同，应根据实际情况灵活处理。

三是确定等级标准。因为等级标准为合理地区分工作重要性的不同水平以及确定工作评价的结果提供了依据，所以它是这一阶段的核心。在实际操作中，一般是从确定最低和最高的等级标准开始的。

④岗位测评和列等。等级标准确定后，对岗位的测评和列等就根据这些标准，将工作说明书与等级标准逐个进行比较，并将工作岗位列入相应等级，从而评定出不同系统、不同岗位之间的相对价值和关系。

对小企业来说，分类法的实施相当简单，但若应用到有大量工作人员的大企业，则会变得很复杂。

3. 因素比较法

（1）因素比较法及其优缺点

因素比较法是一种量化的岗位评价方法，它实际上是对岗位排序法的一种改进。这种方法与岗位排序法的主要区别是：岗位排序法是从整体的角度对岗位进行比较和排序，而因素比较法则是选择多种报酬因素，按照各种因素分别进行排序。

例如分析基准岗位，找出一系列共同的报酬因素。这些报酬因素是应该能够体现出岗位之间的本质区别的一些因素，例如对体力劳动，可以采用下列因素：①智力；②技能；③体力；④责任；⑤工作条件。对职员、技术和管理人员，可以采用下列因素：①智力；②技能；③身体因素，包括工作条件；④监督管理的责任；⑤其他责任。

因素比较法的优点比较明显，可以归结为以下几点：①评价结果较为公正。因素比较法把各种不同工作中的相同因素相互比较，然后再将各种因素的工资累计，主观性减少了。②耗费时间少。进行评定时，所选定的影响因素较少，从而避免了重复，简化了评价工作的内容，缩短了评价时间。③减少了工作量。由于因素比较法是先确定标准岗位的系列等级，然后以此为基础，分别对其他各类岗位再进行评定，从而大大减少了工作量。

因素比较法的主要缺点是：①各影响因素的相对价值在总价值中所占的百分比，完全是考评人员的直接判断，这就必然会影响评定的精确度。②操作起来相对比较复杂，而且很难对工人们做出解释，尤其是其因素与货币挂钩时很难说明理由。

所以，应用因素比较法时应该注意两个问题：一是薪酬因素的确定要慎重，一定要选择最能代表岗位间差异的因素；二是由于市场上的工资水平经常发生变化，因此要及时调整基准岗位的工资水平。但是由于我国处于经济体制的转轨时期，多种薪酬体制并存；同时国内薪酬体制透明度较低，劳动力市场价格处于混沌状态，因而使用因素比较法的基础数据不足。目前因素比较法在国内基本未得到使用。

（2）因素比较法的操作步骤

①提供工作信息。该方法需要细致和完备的工作分析。包括：对评估委员会进行评估的各要素进行描述和说明，这些要素可以称为要素指标。通常包括：智力要求、体力要求、技能要求、责任和工作条件等方面。

②选择标准工作。由工作评定委员会选择 15 ~ 25 个关键的、有代表性的工作（工种）。以这些工作作为工作分级和排序的依据。

③把工作要素指标排序。例如，把选择出来的 5 个要素指标排序。排列的依据是对工作的描述和工作种类。实施中，每个评委单独对工作要素进行评分和排序，然后将所有评委的结果综合起来。

各工种对各要素指标的要求不同，权数也不同。例如，一般操作工的体力要求较高，但智力要求较低；而一些工作人员的责任重大，体力要求相对较低。

④分要素的配置工资率。工资率确定是依据五个要素值确定的，一般来讲，一些关键性工作，要素值高，工资率相对也高。

⑤按照配置对每个要素的工资值进行工作分级。

⑥将所有的步骤综合在一起，就构建成一张工资要素级别比较表。该表显示不同种类工作，因为工作要素的地位不同，或者说要素值和价格不同，会有可能属于同样的工资级别。

4. 海氏测评法

（1）海氏测评法概述

海氏测评法又叫做“指导图表—形状构成法”，是由美国工资设计专家艾德华·海于 1951 年研究开发出来的。在以后的几十年里，专家们对之不断地进行修订和完善，形成了较为完善的测评方法。

海氏测评法认为，不同的岗位虽然其工作内容、工作性质和所需的专业技能千差万别，但它们之间有一些共同的因素，这些因素是可以量化比较的。在海氏测评法中，这些可比较的因素决定了不同岗位价值的差异，是最主要的付酬要素。这些因素主要有：岗位所要求的智能水平、解决问题的能力和岗位所承担责任的大小。

①智能水平，指的是要使工作绩效达到可接受的水平，岗位任职者所必需的专门业务知识及其相应的实际运作技能的总和。这些知识和技能可能是技术性的、专业性的，也可能是行政管理性的。它包含三个维度：a. 专门知识：对从事该岗位所要求的职业领域的理论、实际方法与专门性知识的了解；b. 管理诀窍：为达到要求的绩效水

平，岗位任职者所具备的计划、组织、执行、控制及评价的能力与技巧；c. 人际技巧：岗位任职者所需要的激励、沟通、协调、培养、关系处理等方面主动而活跃的活动技巧。

②解决问题的能力，是指考察与发现问题，分清并找出问题的主次轻重，诊断问题产生的原因，有针对性地拟定出若干备选对策，在权衡与评价这些对策各自利弊的基础上做出决策，然后据此付诸实施的能力。一般来说，在组织系统中层次越低，要解决的问题越简单、越常规，越有既定的规章制度可遵循，对他们发挥独立创造性思维的要求也越低；级别越高则反之。它包含两个维度：a. 思维难度：指解决问题时任职者需要进行创造性思维的程度。b. 思维环境：指特定的工作环境对岗位任职者思维所设限制的程度。

③岗位所承担责任的大小，指岗位任职者的行动对工作最终结果可能造成的影响。它包含三个维度：a. 决策的自由度，指岗位能在多大的程度上对其工作进行个人性的指导和控制；b. 岗位对公司目标实现的影响程度；c. 岗位在影响中所起的作用，这种影响作用可分为间接的影响、辅助的影响、分摊的影响和直接的影响四种。

在实际应用中，上述三种付酬因素根据海氏指导图表进行量化评分。

（2）海氏测评法操作步骤

从应用的角度来看，采用海氏测评法进行岗位测评时，应遵循以下几个步骤：

①选择标杆岗位。选择标杆岗位一般以三个标准来衡量：一是够用，因为标准过多就起不到精简的作用，过少的话，标杆的岗位测评结果就不能代表所有岗位相对价值的变化规律，有些岗位价值就不能得到应有的评价；二是好用，可以先采用岗位分类法或者定性的排序法，对不同岗位进行横向比较，从中选出岗位价值较难比较的岗位作为标杆岗位；三是富有代表性，即标杆岗位一定要能够代表所有的岗位。

②准备标杆岗位的岗位说明书。科学的、完善的岗位说明书能大大提高岗位测评的有效性。最好的方式是让所有的测评者都参与标杆岗位的工作分析或者工作分析的讨论，通过这种方式，测评者能对岗位价值做出更为客观的判断。

③成立岗位测评小组。岗位测评小组成员的素质及总体构成情况将直接影响岗位测评工作的质量。

④对岗位测评小组成员进行培训。海氏测评法是一门比较复杂的测评技术，涉及很多的测评技巧。在测评前，测评者一定要经过系统的培训，对海氏测评法的设计原理、逻辑关系、评分过程、评分方法非常熟悉后才能从事测评工作。经过培训之后，选出若干个标杆岗位进行对比打分，培训人员要详细阐述打分的过程，同时选择一名测评者做演示，直到所有的测评者完全清楚为止。

⑤对标杆岗位进行试测评。在正式测评前，可先选择部分标杆岗位进行测试，对测试结果进行统计分析，对测试结果满意后再进行正式测评工作。

⑥对标杆岗位进行正式测评打分并建立岗位等级。正式测评结束后，统计计算岗位的得分也很有技巧性。统计计算出各标杆岗位的平均分后，可算出每位评分者的评分与平均分的离差，剔除离差较大的分数。因为有些测评者为了本部门的利益或对有些岗位不熟悉而导致评分有较大偏差，在统计计算最后得分时，务必要通过一些技术

处理手段将这种偏差降低到最低限度。

各标杆岗位最后得分出来后，按分数从高到低将标杆岗位排序，并按一定的分数差距（级差可根据划分等级的需要而定）对标杆岗位分级。然后，再将非标杆岗位价值与标杆岗位价值对比分析后，套入相应的岗位等级。

本章小结

本章内容是人力资源管理的基础知识和基本技能。主要内容包括组织结构的基本概念、类型和设计原则与方法、工作设计、工作分析、职位说明书的基本格式与编写、职位评价等。本章阐述了职位管理的基本概念，重点是介绍做好职位管理各项工作的基本技能、步骤、方法，比如问卷法、访谈法、信息处理、职位评价方法等，这对于做好人力资源管理工作具有非常大的作用。本章学习的难点是要通过设计各种实践教育环节使学习者掌握基本的职位管理方法。

关键概念

1．组织结构　2．职位管理　3．工作分析　4．职位说明书　5．职位评价

本章思考题

1．现代组织结构的类型有哪些？
2．如何设计一个富有弹性的组织结构？
3．工作分析方法有哪些？
4．怎样编写工作说明书？
5．职位评价方法有哪些？其优缺点各是什么？

案例分析

工作职责分歧[①]

一个机床操作工把大量的机油溅落在他机床周围的地面上。车间主任让操作工把溅落在地面上的机油清扫干净，而操作工拒绝执行，理由是工作说明书里并没有包括清扫的条文。车间主任顾不上去查工作说明书上的原文，就找来一名服务工做清扫工作。但服务工同样拒绝，他的理由也是工作说明书里没有包括这一项工作。车间主任威胁说要把他解雇，因为这种服务工是分配到车间来做杂务的临时工。服务工只好勉强同意，但干完之后立即向公司投诉。

① 工作职责分歧［OL］. 21CN 教育，http：//edu. 21cn. com/renli/g_142_357467 - 1. htm.

有关人员看了投诉后，审阅了三类人员的工作说明书：机床操作工、服务工和勤杂工。机床操作工的工作说明书规定：操作工有责任保持机床的清洁，使之处于可操作状态。但并未提及清扫地面。服务工的工作说明书规定：服务工有责任以各种方式协助操作工，如领取原材料和工具，随叫随到，即时服务。但也没有明确写明包括清扫工作。勤杂工的工作说明书中确实包含了各种形式的清扫工作。但是，他的工作时间是在工人下班后才开始的。

案例思考题

1. 对于服务工的投诉，你认为该如何解决？有何建议？
2. 请分析该公司岗位分析中存在什么问题？
3. 你认为该公司在岗位分析中应如何改进这些问题？

第三章　人力资源规划

学习目标

1. 认识人力资源规划的意义和作用
2. 了解和熟悉人力资源规划的基本内容
3. 熟悉和掌握人力资源需求和供给的预测方法
4. 掌握制定人力资源规划的步骤和方法

引导案例

苏澳玻璃公司的人力资源规划①

近年来苏澳公司常为人员空缺所困惑，特别是经理层次人员的空缺常使得公司陷入被动的局面。苏澳公司最近进行了公司人力资源规划。公司首先由四名人事部的管理人员负责收集和分析目前公司对生产部、市场与销售部、财务部、人事部四个职能部门的管理人员和专业人员的需求情况以及劳动力市场的供给情况，并估计在预测年度各职能部门内部可能出现的关键职位空缺数量。

上述结果用来作为公司人力资源规划的基础，同时也作为直线管理人员制定行动方案的基础。但是这四个职能部门制定和实施行动方案的过程（如决定技术培训方案、实行工作轮换等）是比较复杂的，因为这一过程会涉及不同的部门，需要各部门通力合作。例如，生产部经理为制定将本部门 A 员工的工作轮换到市场与销售部的方案，则需要市场与销售部提供合适的职位，人事部做好相应的人事服务（如财务结算、资金调拨等）。职能部门制定和实施行动方案过程的复杂性给人事部门进行人力资源规划也增添了难度。这是因为，有些因素（如职能部门间的合作的可能性与程度）是不可预测的，它们将直接影响到预测结果的准确性。

苏澳公司的四名人事管理人员克服种种困难，对经理层的管理人员的职位空缺做出了较准确的预测，制定了详细的人力资源规划，使得该层次上的人员空缺减少了50%，跨地区的人员调动也大大减少。另外，从内部选拔工作任职者人选的时间也缩短了一半，并且保证了人选的质量，合格人员的漏选率大大降低，使人员配备过程得到了改进。人力资源规划还使得公司的招聘、培训、员工职业生涯计划与发展等各项业务得到优化，节约了人力成本。

① 苏澳玻璃公司的人力资源规划［OL］. 厦门人才网，http：//www. xmrc. com. cn/xmrc/information/hr/planning/200911/t20091127_37675. htm.

问题：苏澳公司主要做了哪些人力资源规划？这些规划是怎样做出的呢？通过本章的学习，将对人力资源规划的内容与方法有一个系统的了解。

第一节 人力资源规划概述

一、人力资源规划的含义

1. 人力资源规划的定义

人力资源规划是一个国家或组织科学地预测、分析自己在环境变化中的人力资源供给和需求状况，制定必要的政策和措施以确保自身在需要的时候和需要的岗位上获取各种需要的人才（包括数量和质量两个方面），并使组织和个体获得长期的利益。

自20世纪70年代起，人力资源规划已成为人力资源管理的重要职能，并且与企业的人事政策融为一体。人力资源规划的基本概念包括了以下几个方面的含义：

（1）编制人力资源计划主要是面对不断变化的内部环境和外部环境。这种变化导致企业对人力资源供求的动态变化。人力资源计划就是要对这些动态的变化进行科学的预测和分析，以确保企业在近期、中期和远期对人力资源的需求得到满足。

（2）人力资源计划的主要工作是分析企业内外部人力资源供求状况，制定必要的人力资源政策和措施。

（3）人力资源计划的最终目标是要使企业和个人都能获得长期利益。

概括来说，人力资源规划就是人力资源规划主体在组织战略的指引下，在组织内部现有的资源和能力条件下，按照战略目标的要求，客观、充分、科学地分析实现组织愿景和组织目标所需要的人力资源的供给情况，对组织人力资源的供给与需求进行预测，并尽可能地平衡人力资源的供给与需求，引导组织的人力资源管理活动更好地与组织的整体活动相协调，保证人力资源管理目标与组织目标相一致，从而促进组织战略目标实现的过程。①

2. 人力资源规划的分类

人力资源规划的分类方式很多，如按规划的时间跨度，可将人力资源规划分为为期6个月至1年的短期规划、3年以上的长期规划和介于二者之间的中期规划；按规划的范围，可将人力资源规划分为企业总体人力资源规划、部门人力资源规划和具体某项工作或任务的人力资源规划。如果从规划的性质上划分，可分为战略性人力资源规划和战术性人力资源规划。战略性人力资源规划具有全局性和长远性，一般是人力资源战略的具体表现形式。战术性人力资源规划是具体的、短期的、具有专门针对性的业务计划。

① 侯荔江. 人力资源管理［M］. 成都：西南财经大学出版社，2009：75.

表 3－1 人力资源规划的期限与经营环境的关系[①]

短期规划：不确定/不稳定	中长期规划：确定/稳定
1. 组织面临许多新的竞争者 2. 社会经济条件飞速变化 3. 不稳定的产品或服务需求 4. 变化的政治法律环境 5. 落后的管理水平	1. 组织拥有较强的市场竞争力 2. 渐进的社会、政治、技术变化 3. 有效的管理信息系统 4. 稳定的产品或服务需求 5. 卓有成效的管理时间

人力资源规划与企业发展计划密切相关，它是达成企业发展目标的一个重要部分。企业的人力资源规划不能与企业的发展规划相背离。

3. 传统人力资源规划与战略人力资源规划的比较

战略人力资源规划是相对于传统人力资源规划而言的，是对传统人力资源规划的发展与延伸。战略人力资源规划是基于企业的战略对所有的人力资源战略相关问题进行规划的一套系统方法与完整过程。战略人力资源规划是从战略的角度对人力资源管理具有全局性、长期性的整体规划，是战略人力资源管理的具体表现形式。[②] 由于篇幅限制，本书所指人力资源规划是对传统人力资源规划和战略人力资源规划的统称。虽然在本书中不再将两者分开描述，但是为了便于读者对相关概念的理念，本书简要地对传统人力资源规划与战略人力资源规划的区别进行比较分析。[③]

（1）传统人力资源规划的侧重点

①传统人力资源规划是对基于企业业务战略和经营目标所需要的人力资源数量和质量提出计划的系统工具和方法；

②传统人力资源规划的最终目标是要通过系统的方法与工具使企业在未来三五年内所需要的人力资源适应企业的战略和经营目标，从而有效地支持企业的发展。

（2）战略人力资源规划的侧重点

①从企业战略与发展来看，企业所需要的人力资源数量和质量；

②企业人力资源管理体系面临的主要问题与问题解决方案；

③为了发展企业的竞争优势，需要什么样的能力以及具备这些能力的人力资源；

④要使人力资源体系支持企业战略，人力资源管理制度应该如何与企业战略相衔接、匹配，即制度匹配与制度衔接的问题；

⑤如何执行人力资源战略，即怎么把人力资源战略落在实处。

二、人力资源规划的主要内容

1. 人力资源规划的基本内容

人力资源规划几乎包括了人力资源的各项活动，可以将其分为以下五个基本内容：

（1）战略规划。它是根据企业总体发展战略的目标，对企业人力资源开发和利用

① 侯荔江．人力资源管理［M］．成都：西南财经大学出版社，2009：75．

② 彭剑峰．人力资源管理概论［M］．上海：复旦大学出版社，2008：187．

③ 文跃然．人力资源战略与规划［M］．上海：复旦大学出版社，2008：172．

的方针、政策和策略的规定，是各种人力资源具体计划的核心，是事关全局的关键性计划。

（2）组织规划。它是对企业整体框架的设计，主要包括组织信息的采集、处理和应用，组织结构图的绘制，组织调查，诊断和评价，组织设计与调整，以及组织机构的设置等。

（3）制度规划。它是人力资源总规划目标实现的重要保证，包括人力资源管理制度体系建设的程序、制度化管理等内容。

（4）人员规划。它是对企业人员总量、构成、流动的整体规划，包括人力资源现状分析、企业定员、人员需求、供给预测和人员供需平衡等。

（5）费用规划。它是对企业人工成本、人力资源管理费用的整体规划，包括人力资源费用的预算、核算、结算，以及人力资源费用控制。

人力资源规划是预测未来的组织任务和环境对组织的要求，以及为了完成这些任务和满足这些要求而设计的提供人力资源的过程。通过收集和利用现有的信息对人力资源管理中的资源使用情况进行评估预测。在实际操作中，人力资源规划的实质是根据公司经营方针，通过确定未来公司人力资源管理目标来实现公司的既定目标。因此，人力资源规划又可分为战略计划和战术计划两个方面。

2. 人力资源战略规划

制定人力资源规划的前提是企业要有明确而清晰的经营战略规划，因此，战略规划是资源规划的基础与前提。人力资源战略规划主要是根据公司内部的经营方向和经营目标，以及公司外部的社会和法律环境对人力资源的影响，来制订出一套跨年度计划。同时还要注意战略规划的稳定性和灵活性的统一。在制订战略计划的过程中，必须注意以下几个方面因素：

（1）国家及地方人力资源政策环境的变化。包括国家对于人力资源法律法规的制定、对于人才的各种激励措施、国家各种经济法规的实施、国内外经营环境的变化、国家以及地方对于人力资源和人才的各种政策规定等。这些外部环境的变化必定会影响公司内部的整体经营环境，公司内部的人力资源政策也应该随之而有所变动。

（2）公司内部的经营环境的变化。公司的人力资源政策的制定必须遵从公司的管理状况、组织状况、经营状况变化和经营目标的变化。所以，公司在制定其人力资源规划时必须注意以下几点：

①稳定性：在公司不断提高工作效率的前提下，公司的人力资源管埋应该以公司的稳定发展为其管理的前提和基础。

②成长性：指公司在资本积累增加、销售额增加、公司规模和市场扩大的情况下，人员必定增加。公司人力资源的基本内容和目标是为了公司的壮大和发展。

③持续性：人力资源管理应该以公司的生命力和可持续增长并保持公司的持续发展潜力为目的；必须致力于劳资协调、人才培养与后继者培养工作。

（3）人力资源的预测。应根据公司的战略规划以及公司内外环境的分析，而制订人力资源战略计划。为配合公司发展的需要，以及避免制订人力资源计划的盲目性，应该对公司所需人员作适当预测。在估算人员时应该考虑以下因素：

①因公司的业务发展和紧缩所需增减的人员；

②因现有人员的离职和调转等所需补充的人员；

③因管理体系的变更、技术的革新及公司经营规模的扩大所需的人员。

(4) 企业文化的整合。公司文化的核心就是培育公司的价值观，培育一种创新向上、符合实际的公司文化。在公司的人力资源规划中必须充分注意与公司文化的融合与渗透，保障公司经营的特色以及公司经营战略的实现和组织行为的约束力。只有这样，才能使公司的人力资源具有延续性，具有自己的符合公司要求的人力资源特色。

3. 人力资源战术规划

战术规划是根据公司未来面临的外部人力资源供求的预测，以及公司的发展对人力资源的需求量的预测的结果制定的具体方案，包括招聘、辞退、晋升、培训、工资福利政策、梯队建设和组织变革等。在人力资源管理中，有了公司的人力资源战略计划后，就要制定公司人力资源战术规划。人力资源的战术规划主要内容如表 3 -2 所示：

表 3 -2　　人力资源战术规划内容一览表

计划类别	目标	政策	步骤	预算
总规划	总目标：绩效、收缩、保持稳定	基本政策：扩大、收缩、保持稳定	总步骤：按年安排，如完善人力资源信息系统	总预算：××××万元
人员补充计划	类型、数量、层次、对人力素质结构及绩效的改善等	人员素质标准、人员来源范围、起点待遇	拟定补充标准，广告吸引、考试、面试、笔试、录用、教育上岗	招聘挑选费用：××万元
人员分配计划	部门编制，人力结构优化及绩效的改善、人力资源人岗匹配、职务轮换幅度	任职条件，职位轮换范围及时间	略	按使用规模、差别及人员状况决定的工资、福利预算
人员接替和提升计划	后备人员数量保持、提高人才结构及绩效目标	全面竞争，择优晋升，选拔标准，提升比例，未提升人员的安置	略	职务变动引起工资变动
教育培训计划	素质及绩效改善、培训数量类型，提供新人力，转变态度及作用	培训时间的保证、培训效果的保证（如待遇、考核、使用）	略	教育培训总投入、脱产培训损失
工资激励计划	人才流失减少，士气上升，绩效改进	工资政策、激励政策、激励重点	略	增加工资预算

表3－2(续)

计划类别	目标	政策	步骤	预算
劳动关系计划	降低非期望离职率、干群关系改进、减少投诉和不满	参与管理，加强沟通	略	法律诉讼费
退休解聘计划	人员编制、劳务成本降低及生产率提高	退休政策及解聘程序	略	安置费、人员重新就业费

［资料来源］余凯成．人力资源管理［M］．大连：大连理工大学出版社，2002.

除此之外，考核计划是企业人力资源规划中必不可少的内容之一，以下是对考核计划与发展计划的简单说明，以作为对表3－2的补充。

（1）考核计划：一般而言，内部因为分工的不同，对于人员的考核方法也不同，在提高、公平、发展的原则下，应该以员工对于公司所做出的贡献作为考核的依据。这就是绩效考核的指导方法。

（2）绩效考核计划要从员工的工作成绩的数量和质量两个方面，对员工在工作中的优缺点进行测定。譬如科研人员和公司财务人员的考核体系就不一样，因此其在制订考核计划时，应该根据各岗位工作性质的不同，制订相应的人力资源绩效考核计划。至少包括以下三个方面：工作环境的变动性大小；工作内容的程序性大小；员工工作的独立性大小。绩效考核计划做出来以后，要相应地制定有关考核办法。常用的方法包括：排序法、平行法、关键事件法、硬性分布法、尺度评价表法、行为定位等级评价法、目标管理法。

（3）发展计划：结合公司发展目标，设计核心骨干员工职业生涯规划和职业发展通道，明确核心骨干员工在企业内的发展方向和目标，以达到提高其职业忠诚度和工作积极性的目的。

三、人力资源规划的目标与作用

1．人力资源规划的目标

人力资源规划的目标是通过规划企业人力资源管理的各项活动，使员工的需求与组织的目标相匹配，进而形成高绩效⟶高士气⟶高绩效的良性循环，以促进企业的发展以及企业愿景的实现。具体来说，人力资源规划要保证企业以下目标的实现：

（1）现有人力资源利用最大化，维持现有人力的数量及质量，促成建立一个训练有素、高效灵活的工作团队，增强企业适应未来发展与挑战的能力；

（2）减少企业对关键技术及个人的依赖，培育企业接班人并实现企业知识文化有效积累，能够预测组织中潜在的人力不足或人员过剩，为企业独立持续的发展提供科学的支持；

（3）完善企业人力资源管理活动，使企业管理制度化、规范化，平衡各部门及内外环境的关系，保证企业人力资源计划、其他部门的发展计划及外部要求相互之间衔接和谐。

人力资源规划所关注的不是特指的某个人，而是一个集体、一个团队的层面，个别人员的发展规划是以团队发展规划为基础的，包括企业员工的个人职业生涯规划。人力资源规划是企业整体规划和资金预算的有机组成部分，与企业的长期发展规划相互影响。

2. 人力资源规划的作用

人力资源规划的主要作用是通过这种规划方法使企业人力资源在数量、质量、效率和制度上与企业的发展战略保持一致，发挥人力资源管理的优越性与能动性，从而最有效地支持企业的发展要求，促进企业目标的实现与愿景的达成。

具体来说，人力资源规划的作用如下：

（1）保证企业发展过程中对人力的需求。企业发展，离不开人力的支持。随着企业的发展与壮大，企业生产经营领域、生产管理技术、组织规模等都在不断地发生着变化，从而对人力资源的需求也在数量和质量方面不断改变。因此，预测人力资源供求变化并对人力资源的素质进行调整是人力资源规划的一个基本职能，对企业发展有着举足轻重的作用。

（2）促使企业人力资源管理活动有序化、合理化。特别是在大型企业中，人力资源规划的作用更加突出。人力资源规划在人员的需求量、供给量、职务及职位调整方面都起着一定的支持与指导作用。例如，企业在什么时候需要进行招聘、哪些人员需进行轮岗、什么时候对企业的冗余人员进行削减等方面，如果没有一个提前的计划和科学的标准，人力资源活动将变得无序而繁杂，甚至可以对长远的发展产生不良的影响。

（3）更好地控制人力成本，提高企业经济效益。人力成本是企业运营成本的一个重要方面，如果企业拥有的人力数量大大高于企业实际需要，就会造成企业不必要的成本支出，也就是说多花了钱却养了没用的人。企业竞争力的决定因素之一便是成本的控制，而如何提高企业的竞争力是每个企业发展的战略目标之一，因此通过对企业的发展阶段进行分析及预测，有计划、有步骤地对人员分布、人员素质进行调整是人力资源规划的内容之一，也是人力资源规划作用的充分体现。

（4）人力资源规划对企业的重大人事决策有着一定的影响。人力资源规划是企业人事决策的基础。一个企业要采取什么样的晋升方式、制定什么样的分配政策，都离不开人力资源规划。例如，根据某企业当前的发展速度来说，海外市场的开拓将在两年内成为企业发展的重要目标之一，那么两年内对有海外业务拓展经验的人才进行培养将是决定企业未来发展的必要条件。而这种人才的需求又不可以依靠企业培养，对外招聘也不一定能找到适当人选，那么如何解决这一问题呢？显然，没有适当的人力资源规划，等到两年后有需要时再来解决，将严重影响企业的发展。这也充分说明了人力资源规划对人事决策的信息提供与科学指导的作用。

3. 编制人力资源规划的基本原则

在制定人力资源规划时，要注意以下三点：

（1）充分考虑内外部环境的变化

人力资源规划只有充分地考虑了内外环境的变化，才能适应发展的需要，真正地做到为企业发展目标服务。内部变化主要是指销售的变化、开发的变化，或者企业发展战略的变化，还有公司员工流动的变化等；外部变化指社会消费市场的变化、政府有关人力资源政策的变化、人才市场的供需矛盾的变化等。为了能够更好地适应这些变化，在人力资源规划中应该对可能出现的情况做出预测和风险分析，最好能有面对风险的应急策略。

（2）确保企业的人力资源保障

企业的人力资源保障问题是人力资源规划中应解决的核心问题。它包括人员的流入预测、流出预测、人员的内部流动预测、社会人力资源供给状况分析、人员流动的损益分析等。只有有效地保证了对企业的人力资源供给，才可能去进行更深层次的人力资源管理与开发。

（3）使企业和员工都能获得长期的利益

人力资源规划不仅是面向企业的计划，也是面向员工的规划。企业的发展和员工的发展是互相依托、互相促进的关系。如果只考虑企业的发展需要，而忽视了员工的利益和发展，则会有损企业发展目标的达成。优秀的人力资源规划，一定是能够使企业和员工获得长期利益的规划，一定是能够使企业和员工共同发展的规划。

第二节 人力资源需求与供给的预测

对人力资源需求和供给做出预测，是人力资源规划中技术性较强的关键工作，也是难度最大的工作，因为全部人力资源开发和管理的计划都必须根据这项预测来决定。只有准确地预测出供给与需求，才能采取有效措施进行人员供需平衡，才能保证企业其他方面的规划与实施。

一、人力资源需求预测

1. 人力资源需求预测的基本概念

人力资源的需求预测就是指对企业在未来某一特定时期内所需要的人力资源的数量、质量以及结构进行估计。因此，人力资源的需求预测应该以组织的目标为基础，既要考虑现行的组织结构、生产率水平等因素，又要预见到未来由于组织目标调整而导致的一系列变化，如组织结构的调整、产品结构的改变、生产工艺的改进、新技术的采用等，以及由此而产生的人力资源需求在数量和技能两个方面的变化。

（1）影响人力资源需求预测的因素

在预测人员需求时，应该充分考虑以下影响因素①：

①市场需求、产品或服务质量升级或决定进入新的市场；

① 文跃然．人力资源战略与规划［M］．上海：复旦大学出版社，2008：184.

②产品和服务项目的更新；

③人力稳定性，如计划内更替、人员流失；

④员工培训和教育；

⑤为提高生产率而进行的技术和组织管理革新；

⑥企业规模的变化；

⑦企业经营方向的变化；

⑧工作时间；

⑨预测工作活动的变化；

⑩各部门可用的财务预算。

以上是影响人力资源需求预测的企业内部因素。除此之外，还要考虑企业外部因素，即经济环境、技术环境、竞争对手的状况等。

（2）人力资源需求预测的基本步骤

人力资源需求预测分为现实人力资源需求、未来人力资源需求和未来流失人力资源需求预测三部分。具体步骤如下：

①根据职务分析的结果，确定职务编制和人员配置；

②进行人力资源盘点，统计出人员的缺编、超编及是否符合职务资格要求；

③将上述统计结论与部门管理者进行讨论，修正统计结论；

④该统计结论为现实人力资源需求；

⑤根据企业发展规划，确定各部门的工作量；

⑥根据工作量的增长情况，确定各部门还需增加的职务及人数，并进行汇总统计；

⑦该统计结论为未来人力资源需求；

⑧对预测期内退休的人员进行统计；

⑨根据历史数据，对未来可能发生的离职情况进行预测；

⑩将⑧、⑨的统计和预测结果进行汇总，得出未来流失人力资源需求。

将现实人力资源需求、未来人力资源需求和未来流失人力资源需求汇总，即得到企业整体人力资源需求预测。

2. 人力资源需求的预测定性方法

（1）现状规划法

人力资源现状规划法是一种最简单的预测方法，较易操作。它是假定企业保持原有的生产规模和生产技术不变，则企业的人力资源也应处于相对稳定状态，即企业目前各种人员的配备比例和人员的总数将完全能适应预测规划期内人力资源的需要。在此预测方法中，人力资源规划人员所要做的工作是测算出在规划期内有哪些岗位上的人员将得到晋升、降职、退休或调出本组织，再准备调动人员去弥补就行了。

（2）经验预测法

经验预测法就是企业根据以往的经验对人力资源进行预测的方法，它适合于经营较稳定的小型企业，简便易行。经验预测法用以往的经验来推测未来的人员需求，不同的管理者的预测可能有所偏差。可以通过多人综合预测或查阅历史记录等方法提高预测的准确度。要注意的是，经验预测法只适合于一定时期内企业的发展状况没有发生方向性变化的情况。对于新的职务或者工作的方式发生了大的变化的职务，不适合使用经验预测法。

另外，保持完整的企业历史的档案，在可靠的资料基础上进行分析推测也可减少误差。现在不少企业采用这种方法来预测本组织对将来某段时期内人力资源的需求。企业在有人员流动的情况下，如晋升、降职、退休或调出等，可以采用与人力资源现状规划结合的方法来制定规划。

（3）德尔菲法

德尔菲法又称专家讨论法，适合于技术型企业的长期人力资源预测。现代社会技术更新非常迅速，用传统的人力资源预测方法很难准确预计未来对技术人员的需求。相关领域的技术专家由于可以把握技术发展的趋势，所以能更加容易地对该领域未来的技术人员状况做出预测。为了增加预测的可信度，德尔菲法分几轮进行，第一轮要求专家以书面形式提出各自对企业人力资源需求的预测结果。在预测过程中，专家之间不能互相讨论或交换意见。第二轮，将专家的预测结果收集起来进行综合，将综合的结果通知各位专家，以进行下一轮的预测，反复几次直至得出大家都认可的结论。通过这种方法得出的是专家们对某一问题的看法一致的结果。

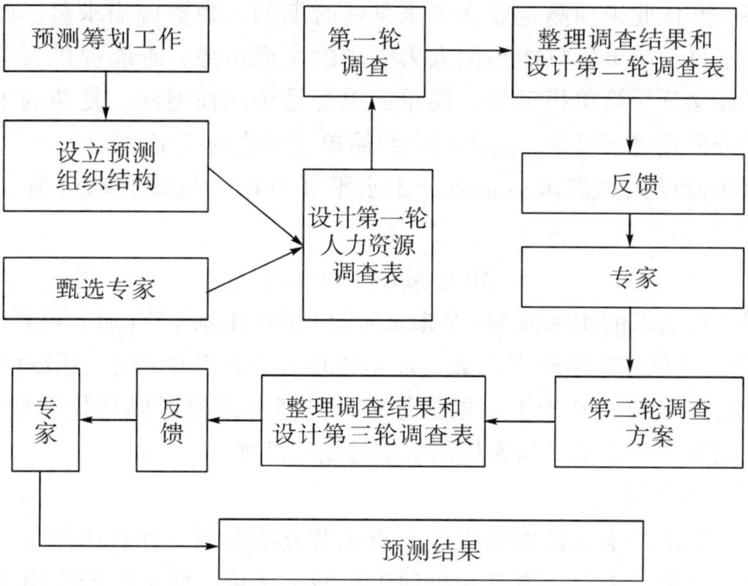

图 3-1　德尔菲法实施流程

另外，采用德尔菲法还应注意以下问题：

①专家人数一般不少于 30 人，问卷的返回率不低于 60%，以保证调查的权威性和广泛性；

②实施该方法必须取得高层的支持，同时给专家提供充分的资料和信息，确保判断和预测的质量；

③问卷题目设计应主题突出，意向明确，保证专家都从同一个角度去理解问题。

（4）分合性预测法

分合性预测方法是一种较常用的预测方法，它采取先分后合的形式。这种方法的第一步是企业组织要求下属各个部门、单位根据各自的生产任务、技术设备等变化的情况对本单位将来对各种人员的需求进行预测，在此基础上，对下属各部门的预测数据进行综合平衡，从中预测出整个组织将来某一时期内对各种人员的需求总数。

这种方法要求在人事部门或专职人力资源规划人员的指导下进行，下属各级管理人员能充分发挥在人力资源预测规划中的作用。

（5）描述法

描述法是人力资源规划人员通过对本企业组织在未来某一时期的有关因素的变化进行描述或假设，并从描述、假设、分析和综合中对将来人力资源的需求进行预测规划。由于这是假定性的描述，因此人力资源需求就有几种备选方案，目的是适应和应付环境因素的变化。

3．人力资源需求预测的定量方法

（1）趋势预测法

趋势分析法，主要根据企业一定历史时期（比如5年）的人员数据来分析它在未来的变化趋势，并依此来预测企业在未来某一时期的人力资源需求量。此方法实用性较强，缺点在于过于简单，只能预测人力需求的大概走势，未能提供有关人力资源质量的数据。具体又分为简单模型法、简单的单变量预测模型法、复杂的单变量预测模型法。由于部分公式过于复杂，这里只介绍简单模型法的应用。

简单模型法假设人力需求与企业产出水平（可用产量或劳动价值表示）成比例关系：

$$Mt = Mo \times (Yt/Yo)$$

即在获得人员需求的实际值Mo及未来时间t的产出水平Yt后，可算出时刻t人员需求量的值Mt，这里并非指现有人数，而是指现有条件及生产水平所对应的人员数，它通常是在现有人员数的基础上，根据管理人员意见或参考同行情况修正估算而得。使用此模型的前提是产出水平与人员需求量的比例已确定。

（2）工作负荷预测法

工作负荷预测法基本上是根据工作分析或调查的结果，计算出每个工作所需要的标准任务时间，再估计未来一段时间每项工作的工作量，便可以推算出所需要的“人时数目”，然后根据实际每个人每年的工作量，计算出所需人力。其基本公式如下：

$$N = T/t$$

$$T = 总产量 \times 单位产品工时定额 + 补偿废品所消耗的工时$$

$$t = (全年日历天数 - 例假及节日 - 平均每人缺勤天数) \times 工时利用率 \times 每日工作时数$$

式中，N为基本生产工人需要量；T为完成生产任务所需要的总工时；t为平均每名工人全年有效工作时间。

对于一些重复操作的工作，比如装配、打包，企业可以运用时间及动作分析法，精确地测量出标准时间，这个标准时间在应用上是没有困难的。不过，有些工作内容难以固定，工作的标准不容易制定，例如秘书及经理的工作，这种情况下，工作负荷法就不适用了。

（3）生产比率分析法

生产比率分析法，是根据已确定的各类人员之间、人员与设备之间、人员与产量之间的各种科学的比例关系，来预测人力资源需求的一种短期需求预测方法。该方法假设因素的比例关系不变，从而使得预测的准确性降低。它是在企业过去的经验分析的基础上，将企业未来业务活动水平转化为对人力资源需要的方法。操作方法如下：

①根据需要预测的人员类别选择关键因素；

②根据历史数据，计算出关键因素与所需人员数量之间的比率值；

③预测未来关键因素的可能数值；

④根据预测的关键因素数值和比率值，计算不需要的人员数量。

企业选择的影响人员需求的主要因素，应该是容易测量、容易预测的，同时还与人员需求有一个稳定的、比较精确的比率关系。

生产比率分析法是基于对员工个人生产效率的分析来进行的一种预测方法。即：

所需的人力资源 = 未来的业务量/[目前人均的生产效率 ×(1 + 生产效率的变化率)]

生产效率的变化率 R：

$$R = R1 + R2 + R3$$

上式中，R1 为企业技术进步引起的劳动生产率提高系数；R2 为由于经验积累导致的劳动生产率提高系数：R3 为由于年龄增大及某些社会因素引起的生产率降低系数。

同时比率预测法可以根据各类人员之间的比例关系，推算出企业总体人力资源需求。这种方法适用于企业核心工作员工，比如销售类员工等，由销售类员工需求得出其他相关人员需求。进行这种预测时，要求人员之间的比例关系比较确定，如果比例关系变动较大，那么预测结果就不准确。

二、人力资源供给预测

1. 影响人力资源供给的因素

人力资源需求预测只是人力资源规划的一个方面，通过需求预测，组织可以了解到未来某个时期为实现其目标所需的人员数量和人员技能要求。除此之外，组织还需要了解能够获得多少所需的人员、从何渠道获得这些人员。

人力资源供给预测就是测定组织可能从其内部和外部获得的人力资源的数量，它应以对组织现有人员状况分析为基础，同时要考虑组织内部人员的流动状况，了解有多少员工仍然留在现在的岗位上，有多少员工因岗位轮换、晋升、降级而离开现在岗位到新岗位工作，有多少员工因退休、调离、辞职或解雇等原因离开组织。

影响人力资源供给的因素很多，大体可以分为两类，如表 3－3 所示：

表 3-3

地区性因素	全国性因素
1. 公司所在地区人口密度 2. 其他公司对劳动力的需求状况 3. 公司当地的就业水平、就业观念 4. 公司当地的科技文化教育水平 5. 公司及公司所在地对人们的吸引力 6. 公司当地临时工人的供给情况 7. 公司当地的住房、交通、生活条件	1. 全国劳动人口的增长趋势 2. 全国对各类人员的需求程度 3. 各类学校的毕业生规模与结构 4. 教育制度变革产生的影响 5. 国家就业法规、政策的影响

人力资源供给预测分为内部供给预测和外部供给预测两部分。具体步骤如下：

(1) 进行人力资源盘点，了解企业员工现状；

(2) 分析企业的职务调整政策和员工调整历史数据，统计出员工调整的比例；

(3) 向各部门的人事决策人了解可能出现的人事调整情况；

(4) 将 (2)、(3) 的情况汇总，得出企业内部人力资源供给预测；

(5) 分析影响外部人力资源供给的影响因素，得出企业外部人力资源供给预测；

(6) 将企业内部人力资源供给预测和企业外部人力资源供给预测汇总，得出企业人力资源供给预测。

2. 人力资源供给预测的内容

(1) 预测企业内人力资源状态

在预测未来的人力资源供给时，首先要明确的是企业内部人员的特征，如年龄、级别、素质、资历、经历和技能等。必须收集和储存有关人员发展潜力、可晋升性、职业目标以及采用的培训项目等方面的信息。技能档案是预测人员供给的有效工具，它含有每个人员的技能、能力、知识和经验方面的信息，这些信息的来源是工作分析、绩效评估、教育和培训记录等。技能档案不仅可以用于人力资源规划，而且也可以用来确定人员的调动、提升和解雇。

(2) 人员流动分析

预测未来人力资源供给不仅要维持目前的供给状态，而且必须考虑人员在组织内部的运动模式，即人员流动率。人员流动通常有以下几种形式：死亡和伤残、退休、调动和升迁，可以采取随机模型计算出来。企业人员变动率，即某一段时间内离职人员占员工总数的比率，由下面公式得出：

$$企业人员变动率 = 年内离职人员数/年内在职员工平均数 \times 100\%$$

3. 人力资源供给预测的方法

人力资源供给分为外部供给和内部供给两个方面。其中，外部供给是指研究外部劳动力市场对组织的员工供给。内部供给是指在对组织内部人力资源开发和使用状况考察的基础上，对未来企业人力资源状况的预测。在大多数情况下，外部供给不为组织所了解或掌握，因而多通过对本地劳动力市场、企业雇佣条件和竞争对手的策略分析来实现。因而，供给预测的研究主要集中于组织人力资源内部供给。

(1) 资料查阅法

资料查阅法就是从现有的资料入手，通过对外部资料的查阅，能够帮助企业更快地了解人才市场的相关信息。而查阅现有资料的途径也是多种多样的，如国家和地区的统计部门、人事和劳动部门会定期地发布一些统计数据，企业可以通过这些数据来了解本行业的经济增长情况；也可以通过互联网查阅资料，进行资源共享。尤其值得注意的是，为制定出合理有效的人力资源规划，企业一定要随时关注国家、地区相关政策的变化，以便对规划做出准确调整。

(2) 技能清单法

技能清单是用来反映员工工作能力特征的一张表，这些特征包括培训背景、以前的经历、持有的证书、已经通过的考试、主管的能力评价等。技能清单是对员工竞争力的一个反映，可以用来帮助人力资源的计划人员估计现有员工调整工作岗位的可能性的大小，并决定有哪些员工可以补充企业以前的空缺。企业不仅要保证为企业空缺的工作岗位提供相应数量的员工，同时还要保证每个空缺都有合适的人员来填充。

(3) 人员接替模型

人员接替模型的目的是确认特定职位的内部候选人，其涉及的面较广、对各职位之间的关系也描述得更具体。建立人员接替模型的关键，是根据职务分析的信息，明确不同职位对员工的具体要求，然后确定一位或几位较易达到这一职位要求的候选人；或者确定哪位员工具有潜力，经过培训后可以胜任这一工作。然后把各职位的候补人员情况与企业员工的流动情况综合起来考虑，控制员工流动方式与不同职位人员接替方式之间的关系，对企业人力资源进行动态管理。借助人员接替模型，可以看出每一个职位从外部招聘人数、提升上来的人数、提升上去的人数、退休和辞职的人数、具备提升实力的人数等信息，如图 3－2 所示①：

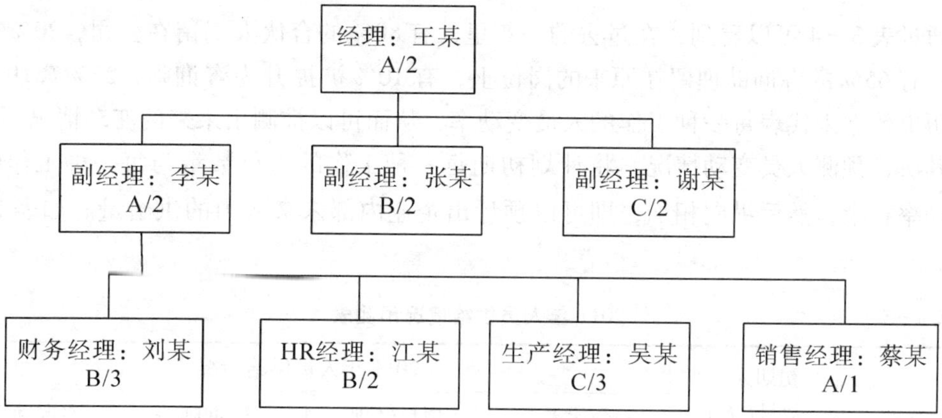

图 3－2

正如图 3－2 所示，经理职位的接替人有三位，分别是副经理李某、张某和谢某，其中只有李某具备了继任的资格能力，可以马上上任。张某还需要进一步的培养，而

① 程延园. 人力资源管理［M］. 北京：清华大学出版社、北京交通大学出版社，2010：44.

谢某则不适合此岗位。当企业出现空缺，需要提升员工时，通过多张人员替换清单组成的人员接替模型就可以预测出企业内部的人力资源供给状况，实现人力资源的供给接替。

人员接替模型可以达到鼓舞员工士气、激励员工的目的，它为员工提供了明确的发展与晋升目标，为员工的职业生涯发展指明了清晰的路径，可以降低企业的招聘成本，可以说是一种一举多得的人力资源管理方法。

（4）马尔科夫矩阵分析法

这种方法目前广泛应用于企业人力资源供给预测上，其基本思路是找出过去人力资源变动的规律，来推测未来人力资源变动的趋势。它有一个基本假设，即企业内部过去的人事变动模式与规律跟未来大体相同。马尔科夫矩阵分析法可以清楚地分析出企业现有人力资源的内部移动，比如晋升、调动、离职等情况。下面用假设的人力资源咨询公司的人事变动为例，对该方法的应用步骤进行简要说明。

首先，建立人事变动矩阵表。马尔科夫矩阵分析法以企业过去若干年中调动与离职人数作为预测的根据，通常以最近5～10年为限。要先统计和了解企业该时期的人员调动与离职情况，如表3－4所示：

表3－4　　　　2005—2010年人员变动率

	初期人员数量（人）	人员调动率				人员离职率
		合伙人	项目经理	咨询师	咨询助理	
合伙人	10	0.8	—	—	—	0.2
项目经理	20	0.8	0.05	—	—	0.15
咨询师	50	—	0.05	0.7	0.05	0.2
咨询助理	50	—	—	0.1	0.65	0.25

通过表3－4可以看到，在过去的一年里，有80%的合伙人仍留在公司，20%离开公司；有65%的咨询助理留在原来的岗位上，有10%被提升为咨询师，25%离职。用这些历史数据来代表每一种工作的人员变动率，从而可以推测出未来的变动情况。

其次，预测人员变动情况。将计划初期每一种工作的人员数量与每一种工作的人员变动率相乘，然后纵向相加，即可以预计出企业内部未来人力的供给量。如表3－5所示：

表3－5　　　　2011年人员供给情况预测表

	初期人员数量（人）	2011年人员供给情况							
		合伙人		项目经理		咨询师		咨询助理	
合伙人	10	0.8	8	—	0	—	0	—	0
项目经理	20	0.8	16	0.05	1	—	0	—	0
咨询师	50	—	0	0.05	2.5	0.7	35	0.05	2.5
咨询助理	50	—	0	—	0	0.1	5	0.65	32.5
预计人员供给（人）		24		4		40		35	

三、人力资源供需平衡

在企业的运营过程中，企业始终处于人力资源供需失衡状态。在企业扩张时期，企业人力资源需求旺盛，人力资源供给不足，人力资源部门用大部分时间进行人员的招聘和选拔；在企业稳定时期，企业人力资源在表面上可能会达到稳定，但企业局部仍然同时存在着退休、离职、晋升、降职、补充空缺、不胜任岗位、职务调整等情况，企业处于结构性失衡状态；在企业衰败时期，企业人力资源总量过剩，人力资源需求下降，人力资源部门需要制定裁员、下岗等政策。

总之，在整个企业的发展过程中，企业的人力资源状况始终不可能自然地处于平衡状态。人力资源部门的重要工作之一就是不断地调整人力资源结构，使企业的人力资源始终处于供需平衡状态。只有这样，才能有效地提高人力资源利用率，降低企业人力资源成本。

企业的人力资源供需调整分为人力缺乏调整和人力过剩调整两部分。

1. 人力缺乏的调整方法

（1）外部招聘

外部招聘是最常用的人力缺乏的调整方法，当人力资源总量缺乏时，采用此种方法比较有效。但如果企业有内部调整、内部晋升等计划，则应该先实施这些计划，将外部招聘放在最后使用。

（2）内部招聘

内部招聘是指当企业出现职务空缺时，优先将企业内部员工调整到空缺职务的方法。它的优点首先是丰富了员工的工作，提高了员工的工作兴趣和积极性；其次它还节省了外部招聘成本。利用内部招聘的方式可以有效地实施内部调整计划。在人力资源部发布招聘需求时，先在企业内部发布，欢迎企业内部员工积极应聘，任职资格要求和选择程序与外部招聘相同。当企业内部员工应聘成功后，对员工的职务进行正式调整，员工空出的岗位还可以继续进行内部招聘。当内部招聘无人能胜任时，再进行外部招聘。

（3）内部晋升

当较高层次的职务出现空缺时，优先提拔企业内部的员工。在许多企业里，内部晋升是员工职业生涯规划的重要内容。对员工的提升是对员工工作的肯定，也是对员工的激励。由于内部员工更加了解企业的情况，会比外部招聘人员更快地适应工作环境，提高工作效率，同时节省外部招聘成本。

（4）继任计划

继任计划在国外比较流行。具体做法是，人力资源部门对企业的每位管理人员进行详细的调查，并与决策组确定哪些人有资格升迁到更高层次的位置，然后制定相应的“职业计划储备组织评价图”，列出岗位可以替换的人选。当然上述的所有内容均属于企业的机密。

（5）技能培训

对公司现有员工进行必要的技能培训，使之不仅能适应当前的工作，还能适应更高层次的工作。这样，就为内部晋升政策的有效实施提供了保障。如果企业即将出现经营转型，企业应该及时向员工培训新的工作知识和工作技能，以保证企业在转型后，原有的员工能够符合职务任职资格的要求。这样做的最大好处是防止了企业的冗员现象。

2. 人力过剩的调整方法

（1）提前退休

企业可以适当地放宽退休的年龄和条件限制，促使更多的员工提前退休。如果将退休的条件修改得足够有吸引力，会有更多的员工愿意接受提前退休。

（2）减少人员补充

这是一种最常用的方式，对空闲的岗位或职位不进行人员补充，可以使其达到人力资源供求平衡。但采取这种方式往往数量有限，而且很难得到企业所需的员工。

（3）增加无薪假期

当企业出现短期人力过剩的情况时，采取增加无薪假期的方法比较适合。比如规定员工有一个月的无薪假期，在这一个月没有薪水，但下个月可以照常上班。

（4）裁员

裁员是一种最无奈但最有效的方式。一般裁减那些主动离职和绩效低下的员工。但裁员会降低员工对企业的信心，挫伤其工作积极性，而且可能会使被裁人员做出过激的诋毁行为。所以在进行裁员时，要尽量制定优厚的裁员政策，如发放优厚的失业金。

3. 结构失衡的调整方法

结构失衡的调整通常是对上述两种调整方法的综合运用。企业要根据具体情况，对供不应求的职位采用相应的调整方法，对供过于求的职位采用相应的调整方法，制定出相应的人力资源部署或业务规划，使各部门人力资源在数量、质量和结构等方面达到调整平衡。

人力资源规划的最终目的是要实现企业人力资源供给和需求的平衡。人力资源供需平衡就是企业通过增员、减员和人员结构调整等措施，使企业人力资源供需基本趋于相等的状态。

第三节　编制人力资源规划的程序

编制人力资源规划的基本程序分为前期准备、确定规划方案、编制规划、规划评估四个步骤。

一、规划前的准备工作

制定人力资源规划之前，首先要做好必要的准备工作。这些准备工作主要包括分析企业人力资源状况，明确规划的目标。收集、分析企业现有人力资源的状况，是人力资源规划的基础工作。企业人力资源现状的评价主要通过人力资源调查和工作分析来完成。人力资源调查主要是通过查阅现有的档案资料、发放调查问卷、访谈等途径来获取企业现有员工年龄、学历、职称、能力和专长等方面的信息。通过人力资源调查可以了解企业现有人力资源的数量、质量和结构。工作分析是工作信息的提取手段，通过工作分析可以得到企业内各个职位对任职者知识、经验、技能等的要求。综合人力资源调查与工作分析的结果，即可分析企业现有人力资源的配备状况，了解企业是否存在人员缺编、超编以及在岗员工不符合职位资格要求的情况。

在分析企业人力资源现状的同时，明确企业的战略发展目标也是人力资源规划的首要工作之一。人力资源规划是以企业中人力资源需求为基础的，以企业目标为出发点，而企业目标是企业在充分审视内外部环境，并对自身在竞争中的优势和劣势进行详细分析的基础上制定的未来一段时期的经营方向。当企业调整战略目标后，运作过程会发生一系列的变化，包括组织结构的改变、生产和经营过程的调整、新技术的采用、产品结构的变化等。因此，人力资源规划的第一步就是收集能够用于确定企业目标、政策、计划以及人力资源目标和政策的有关数据资料，重审并明确企业战略发展目标。

通过对企业发展目标与人力资源现状的分析，在进行人力资源规划之前应制定相应的人力资源管理的目标和政策。这些目标和政策要与企业的整体目标和政策相联系，以自上而下的企业发展的战略目标为指导，以自下而上的人力资源现状为依托，是企业人力资源规划的目标与前提。人力资源规划是企业人力资源管理前瞻性的工作，如果不能与企业整体目标和政策联系，则无法使管理者为了实现未来的目标而获得足够的人力资源支持。无论多好的战略规划和多先进的理论与方法，归根结底都要落实到人去执行。不与企业整体目标、政策相关联的人力资源规划，只能是空中楼阁。

人力资源管理的目标与政策是建立在企业发展战略目标基础上的，参考行业标杆企业的人力资源管理战略，结合企业自身的特点，通过召开高层领导会议进行确定。表 3 -6 是某企业 2010 年人力资源管理的年度目标，作为简单的人力资源管理目标范本，仅供学习理解，切忌生搬硬套。

表 3 -6　　某企业 2010 年人力资源管理年度目标

根据本年度工作情况与存在的不足，结合目前公司发展战略和趋势，人力资源部计划从十个方面开展 2010 年度的工作： 1. 进一步完善公司的组织架构，确定和区分每个职能部门的权责，争取做到组织架构科学适用，三年内不再做大的调整，保证公司的运营在既有的组织架构中运行。 2. 完成公司各部门各职位的工作分析，为人才招募与评定薪资、绩效考核提供科学依据。 3. 完成日常人力资源招聘与配置，满足岗位需求。 4. 推行薪酬管理，完善员工薪资结构，实行科学公平的薪酬制度。 5. 充分考虑员工福利，做好员工激励工作，建立内部升迁制度，做好员工职业生涯规划，培养雇员主人翁精神和献身精神，增强企业凝聚力。 6. 在现有绩效考核制度基础上，参考先进企业的绩效考评办法，实现绩效评价体系的完善与正常运行，并保证与薪资挂钩，从而提高绩效考核的权威性、有效性。 7. 大力加强员工岗位知识、技能和素质培训，加大内部人才开发力度。 8. 弘扬优秀的企业文化和企业传统，用优秀的文化感染人。 9. 建立内部纵向、横向沟通机制，调动公司所有员工的主观能动性，建立和谐、融洽的企业内部关系，集思广益，为企业发展服务。 10. 做好人员流动率的控制与劳资纠纷的预见和处理。既保障员工合法权益，又维护公司的形象和根本利益。

二、确定人力资源规划方案

在明确了人力资源管理的目标与政策之后，就必须制定出一定的方案来保证这些目标的实现。由于目标的多样性与复杂性，这些方案也应当在相关目标的指引下进行制定。通常人力资源规划者通过完善企业组织结构来带动人力资源规划工作。

人力资源的规划者帮助企业设计一个切实可行的组织结构。这种组织结构服务于人力资源规划和方案的目标：吸引、保留和激励员工。社会在改变，尤其是员工队伍的价值观也在改变，这些改变会对企业与其成员之间传统的关系产生很严重的影响，从而引发某种危机，这种危机也许只能通过设计开发新的组织结构形式才能解决。

一般来说，好的传统组织结构具有如下特征：严密的监督控制，较少的员工参与工作领域的决策，多采取自上而下的沟通，强调使用外部奖励来吸引、保留和激励员工（这种奖励包括报酬、晋升、地位象征等）；工作设计狭隘，工作说明书内容狭窄，最关心的首要问题是生产率，以及使人们去适应工作，这种关心表现为挑选员工时以他们的技能知识和工作态度为基础，使他们满足工作的要求。当企业意识到组织结构特征不再具有吸引、保留和激励员工的作用时，就会开始设计替换性结构，以改变上面提到的不良的特征。

例如康尼维尔公司和数据控制公司，它们的组织结构使更多的员工实行自我控制，更多的员工参与到工作领域的决策中，自上而下的沟通和自下而上的双向沟通，认可员工权利，强调内部奖励（如责任感、工作丰富感和成就感）和外部奖励并用，进行涉及面更广的工作设计，以便使工人具有更多的自行处理权，所关心的首要问题是工作生活质量、生产率，以及使工作去适应人。这种关心表现为：在挑选员工时不仅以他们的技能和知识为基础，同时还要注意组织特征与员工个性、兴趣、偏好相互匹配。

人力资源规划方案是企业人力资源目标的细化与深入，每一项人力资源的目标都应该在人力资源规划方案中进行实际的分析与设计，使目标具有可操作性与可实现性是规划方案的本质。

三、人力资源规划的具体步骤

由于各企业的具体情况不同，所以编写人力资源规划的步骤也不尽相同。下面是编写人力资源规划的典型步骤，可根据企业的实际情况进行调整。

1. 制定职务编制规划

根据企业发展规划，结合职务分析报告的内容，来制定职务编制规划。职务编制规划阐述了企业的组织结构、职务设置、职务描述和职务资格要求等内容。制定职务编制规划的目的是描述企业未来的组织职能规模和模式。

2. 制定人员配置规划

根据企业发展规划，结合企业人力资源盘点报告，来制定人员配置规划。人员配置规划阐述了企业每个职务的人员数量、人员的职务变动、职务人员空缺数量等。制定人员配置规划的目的是描述企业未来的人员数量和素质构成。

3. 预测人员需求

根据职务编制规划和人员配置规划，使用预测方法来预测人员需求。人员需求中应阐明需求的职务名称、人员数量、希望到岗时间等。最好形成一个标明有员工数量、招聘成本、技能要求、工作类别，以及为完成组织目标所需的管理人员数量和层次的分列表。实际上，预测人员需求是整个人力资源规划中最困难和最重要的部分。因为它要求以富有创造性、高度参与的方法处理未来经营和技术上的不确定性问题。

4. 确定人员供给规划

人员供给规划是人员需求的对策性规划，主要阐述人员供给的方式（外部招聘、内部招聘等）、人员内部流动政策、人员外部流动政策、人员获取途径和获取实施规划等。通过分析劳动力过去的人数、组织结构和构成以及人员流动、年龄变化和录用等资料，就可以预测出未来某个特定时刻的人力资源供给情况。预测结果勾画出了组织现有人力资源状况以及未来在流动、退休、淘汰、升职及其他相关方面的发展变化情况。

5. 制订培训计划

为了提升企业现有员工的素质，适应企业发展的需要，对员工进行培训是非常重要的。培训计划中包括了培训政策、培训需求、培训内容、培训形式、培训考核等内容。

6. 制定人力资源管理政策调整规划

规划中明确规划期内的人力资源政策的调整原因、调整步骤和调整范围等。其中包括招聘政策、绩效考评政策、薪酬与福利政策、激励政策、职业生涯规划政策、员工管理政策等。

7. 编写人力资源部费用预算

这主要包括招聘费用、培训费用、福利费用等费用的预算。

8. 关键任务的风险分析及对策

每个企业在人力资源管理中都可能遇到风险，如招聘失败、新政策引起员工不满等，这些事件很可能会影响公司的正常运转，甚至会对公司造成致命的打击。风险分析就是通过风险识别、风险估计、风险驾驭、风险监控等一系列活动来防范风险的发生。

人力资源规划编写完毕后，应该先积极地与各部门经理进行沟通，根据沟通的结果进行修改，最后再提交公司决策层审议通过。

本章小结

本章主要内容是人力资源规划。重点阐述了人力资源规划在人力资源管理及企业发展中的意义与作用，讲述了人力资源规划的基本概念、类型及基本内容；详细阐述了人力资源规划中所使用的各种科学分析方法与工具，如人才市场与社会经济环境分析、人员需求预测、人员供给预测、供求平衡；重点强调了人力资源规划与企业发展战略的关系，介绍人力资源规划的原则、步骤和检验评估等内容。重点在于使学习者掌握人力资源规划的各种科学分析方法与管理工具。

关键概念

1. 人力资源规划 2. 人员需求分析 3. 人员供给分析 4. 战略人力资源规划

本章思考题

1. 人力资源规划的内容有哪些?
2. 人力资源规划的主要目的是什么?
3. 人力资源供给规划的方法有哪些?
4. 请简要复述一下编制人力资源规划的程序。

案例分析

何仁的工作任务①

何仁现任伟业公司人力资源部经理助理。11月中旬，公司要求人力资源部在两星期内提交一份公司明年的人力资源规划初稿，以便在12月初的公司计划会议上讨论。人力资源部经理王生将此任务交给何仁，并指出必须考虑和处理好下列关键因素:

(1) 公司的现状。公司现有生产及维修工人850人，文秘和行政职员56人，工程技术人员40人，中层与基层管理人员38人，销售人员24人，高层管理人员10人。

(2) 统计数字表明，近五年来，生产及维修工人的离职率高达8%，销售人员离职率为6%，文职人员离职率为4%，工程技术人员离职率为3%，中层与基层管理人员离职率为3%，高层管理人员的离职率则只有1%，预计明年不会有太大的改变。

(3) 按企业已定的生产发展规划，文职人员要增加10%，销售人员要增加15%，工程技术人员要增加6%，而生产及维修工人要增加5%，高层、中层和基层管理人员可以不增加。

何仁接受了这项任务，便开始工作。

案例思考题

1. 假设你是何仁，将如何编制这份人力资源规划?
2. 你认为何仁编制这份人力资源规划时要注意哪些问题?
3. 要编制好这份人力资源规划，你认为何仁还需要哪些信息? 怎样收集这些信息?
4. 请分别选取两种方法帮助何仁进行人力资源需求的预测。

① 何仁的工作任务［OL］. 启文教育，http://www.ch7w.com/html/200909/04142726.shtml.

第四章 人员招聘与人事测评

学习目标

1. 了解和掌握员工招聘的主要程序和步骤
2. 熟悉和掌握员工招聘的主要渠道和方法
3. 掌握招聘计划的制订方法
4. 掌握员工招聘中的人事测评方法

引导案例

各种特殊的面试[①]

1. 日产公司——请你吃饭

日产公司认为，那些吃饭迅速快捷的人，一方面说明其肠胃功能好，身强力壮；另一方面他们干事往往风风火火，富有魄力，而这正是公司所需要的。因此对每位来应聘的员工，日产公司都要进行一项专门的“用餐速度”考试——招待应聘者一顿难以下咽的饭菜。一般主考官会“好心”地叮嘱你慢慢吃，吃好后再到办公室接受面试。但那些慢腾腾吃完饭者得到的都是离开通知单。

2. 壳牌石油——开鸡尾酒会

壳牌公司组织应聘者参加一个鸡尾酒会，公司高级员工都来参加，酒会上由这些应聘者与公司员工自由交谈。酒会后，由公司高级员工根据自己的观察和判断，推荐合适的应聘者参加下一轮面试。那些现场表现抢眼、气度不凡、有组织能力者一般会得到下一轮的面试机会。

3. 假日酒店——你会打篮球吗

假日酒店认为，那些喜爱打篮球的人，性格外向，身体健康，而且充满活力，富于激情。假日酒店作为以服务至上的公司，员工要有亲和力、饱满的干劲，朝气蓬勃，而一个缺乏活力、死气沉沉的员工，既是对公司的不负责，也是对客人的不尊重。

4. 美国电报电话公司——整理文件筐

先给应聘者一个文件筐，要求应聘者将所有杂乱无章的文件存放于文件筐中，规定在10分钟内完成。当然一般情况下不可能完成，公司只是借此观察员工是否具有应变能力，是否分得清轻重缓急，以及在办理具体事务时是否条理分明。那些临危不乱、作风干练者自然能获高分。

---

① 招聘案例集锦［OL］. http：//wenku. baidu. com/view/b8afe0fb0242a8956bece480. html.

5. 统一公司——先去打扫厕所

统一公司要求员工有吃苦精神以及脚踏实地的作风，凡来公司应聘者，公司会先给他一个拖把叫他去打扫厕所。不接受此项工作或只把表面洗干净者均不予录用。他们认为一切利润都是从艰苦劳动中得来的，不敬业者就是隐藏在公司内部的“敌人”。

以上种种新奇的面试方法有没有让你大开眼界？现在的企业越来越重视人才招聘，各种各样的招聘方法也不断出现，因此，招聘技巧的掌握也成为人力资源管理者不可或缺的一项基本技能，怎样达成组织的招聘目标、选择什么样的渠道进行招聘、应该采用哪种招聘方法，这些都将在本章一一进行介绍。

第一节　员工招聘概述

一、员工招聘的基本概念

1. 员工招聘的定义

员工招聘也称为员工招募，是指根据企业发展的需要，向外吸收具有劳动能力的个体的全过程。[①] 在企业发展的过程中，由于企业壮大及人员流动等原因，会造成企业内部某些岗位的空缺，员工招聘就是替企业或机构的空缺职位挑选具有符合该职位所需才能的人员的过程。求才的目的在于选择一位最适宜、最优秀的人才。

招聘是实施人力资源规划的具体操作，是人力资源规划得以实施的保证，招聘也是关系到员工切身利益的活动。在进行人员招聘的同时，应根据人力资源规划和岗位说明书的要求，利用适当的技术，认真做好调查研究与选拔的工作，以有利于企业目标实现、有利于个人发展为原则，认真做好人员配备工作。

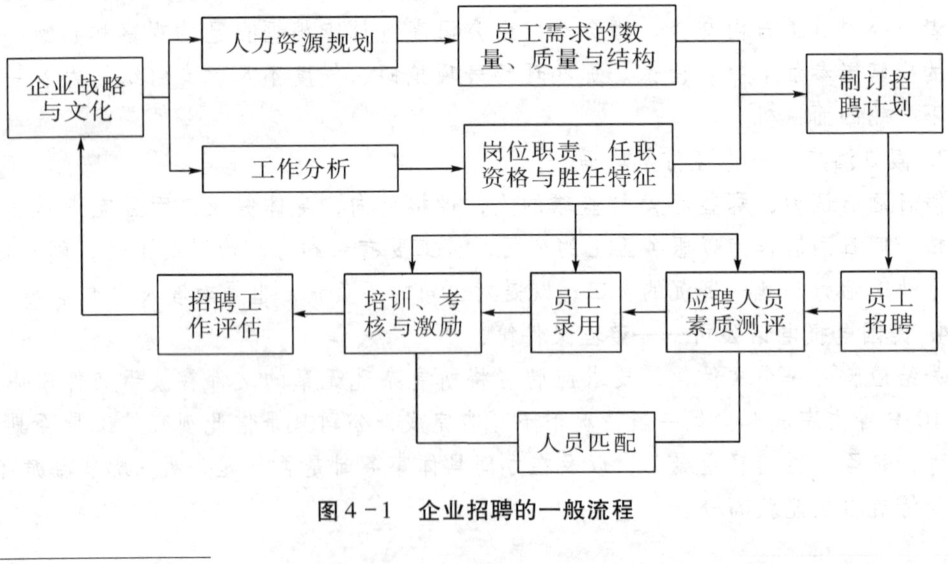

图 4－1　企业招聘的一般流程

① 胡君辰，郑绍濂. 人力资源开发与管理［M］. 上海：复旦大学出版社，2002：62.

员工招聘是项复杂的工作，包括人员需求与供给的分析，招聘计划的制订与实施，以及人员选拔与录用，整个过程是一个完整、连续的程序化操作过程，企业员工招聘的一般流程如图 4－1 所示。

不同企业的招聘过程不可能完全相同，但在招聘过程中都遵循一般的流程。即根据组织的战略要求提出用人需求，该部分内容在上一章已有详细说明。然后在制订招聘计划的基础上，经过招募和测评选拔适宜人员予以录用，通过培训、考核与激励等措施激发人才的活力，最后通过招聘工作评估检验招聘流程的有效性，使招聘最终服务于组织发展战略的要求。

2. 员工招聘的目的

员工招聘是企业吸引应聘者并从中选拔、录用企业所需要的人的过程，其直接目的就是获取组织需要的人。除此之外，招聘活动还有一些潜在的目的：

（1）树立企业形象。对外进行社会招聘，企业自身的社会形象是重要因素之一。同时，也可以通过招聘活动来更多地进行企业宣传，树立企业形象。

（2）降低受聘者在短期内离开公司的可能性。企业招聘不仅要能把人招聘进来，更重要的是能够把能干的人留住。是否能够把人留住，一方面是企业要招聘到自己需要的人，通过各种招聘测试活动，对应聘者做出准确的评价，找到符合要求的人；另一方面是要为应聘者提供合适的发挥才干的平台，进行有效培训，使之认可企业文化和价值观。招聘活动在某种程度上说是一种双向选择。

（3）履行企业的社会义务。为社会提供就业机会是企业的社会义务之一，招聘正是企业履行这一社会义务的过程。

（4）营造一种竞争的氛围。员工工作时间长了，容易产生倦怠和混日子的情绪，从而造成企业内部缺乏生机，效率下降。企业通过外部招聘，为企业引入新鲜血液，给老员工造成一定的竞争压力，形成一种竞争的氛围，是企业长盛不衰的重要方法之一。

3. 内部选拔与外部招聘

从人员配备的途径来看，企业招聘主要分为内部选拔和外部招聘两种。

内部选拔是指在企业内部寻找适合某个特定岗位所需要的人才。由于工作的性质和岗位的特点，许多人才的优点可能未被发现，或者大材小用。

竞聘上岗是企业内部选拔的主要方法，可以通过以下步骤实施，或根据企业自身的特点进行改动：

（1）发布竞聘公告，内容包括竞聘岗位、职务、职务描述书、竞聘描述书、竞聘条件、报名时间、地点、方式等。

（2）对应聘者进行初步筛选，剔除明显不符合要求的应聘者。

（3）组织必要的与竞聘岗位有关的测试。

（4）组织“考官小组”进行综合全面的“诊断性面试”。

（5）辅以一定的组织考核，对应聘者以往的工作业绩、实际的工作能力、上级主管和同事对其的评价等进行考核。

（6）全面衡量，做出决策，领导审批。

（7）公布决定，宣布任命。[1]

一般意义上所指的招聘多是指外部招聘，它是企业面向社会吸引人才的过程。在企业人员招聘的实践中，往往更加注重外部招聘。其实有研究表明，内部选拔与外部招聘相结合，会产生更好的效果。表4－1是对内部选拔与外部招聘的比较：

表4－1　内外部招聘的比较

	内部选拔	外部招聘
优点	1. 组织对候选人的能力有清晰的认识； 2. 候选人了解工作要求和组织情况； 3. 奖励高绩效，有利于鼓舞士气； 4. 组织仅仅需要在基本水平上雇佣； 5. 更低的成本。	1. 更大的候选人蓄水池； 2. 会把新的技术和想法带入组织； 3. 比培训内部员工成本低； 4. 降低徇私舞弊的可能性； 5. 激励老员工保持竞争力，发展技能。
缺点	1. 会导致“近亲繁殖”状态； 2. 会导致为了提升的“政治性行为”； 3. 需要有效的培训和评估系统； 4. 可能会因操作不公或心理因素导致内部矛盾。	1. 增加与招聘甄选相关难度的风险； 2. 需要更长的培训和适应阶段； 3. 内部的员工可能感到自己被忽视； 4. 新的候选人可能并不适应企业文化； 5. 增加搜寻成本等。

二、员工招聘的原则

员工招聘是企业实施用人政策、体现企业文化和形象的工作，是一项具体的管理活动，应遵循以下原则：

1. 因事择人、人事相宜的原则

因事择人主要是招聘工作一定要根据企业的需要，按照人力资源计划，确定招聘的人数、人员素质、专业能力和技能等，既不能多招人，也不能招错人；人事相宜是指保证所招聘的人符合做事的要求，能够胜任工作。因此对应聘人员要进行各方面要素的测试，以保证所招聘的人的质量。

招聘的直接目的是为岗位配备合适的人员，因此应聘人员的素质、性格、资质要适应岗位要求，这是因岗择人的要求。企业中每个岗位都有着不同的内涵，对人员素质的要求也不尽相同。例如，企业如果想招聘一个秘书就不能用招聘前台的条件来选拔，前台是主要负责接待及收发邮件等工作，对应聘人员的要求就比较低；而秘书的工作虽然有时会和前台的工作重叠，但是性质是根本不同的，秘书要招待的一般是企业的重要客户等关键人物，对秘书的基本素质要求就会高出许多，例如英语流利、善于沟通，此外还要针对秘书的具体工作增加要求，例如文笔好、有秘书资格证书等。

2. 公开、公正、公平的原则

招聘信息、招聘方法、招聘结果应公开，并且公开进行。这样既可以将招聘活动置于公众的监督之下，又可以吸引更多的应聘者，有利于招聘到更合适的人才。通过

① 廖全文. 招聘与录用［M］. 北京：中国人民大学出版社，2002：106.

公开、公正、公平的招聘活动，有利于真正有能力的人脱颖而出，最大限度地减少其他因素的干扰。招聘结果公示，有助于发现应聘者故意隐藏的信息。

3. 平等竞争的原则

对所有应聘者应一视同仁，不得人为地制造各种不平等的限制，努力为社会上的有志之士提供平等竞争的机会，不拘一格地选拔、录用各方面的优秀人才。第一，遵循国家人事政策法规，不能制定与国家政策法规相违背的土政策；第二，不得设置任何违背职业要求的年龄、性别等方面的歧视；第三，在招聘过程中必须使用科学的测试方法，并且采用统一标准。

4. 全面考察与用人所长的原则

全面考察是指对应聘人员的品德、知识、能力、智力、心理、过去工作的经验和业绩等不同方面进行全面考试、考核和考察。因为一个人能否胜任某项工作或者发展前途如何，是由其多方面因素决定的，特别是非智力因素对其将来的作为起着决定性作用。

但是，在招聘过程中，必须考虑有关人选的专长，量才使用，做到"人尽其才"、"事得其人"。同时对人要有全面的观点，因为人无完人，每个人都有优点和缺点，关键是要看到和使用其优点，而抑制和改正其缺点。也就是我们常说的"用其所长"。另外，通过科学的测评手段，预测一个人的潜在能力和培训前景。

要注意的是人的能力有大小，本领有高低，工作有难易，要求有区别。所招聘人员，不一定要最优秀的，而应量才录用，做到人尽其才、用其所长、职得其人，这样才能持久、高效地发挥人力资源的作用。

5. 合法性原则

合法性原则是指招聘时应注意应聘者是否具备合法执业的条件。在招聘人员时应注意应聘者是否具备相关的有效证件，筛选时应查验。应届毕业生一般都没有取得有关证件，但参加工作一年后可以参加相关考试，招聘时应注意是否具备取得有关证件的条件。另外，合法性原则还意味着企业的招聘应当遵守国家的法律要求，合法进行招聘。例如，企业不能非法雇佣未成年人、偷渡人员等。

三、员工招聘的主要程序

一般而言，向社会招聘员工时的招聘程序是：分析岗位需求、征集应聘者、接见申请人、填写申请表、初步面试、测验、深入面谈、调查背景及资格、有关主管决定录用、体格检查、安排工作。

1. 分析岗位需求

人力资源管理部门应根据人员配置规划确定是否增加人员，根据岗位说明书确定应聘人员条件。但许多企业还没有制定完整的人员配置规划和岗位说明书，对于部门提出的进人要求应认真分析，确定是否应增加人手以及增加哪类人员。在人力资源规划部分已详细讲解人员预测的方法与程序，这里就不再赘述。

2. 征集应聘者

企业一旦批准了招聘计划，需要对外实施招聘活动，首先是把招聘的信息向社会发布，以征得足够的应聘人员供企业挑选。在确定信息发布渠道时应考虑所招聘人员的类型从而选择合适的途径和方法。不管采取什么招聘途径和方法，在对外发布招聘信息时，必须清晰地告知人们：招聘职位名称、工作职责、工作目标、任职资格要求、所能提供的各项待遇等。

3. 接见申请人

招聘信息发布后，会吸引一些应聘者，他们会通过见面、电话、信件、电子邮件等方式来了解有关招聘情况。在信息发布后，企业提供的沟通渠道应保持畅通，对于应聘者的要求应给予积极回应。如果应聘者太多，为提高效率，人力资源部门应会同用人部门对应聘者进行初步筛选，对符合条件的应聘者可以接见，进行初步面试，由人力资源部的面试人员与应聘者进行短时间的面谈，以观察和了解应聘者的外表、谈吐、气质、教育水平、工作经验、技能和兴趣等。符合条件者，发给申请表。

4. 填写申请表

通过填写申请表，企业取得应聘者的有关基本资料。因此，申请表的设计非常重要。申请表一般包括以下内容：

(1) 所申请岗位名称。

(2) 个人基本情况：姓名、性别、年龄、籍贯、婚姻状况、家庭人口、住房情况、住址、联络方式等。

(3) 学历和专业培训。包括读书和专业培训的学校、毕业时间、主修专业和课程、证书或学位等。这些证明资料一般作为申请表的附件。

(4) 有关证书复印件。毕业证、资格证、执业证的复印件应作为申请表的复印件，一般还要提供原件供审验。

(5) 工作经历记录。就业单位、就业岗位、工作情况、任期时间、离职原因、工资待遇等。

(6) 证明人和推荐人。包括证明人姓名、工作单位、通信方式等，业内知名专家的推荐信有助于提高应聘者的可信度。应聘美国高校教师就需要有三名同专业的专家、教授的推荐信。现在的应聘者一般会在提出应聘申请时提交一份个人编制的简历，若包括了上述信息，可以不用再填写申请表。对于申请表或简历中不确切的内容，应加以核实。

5. 初步测试

常见的测试是笔试，用于测试应聘者的专业知识，可建立各专业试题库，以选择题为主，测试成绩作为决定是否聘用的重要参考依据。当应聘者很多时，初步测试也可放在接见申请人程序之前，用于筛选应聘者。

6. 面试

对于许多职位来说，这是最关键的一步。通过面试，用人单位对应聘者的全面素质、工作动机、应变能力、待人接物进行系统观察和评价。面试是一项耗费时间长、涉及人员多的工作，应根据不同岗位性质和要求，采用不同的面试规模和方法。要求很高的岗位可以组织企业人才引进领导小组进行面试；要求较高的岗位可以由分管领导、用人部门、人力资源部门组成的小组进行面试；一般岗位可以由用人部门、人力资源部门进行面试。不管何种层次的面试，都应规定流程、设定客观评价标准、合理控制时间。

面试过程中要合理采用结构性面试和非结构性面试。通过结构性面试，可以发现应聘者是否具备岗位要求以及程度如何。非结构性面试可以发现应聘者其他方面的能力和特长。除了对话式的面试，也可采用其他方式，如焦点问题讨论、情景模拟等方法。

一般岗位的招聘工作到此基本上就完成了，下面就是办理报批、体检、试用、录用等一些具体手续了。但对于比较重要的岗位，还需进行深入的面谈和审查。

7. 深入面谈

对于比较重要的岗位，经过上述程序后，还应由人力资源部和用人单位主管共同与应聘者进行深入面谈。面谈的目的是对面试的结果进一步验证，同时了解应聘者是否具有岗位需要的特殊要求和积极的态度。必要时，企业高层领导还要亲自参加面谈。

8. 审查背景资格

对上述筛选合格的应聘者，要进一步进行背景及资格的审查，审查的内容主要是应聘者的品行、学历和工作经验等。可通过电话、互联网对应聘者提供的材料和证书进行验证，必要时还可派人亲自到有关单位进行核查。

9. 有关主管决定录用

这一步是对合格的应聘者做出录用决定。一般应由人力资源主管最后确定，在规模较大的企业，人力资源主管可根据岗位性质授权有关人员决定是否录用。

10. 体格检查

通过体检来判断应聘人员在体能方面是否符合职位对身体的要求。一般岗位可参照国家公务员体检合格标准，特殊岗位企业应制定特殊的身体条件标准。体格检查合格者，则发给录用通知书。

11. 安置、试用和正式任用

经过上述程序，被录用者报到后，就安置在相应的空缺岗位上。为观察新进员工与岗位的适应程度，企业新员工都有一定的试用期或见工期，试用期或见工期的长短视工作性质及工作复杂程度而定。试用期满，经考核合格，用人单位对新员工的工作满意，则正式任用。为使新员工尽快融入到所在部门，可在新员工正式上班时，由人力资源管理部门向所在部门的相关人员进行介绍。

新员工正式上岗前，应安排岗前培训，培训内容包括：企业历史、企业文化、企业规章制度、工作纪律、工作技能、沟通技巧、工作安全、劳动保障等内容。

上述程序不是绝对的。由于企业规模不同、岗位性质不同、工作要求不同，因此采用的招聘及甄选程序也会不同。每个企业在确定招聘程序时，要结合自己的实际需要，制定相应的招聘程序。

第二节　招聘渠道与招聘管理

一、招聘渠道

1. 职业介绍机构

职业介绍机构分为非营利性职业介绍机构和营利性职业介绍机构。其中，非营利性职业介绍机构包括公共职业介绍机构和其他非营利性职业介绍机构（例如由劳动保障行政部门以外的其他政府部门、企事业单位、社会团体和其他社会力量举办）。而营利性职业介绍机构，是指由法人、其他组织和公民个人举办，从事营利性职业介绍活动的服务机构。①

职业介绍机构的作用是帮助雇主选拔人员，节省雇主的时间，特别是在企业没有设立专门的人力资源部门时，可以借助职业介绍机构求职者资源广而且能提供专业咨询服务的优势来完成企业人员的配备任务。值得注意的是，由于当前的职业介绍机构各种各样，企业要尽量选择信誉较高的机构，不要只图一时的便宜，引进不适合的人，结果造成的损失会更大。

2. 校园招聘

大中专院校和职业学校是企业招聘管理人员和专业技术人员的重要途径之一。高校作为一个巨大的人才储备库，可谓“人才济济，藏龙卧虎”。学生们经过几年的专业学习，具备了系统的专业理论功底，尽管还缺乏丰富的工作经验，但仍然具有很多就业优势，比如，富有热情、学习能力强、善于接受新事物、头脑中的条条框框少、对未来抱有憧憬，而且都是年轻人，没有家庭拖累，可以全身心地投入到工作中。更为重要的是，他们是“白纸”一样的“职场新鲜人”，可塑性极强，更容易接受公司的管理理念和文化。正是应届毕业生身上的这些特质，吸引了众多企业的眼球，校园招聘成为企业重要的招聘渠道之一。

3. 猎头公司

猎头公司是指一些专门为企业招聘高级人才或特殊人才的职业招聘机构。当企业需要雇佣对基层有重大影响的高级专业人员或当企业需要多样化经营、开拓新的市场或与其他企业合资经营时，就会委托猎头公司代为选择人才。猎头公司以其专业优势，准确把握关键的职位所需要的工作能力、关键品质，科学评价应聘的人选，从而快捷、高效地完成招聘，而且被聘用的人员不需进一步的培训就可以马上上岗并发挥重大作用，为企业管理带来立竿见影的效果。但这种招聘方式所需费用较高。

4. 人才招聘会

外部机构组织的人才招聘会是组织与求职者双向交流的场所，企业可以通过人才招聘会直接获取大量应聘者的相关信息，既节省时间和费用，又可以缩短招聘周期，

① 百度百科［OL］. http：//baike. baidu. com/view/889077. htm.

并可以在信息公开、竞争公平的条件下，公开考核、择优录取。

5. 公开招聘

公开招聘是指企业利用广播、电视、报纸、杂志、因特网和海报张贴等多种途径向社会公开宣布招聘计划，为社会人员提供一个公平竞争的机会，从而择优录取合格人员的招聘方式。通过公开招聘所吸引的应聘者素质参差不齐，筛选工作量大，所以不适合于填补某一关键岗位人员的招聘需要。

随着信息化时代的到来，网络招聘的地位和作用越来越引起人们的重视。网络招聘，也被称为电子招聘，是指通过技术手段的运用，帮助企业人事经理完成招聘的过程。即企业通过公司自己的网站、第三方招聘网站等机构，使用简历数据库或搜索引擎等工具来完成招聘过程。网络招聘的方式在美国等国家已经深入人心，成为大学毕业生和职员求职的首选方式。在美国，上网找工作已经成为家常便饭，很少有人翻报纸寻觅就业机会。网络招聘的优势在于互联网的覆盖面广、方便、快捷、时效性强，成本低、针对性强，另外网络使用的本身就已经帮助企业进行了初步的筛选工作。网络招聘的缺点是信息真实度低、应用范围狭窄、基础环境薄弱、技术和服务体系不完善、信息处理的难度大、网络招聘的成功率较低。

6. 竞争者与其他公司

对严格要求近期工作经验的职位来说，其竞争者及同一行业或同一地区的其他公司可能是其最重要的招聘渠道。通常约有5%的工人随时都在积极寻求或接受岗位的变化，这一事实突出了这些渠道的重要性。进一步来说，每三个人中，特别是在经理和专业人员中，每隔五年就会有一个人变换工作。

即便是实行内部提升政策的组织，偶尔也会从外部寻找能补充重要职位的人员。企业突如其来的新规矩可能要遭遇争议，但应当把竞争者和其他公司作为招聘高素质人才的外部渠道是显而易见的。无论企业规模的大小，竞争对手那儿的人才永远是企业最好的招聘资源。由于竞争对手与企业本身的行业、运营模式等非常相似，从竞争对手那儿引进的人才会更快地融入新的企业并带来竞争对手的有形或无形的资源。因此，竞争对手企业及其相类似的公司是企业招聘的另一条人才来源的渠道。

表4-2　　员工招聘渠道对比

招聘渠道	定义	优点	缺点	适用范围
公开招聘	通过报纸、电台、电视、专业杂志、互联网络、马路张贴刊出广告，招聘资料投寄企业（国内企业一般谢绝来访），经初选后面试。	传播范围大，挑选余地大；招聘广告留存时间较长；可附带作企业形象、产品宣传。	初选双方不直接见面，信息失真；广告费用支出较大；录取成功率低。	适用于各类企业、各类人才的招聘。
人才招聘会	参加定期或不定期举办的人才交流会、人才市场、人才集市。	双方直接见面，可信程度较高；当时可确定初选意向；费用低廉。	应聘者众多，洽谈环境差；挑选面受限。	适用于选聘初中级人才，或急需用工。

表4－2(续)

招聘渠道	定义	优点	缺点	适用范围
职业介绍所与就业服务中心	一般由职业中介机构撮合或检索其人才资源库，实行单向（或双向）收费。	介绍速度较快，费用较低。	中介服务普遍质量不高。	适应于选聘初中级人才，或急需用工。
猎头公司	将用人要求和标准转告猎头公司，委托寻求合适人才。	能找到满意人才，比企业自己招聘质量好，招聘过程隐秘、不事先声张。	招聘过程较长，各方反复接洽谈判；招聘费用昂贵，需按年薪的一定比例支付猎头费。	适用于物色高级人才
校园招聘	企业派员到大专院校招聘应届生，与求职者面谈。有的邀请候选者预先到企业实习。	双方了解较充分；挑选范围和方向集中，效率较高。	应聘者流动性过大，有时需支付其旅费和实习费。	用于招募发展潜力大的优秀新人才。

二、招聘计划的制订与实施

1．招聘计划的制订

招聘计划是人力资源部门根据用人部门的增员申请，结合企业的人力资源规划和职务描述书，明确一定时期内需招聘的职位、人员数量、资质要求等因素，并制定具体的招聘活动的执行方案。概括来说，招聘计划就是把对职位空缺的陈述变成一系列目标，并把这些目标和相关的应聘者的数量和类型具体化。

（1）招聘计划的主要内容

①人员需求清单，包括招聘的职务名称、人数、任职资格要求等内容；

②确定招聘信息发布的时间和渠道；

③确定招聘小组人选，包括小组人员姓名、职务、各自的职责；

④确定应聘者的考核方案，包括考核的场所、大体时间、题目设计者姓名等；

⑤明确招聘的截止日期；

⑥确定新员工的上岗时间；

⑦核实招聘费用预算，包括资料费、广告费、人才交流会费用等；

⑧安排招聘工作时间表，尽可能详细，以便于他人配合；

⑨确定招聘广告样稿。

（2）招聘策略

招聘策略是招聘计划的具体体现，是为实现招聘计划而采取的具体策略。

①地点策略

选择在哪个地方进行招聘，一般要考虑潜在应聘者寻找工作的行为、企业的位置、劳动力市场状况等因素。客观上，为了节省开支，企业通常在既有条件又有招聘经历的地方招聘，倾向于在所在地的人才市场招聘办事员和工人，在跨地区的人才市场上招聘专业技术人员，而在全国范围内甚至国际上招聘高级管理人才。

②招聘策略

采用哪一种途径或方式招聘人员，应根据供求双方不同情况而定。例如，是采用简单的方式，还是复杂的方式；是采取主动，还是等人上门；是大张旗鼓，还是悄悄地进行等。

无论如何，做好招聘工作，都需要和学校、职业介绍机构、网络媒体、培训机构等保持密切联系。一般来说，企业可在大学毕业生中招聘专业技术人员和中层管理人员；借助职业介绍所招聘办事员和生产工人；通过广告招聘销售人员、专家等。为了节省开支和时间，还可采用员工引荐的方式。

③聘用策略

采用外部招聘，还是企业内部招聘，取决于企业的聘用策略。聘用策略主要有传统的甄选模式、人力资源管理模式和“非我族类”模式。

a. 传统的甄选模式，即“以人就事”，以工作为主，机构的需要优先。

b. 人力资源模式，即“以事就人”，“以人为主”，旨在人尽其才。

c. “非我族类”模式，即筛掉与企业的文化、经验、教育、背景不同的人。

④时间策略

有效的招聘策略不仅要明确招聘地点和方法，还要确定恰当的招聘时间，招聘时间一般要比有关职位空缺可能出现的时间早一些。

可以用一个例子来说明招聘时间的选择。某企业欲招聘30名推销员，根据预测，招聘中每个阶段的时间占用分别为：征集个人简历需要10天，邮寄面谈邀请信需要4天，做面谈准备安排需7天，企业做聘用与否的决定需4天，接到聘用通知的候选人在10天内做出接受与否的决定，受聘者21天后到企业参加工作，前后需耗费56天的时间。那么招聘广告必须在活动前2个月登出，即如果招聘30名推销员的活动是某年的6月1日，则招聘广告必须在4月1日左右登出。

表4-3 招聘计划案例

<table>
<tr><th colspan="4">某公司招聘计划</th></tr>
<tr><td rowspan="4">1. 招聘目标</td><td>招聘职位</td><td>人数</td><td>要求</td></tr>
<tr><td>软件工程师</td><td>5人</td><td>本科以上学历，男</td></tr>
<tr><td>销售代表</td><td>10人</td><td>大专以上学历，相关工作经验3年</td></tr>
<tr><td>行政文员</td><td>3人</td><td>专科以上学历，女，有会计背景优先</td></tr>
<tr><td rowspan="2">2. 信息发布时间和渠道</td><td colspan="2">（1）《南方日报》</td><td>6月5日</td></tr>
<tr><td colspan="2">（2）智联招聘网</td><td>5月31日~6月4日</td></tr>
<tr><td rowspan="2">3. 招聘小组成员名单</td><td colspan="3">组长：李某，人力资源部副经理，对招聘活动全面负责；</td></tr>
<tr><td colspan="3">成员：王某，人力资源部招聘专员，负责招聘宣传与选拔等；
张某，人力资源部招聘专员，负责与其他相关单位联络配合。</td></tr>
</table>

表4－3(续)

4. 选拔方案及时间安排	（1）软件工程师招聘： 资料筛选：开发部经理，截至6月7日 初试（笔试）：王某负责组织，6月9日 复试（面试）：开发部经理与招聘主管，6月11日	
	（2）销售代表招聘： 资料筛选：销售部经理，截止日期6月8日 初试（笔试）：王某，6月10日 复试（面试）：销售部经理与招聘负责人，6月12日	
	（3）行政文员招聘： 资料筛选：行政部经理，截止日期6月9日 初试（笔试）：王某，6月11日 复试（面试）：行政部经理与招聘负责人，6月13日	
5. 新员工的上岗时间	预计在6月15日左右	
6. 招聘费用预算	（1）《南方日报》广告费，B版，4 000元	合计：6 000元
	（2）智联招聘网信息费，5天首页展示，2 000元	
7. 招聘时间表	5月25日~5月27日：联系确定招聘广告发布单位； 5月27日~5月28日：撰写招聘广告； 5月29日~5月30日：进行了招聘广告版面设计； 5月31日：在招聘网站发布招聘信息； 6月1日~6月5日：初步收集筛选网站应聘者资料； 6月5日：《南方日报》发布招聘广告； 6月6日：组织招聘会议，确定相关部门参与负责人； 6月7日~6月13日：人员招聘与选拔； 6月14日：确定录用人员，安排进入试用程序。	

2. 招聘信息的确定与发布

制订了较为详细的招聘计划和招聘策略之后，招聘人员需要准备包括招聘信息在内的所有有关材料。设计的招聘信息要鼓励那些具有所要求的能力、技巧和兴趣的应聘人员愉快而主动地申请到企业或组织来完成特定的工作。招聘信息不能仅仅限于广告，而且还应包括内部的工作布告、小册子、信件以及由企业或组织提供的其他含有招聘内容的东西。

（1）招聘信息应包括的内容

①工作岗位的名称；

②有关工作职责的简单而明确的阐述；

③说明完成工作所需的技巧、能力、知识和经验；

④工作条件，如地理位置、时间、周工作天数、下层管理人员的水平、报酬和福利；

⑤申请时间和地点；

⑥如何申请、是否要寄送简历、填申请表以及面试等。

在准备招聘信息时，注意不要把工作岗位或企业本身说得太好。如果工作岗位的现实难以满足受聘人员初始的期望，那么，过分“推销”工作或企业可能导致受聘人员的不满和跳槽。当招聘者为吸引某些紧缺人才而与其他招聘者竞争时，常常会采用过分推销的办法。

在中国，这种做法比较普遍，有些地方政府或企业为了吸引人才，有时甚至为了装潢门面而过分地夸大地方或企业的优势，并允诺各种优惠，而在实际录用后又不兑现，既造成了受聘人不满，也给企业带来了不必要的麻烦和损失。事实上，招聘者常常根据申请人的数量和质量，而不是受聘者在组织中工作的时间来判断。

（2）招聘宣传材料的编写

用于招聘宣传的材料很重要，它直接关系到企业面向社会招聘的成败。本书将以招聘广告为代表进行说明，因为招聘广告是招聘宣传材料中最重要也是最具代表性的宣传材料之一。

招聘广告的编写要真实、合法和简洁，内容一般包括广告题目、公司简介、审批机关、招聘岗位、人事政策和联系方式。具体内容至少包括以下五部分：

①标题，如“招聘”、“诚聘”和“××单位诚聘”等；

②简介公司和企业的性质和经营范围等基本情况；

③招聘职位、人数和招聘对象的条件；

④应聘时间、地点、邮编、联系电话和联系人；

⑤落款。如“××有限责任公司”等。

一份优秀的招聘广告应该充分展示组织对人才的吸引和组织自身的魅力。招聘广告制定有一定的技巧，它既有一定的格式，又较随意，可别出心裁地创造，突出自己的特色，引起人们注意。一般说来，它的基本要求是：

（1）语言简明清晰。

（2）招聘对象的条件一目了然。

（3）招聘人数应比实际需求多些，一般为2倍左右。

不同的招聘渠道，招聘广告也略有不同。例如网络招聘的广告可以更加详细和充实，企业宣传工作是网络招聘的一个重要部分。但是报纸招聘就不能像网络招聘一样对企业进行宣传，一是报纸招聘时间短，二是报纸招聘的篇幅大小直接影响到招聘费用的开支。因此，企业在进行招聘广告信息的选择时，应具体问题具体分析。表4－4是一份报纸招聘广告案例，仅供参考。①

① 人力管理资源吧［OL］．http：//www.glzy8.com/show/74110.html.

表 4－4　　招聘广告

××公司诚聘
××公司是注册于高新技术产业开发区，主要从事计算机网络工程、数据库和应用系统开发的系统集成公司。因发展需要，经高新区人才交流服务中心批准，特诚聘优秀人士加盟。
1. 软件工程师：20 名，35 岁以下，硕士以上学历，计算机、通信及相关专业，特别优秀的，本科生亦可。
2. 网络工程师：3 名，男性，本科以上学历，一年以上网络工作经验，熟悉 TCP/IP 协议集，有独立承担大中型网络集成经验。经过专业培训及取得认证者优先。
3. 销售代表：2 名（男女各 1 名），27 岁以下，本科以上学历，计算机、通信及相关专业，口齿伶俐、仪表大方、举止得体、勤奋好学。一年以上工作经验。本市户口优先。
4. 产品销售：2 名（男女各 1 名），27 岁以下，本科以上学历，计算机、通信及相关专业，应届毕业生亦可。
5. 市场策划：1 名，27 岁以下，本科以上学历，有过成功策划案例，一年以上工作经验。
6. 平面设计：2 名（男女各 1 名），27 岁以下，专科以上学历，设计专业毕业。熟练掌握 PHOTOSHOP、COREL DRAW 或 3DSMAX 等工具，有成熟设计，色彩感敏锐。了解 INTERNET 知识者优先。
以上人员，待遇从优。有意者请将个人简介、薪金要求、学历证明复印件及其他能证明工作能力的资料送至（或邮寄）公司人力资源部。本招聘长期有效。
公司地址：海滨市××路××号
电话：×××××××××、×××××××××
传真：××××××××
邮编：123456

三、招聘评估

1. 评价招聘工作的标准

招聘的目的在于了解应聘者的实际能力，如果应聘者受试的结果高于公司所要求的标准，应聘者就是一位公司所要求的人才，因此招聘应该符合以下标准：

（1）有效性：测试应围绕岗位要求拟定测验项目，内容必须正确、合理，必须与工作性质相符合。例如，如果要挑选市场调查研究员，则所要测试的内容必须与行销、调查、统计和经济分析的知识有关，否则测试便无意义了。

（2）可靠性：它是指评判结果能反映应聘者的实际情况，测试成绩能表示应聘者在受试科目方面的才能、学识高低。例如应聘者行销学方面的测试成绩为 90 分，就应该表示他在这方面的造诣也确实有 90 分的水准。

（3）客观性：它是指招聘者不受主观因素的影响，如成见、偏好、价值观、个性、思想、感情等；同时，应聘者不会因身份、种族、宗教、党派、性别、籍贯和容貌等因素不同而有高低之差别。招聘要达到客观性，就必须在评分时摒除以上两种主观的障碍，这样才能达到绝对的公平。

（4）广博性：它是指测试的内容必须广泛到能测出所要担任的工作的每一种能力，并且每一测试科目的试题应该是广泛的，而不是褊狭的。如要招聘一位医药业务代表，其测试的科目不能只限于医药专科知识，还得包括社交能力、英文、推销技巧等科目。

当招聘工作符合上述的有效性、可靠性、客观性和广博性四个标准时，被招聘的人选将符合企业的选人要求。

2. 招聘成本评估

（1）招聘成本评估

招聘成本评估是指对招聘中的费用进行调查、核实，并对照预算进行评价的过程。

招聘成本评估是鉴定招聘效率的一个重要指标，如果成本低而录用人员质量高，就意味着招聘效率高；反之，则意味着招聘效率低。

另外，成本低而录用人数多，就意味着招聘成本低；反之，则意味着招聘成本高。

企业进行小型招聘时，成本评估工作很简单。如果是一次大型的招聘活动，一定要认真做好成本评估工作。

（2）招聘预算

每年的招聘预算应该是全年人力资源开发与管理总预算的一部分。

招聘预算中主要包括：招聘广告预算、招聘测试预算、体格检查预算及其他预算。其中招聘广告预算占据相当大的比例，一般来说按 4∶3∶2∶1 比例分配预算较为合理。例如，如果一家企业的招聘预算是5万元，那么，招聘广告的预算则应是2万元，招聘测试的预算则应是1.5万元，体格检查等的预算则应是1万元，其他预算则应是5 000 元。

当然，每个企业可以根据自己的实际情况来决定招聘预算。

（3）招聘核算

招聘核算是指对招聘的经费使用情况进行度量、审计、计算、记录等的总称。通过核算可以了解招聘中经费的合理使用情况是否符合预算以及主要差异出现在哪个环节上。

3. 录用人员评估

（1）录用人员评估

录用人员评估是指根据招聘计划对录用人员的质量和数量进行评价的过程。

在大型招聘活动中，录用人员评估显得十分重要。如果录用人员不合格，那么招聘过程中所花的时间、精力、金钱都浪费了；只有全部招聘到合格的人员，才能说全面完成了招聘任务。

（2）录用人员的量和质

录用人员的量和质的评估可用以下几个数据来表示：

①录用比：

录用比 =（录用人数/应聘人数）×100% 应聘人数

②招聘完成比：

招聘完成比 =（录用人数/计划招聘人数）×100%

③应聘比：

应聘比 =（应聘人数/计划招聘人数）×100%

（3）各种数据的评析

录用比越小，相对来说，录用者的素质越高；反之，则可能录用者的素质较低 。

如果招聘完成比等于或大于100%，则说明在数量上全面或超额完成了招聘计划。

应聘比越大，说明发布招聘信息的效果越好，同时说明所录用人员的素质可能较高。

(4) 录用人员质量的评估

除了运用录用比和应聘比这两个数据来反映录用人员的质量外，也可以根据招聘的要求或工作分析中的要求对录用人员进行等级排列来确定其质量。被招聘人员在质量上是否真正符合企业用人要求，满足企业人力资源需要，还需要在试用后得到验证。

第三节 人员甄选与人事测评

招聘中的人员甄选过程是指“综合利用心理学、管理学等学科的理论、方法和技术，对候选人的任职资格和对工作的胜任程度，即与职务的匹配，进行系统的、客观的测量和评价，从而做出录用决策”①。在企业招聘实施过程中，人员的甄选与测评是很重要的一个步骤。怎样才能在大量的应聘者中挑选出适合岗位以及企业要求的人才，是一项技术性很强的工作，除了掌握一定的甄选与测评技术外，一定的经验与阅历也是至关重要的。

一、人员素质测评

1. 素质测评的含义

素质包括生理素质和心理素质两个方面。生理素质是指形成人的天生差异的解剖生理特点，包括人的感觉器官、运动器官以及神经系统等方面的特点。生理素质基本是遗传素质，它是人的心理素质形成和发展的物质前提。心理素质是指人借助于自己的感觉器官、运动器官和神经系统等在社会实践中形成的心理特点。如政治素质、文化素质等。总之，素质是指个体完成一定活动（工作）与任务所具备条件和基本特点，它是行为的基础和根本因素。素质只是日后发展与事业成功的一种可能性、一种静态条件。事业成功、发展顺利还需动态条件的保证，这就是素质功能发挥过程及其制约因素的影响。因此，素质与绩效、素质与发展互为表里，素质是绩效与发展的内在条件，而绩效与发展是素质的外在表现。甄选活动就是要了解被选对象能否胜任空缺岗位的工作，以及他潜在成长的可能性。因此，需要对其素质进行测评。

所谓素质测评，是指测评主体采用科学的方法，收集被测评者在主要活动领域中的表征信息，针对某一素质测评目标系做出量值或价值的判断过程；或者直接从表征信息中引出与推断某些素质特征的过程。

人员甄选与测评的基本程序：

(1) 材料筛选：通过对应聘者提交的申请材料进行分析，初步排除条件不符者；

(2) 笔试：

---

① 马新建．人力资源管理与开发［M］．北京：石油工业出版社，2003：199.

①智力测验：测试学习、分析、解决问题的能力，包括表达、计算、推理、记忆和理解能力；

②专业能力测验：测试某些具体工作所要求的特殊技能，如手的灵巧程度、手与眼的协调程度等；测试某些具体工作所要求的熟练程度，如应聘者打字、操作电脑、速记的熟练程度；

③个性测验：测试应聘者的性格类型、事业心、成就欲望、自信心、耐心等；

④职业兴趣测验：测试应聘者对某些职业的兴趣和取向等。

（3）面试：由招聘专家组与用人部门共同参与，通过面谈对应聘者进行更多的了解，包括激励程度、个人理想与抱负、与人合作的精神等。

（4）评价与初步录用决策：根据招聘专家组的评价，做出初步的录用决策。

2. 甄选与测评的内容

招聘时对应聘人员进行甄选主要考虑的素质应包括与工作相关的知识掌握程度、相关能力、个性、动力等因素，具体包括以下几个方面：

（1）知识。知识一般分为常识与专业知识。人员甄选过程中，招聘者应该特别关注对专业知识的考察，包括专业知识的尝试与广度。除了根据应聘者拥有的学历文凭和专业证书来判断，企业还可以自行设计笔试或者面试的问卷来进行测评。

（2）能力。能力是指引起个体绩效差异的持久性个人心理特征。通常，能力分为一般能力与特殊能力，一般能力是指人们在不同活动中表现出来的一些共同能力，例如记忆能力、想象能力、观察能力、注意能力、思维能力等。特殊能力是指在某些特殊活动中表现出来的能力，也不是专业能力，例如翻译能力、演讲能力等。

（3）个性。个性是一个人相对稳定的特征，这些特征决定着特定的个人在各种不同情况下的行为表现。个性与工作绩效密切相关。对个性的测评多采用心理学的方法，例如人格五大测验或16PF人格测验等。

（4）动力。一个人要取得成功，除了取决于他的知识、能力水平，还取决于他做好这项工作的意愿是否强烈，即是否有足够的动力促使他努力工作。虽然员工的动力来自于企业的激励系统，但这套激励系统是否起作用，还要看员工的需求结构。不同个体的需求结构不同，价值观与信仰也不相同。因此，企业在甄选应聘人员时，还应通过对应聘者价值观等动力因素进行鉴别，来判断其能否与企业的文化相融，企业的激励系统是否对他们有效。

3. 现代人员素质测评的意义

在人员甄选中，为什么运用现代人员素质测评技术呢？因为这一技术比传统的选人方法更具有科学性、先进性，更加客观。

（1）评价方法客观、公正。传统的人员甄选方法多为主观选择，只凭评价者自己的经验和知识水平，缺少标准性和客观性的方式和工具，使选才主观随意性大，缺乏科学依据。现代人员素质测评技术是一种客观性选择，它采用的是“科学的方法”。科学方法是指被实践证明为准确、全面和方便的测量工具和评价方法，也包括一切可用的调查方法与研究方法。

（2）测评结果准确、可靠。传统的选才主要是靠领导推荐，查看个人档案、群众评议等，而这些有许多是凭主观意志选才。现代人员素质测评技术是针对某一素质测评目标系进行判断与衡量的。由于同一行为事实具有多种性质或价值，还由于素质是个体特征信息集合体，具有多维性，人的素质是由一系列的素质测评目标组成的一个具有多向结构的目标坐标系来确定的。任何单方面的判断和衡量，都难以真实地把握其实质。因此，现代人员素质测评技术是以素质测评目标系测评目标的，注重考察人的实际能力、经验与业绩、潜在的智能水平、心理素质、职业倾向等，并注意所测内容的全面、完整和多元化，注意从多角度、多侧面去观察和评价一个人，追求最大限度地减少测评误差。这一技术还采用定性与定量相结合的方法，运用规范化和标准化的操作程序、技术、条件等，使评价结果能准确地反映被测试者各方面素质的水平。

（3）选才效率高。传统“伯乐相马”式选才只能是相面式地仅对单个人进行，是一种小生产方式，而现代人员素质测评技术既可以对单个人进行评价，也可以在较大范围内对群体同时进行测评与评价，选才效率高。

二、选拔工具的可靠性与有效性

1. 可靠性

员工录用测评的可靠性指的是测评的稳定性和一致性，即用两项类似的测试去衡量同一个人，得到的结果应该基本相同；在不同的时间，用相同的测试去衡量同一个人，结果应该基本相同。

可靠性是对任何测试过程的一个基本要求。如果一项测试不可靠，它就不可能是有效的。这是因为如果一项测试无法得到一致而稳定的分数，就不可能根据应试者在测试中得到的分数的高低来预测他们未来的工作绩效。测试的可靠性估计需要计算独立获得的两组分数之间的相关系数，相关系数越高，说明测试越可靠。另外，测试的可靠性会随着测试样本的增加而增大。

2. 有效性

组织招聘工作的有效性是指根据工作申请人在进入组织之前的特征来对申请人进入组织之后的工作表现进行成功预测的程度。有效性的研究可以帮助组织选择正确的指标来对工作申请人进行遴选，一个好的录用过程必须具有高度的有效性。如果在录用测试中成绩最好的人也是最可能在工作中取得成功的人，同时在录用测试中成绩最差的人也不可能是胜任工作的人，就说明这一录用过程具有高度的有效性。测试有效性的估计需要研究两个问题：第一，测试的目的；第二，测试的效果，即测试过程中得分的高低与实际工作绩效之间的关系如何。

员工测评的有效性一般可以分为准则有效性和内容有效性。准则有效性是指测评的结果和测评目标准则之间的相关程度。假定测评的目标准则是在职的工作表现，如果测评成绩好的人日后的工作表现也好，而测评成绩差的人日后的工作表现也差，那么，这项测评就具有准则有效性。内容有效性是指测评的内容与测评目标的相关程度。如果测评的目标是测评打字员的工作表现，那么，用打字速度来进行测评就具有内容有效性。在大多数情况下，测评应该同时具有准则有效性和内容有效性。

在选择预测工具时需要注意的是，具有有效性的选择指标应该是组织在实际的选择过程中可以使用的手段，申请人在这些选择手段衡量结果方面应该是有差异的，而且这些差异是可以客观衡量的。把选择指标要预测的目的称为准则。在准则的选择中，要注意以下五个方面：第一，这些行为或结果是由员工个人决定的，而不是由技术或他人决定的，也不应该是员工在工作当中学习到的或发展出来的。第二，这些准则与组织的主要目标相互一致。第三，衡量方法简单实用、质量可靠，同时衡量成本合理。第四，这些准则是受到由选择指标来反映的个人差异影响的。第五，这些准则随着时间的变化能够保持稳定。

内容有效性的论证主要是采用专家判断方法。这些专家在工作分析的基础上，确定承担工作必备的工作行为，然后决定测评的样本内容是否能够准确代表这些行为。由此可见，内容有效性的检验不涉及测评成绩和业绩水平的计算，也不涉及二者之间相关性的计算。内容有效性的检验依赖于在工作内容和测评工具之间进行比较，决定二者之间的接近程度。工作行为、工作中所需要的知识、技能和能力测评作用的可观察性越强，对工作内容和测评工具之间比较时发生主观错误的可能性就越低，内容效度的作用也就越好。

对于新员工和现有员工需要采用不同的方法。预测新员工的未来工作绩效的依据是他在录用测评中的成绩和录用后的培训情况，而预测现有员工的未来工作绩效则需要依据他当前的工作绩效。

三、员工录用测评的基本方法

企业在招聘员工的过程中需要开展许多具体工作来为录用决策寻找依据，最主要的筛选甄别方法有三种：对申请人的推荐与背景调查、员工录用测评和录用面谈。

1. 推荐与背景调查

推荐与背景调查是企业在招聘中对外部工作申请人进行初选的常用方法。据一项调查，有40%的工作申请人的简历有重大虚构。目前，我国也有不少的假文凭、假学历证书等，这些都给企业的员工招聘和选择过程带来了新的难题。因此，在企业招聘员工和选择的过程中，进行推荐和背景调查是非常必要的。

背景调查是指企业通过打电话或要求工作申请人提供推荐信等方式对应征者的个人资料进行验证。推荐信和背景调查可以提供关于工作申请人的教育和工作履历、个人品质、人际交往能力、工作能力以及过去或现在的工作单位重新雇佣申请人的意愿等信息。一般来说，对工作申请人的推荐是要有一定条件的。推荐人应该符合下列三个条件：

首先，推荐人或背景调查信息提供者有适当的机会与被推荐者接触，并能够在工作的状态下观察被推荐者的行为表现；

其次，推荐人应该有资格评价被推荐者的工作状况，一般来说，推荐人应是其上司、导师、同事等；

最后，能够用调查单位可以理解的方式陈述对工作申请人的评价。但是，在推荐信能够被申请人查阅的情况下，它也可能不会反映真实的情况。

为了使推荐与背景调查工作具有实效，招聘企业在使用背景调查了解工作申请人的信息时应该遵循以下原则：

第一，只调查与工作有关的情况，并以书面的形式记录，以作为将来录用或拒绝的依据。

第二，在进行背景调查以前，应该征得工作申请人的书面同意。

第三，忽视申请人的性格等方面的主观评价内容。

第四，估计背景调查材料的可信程度。一般来讲，申请人的直接上司的评价要比人力资源管理人员的评价更可信。

第五，请求对方尽可能使用公开记录来评价员工的工作情况和个人品行。

2. 员工素质测评方法

在众多的工作申请人当中，选拔出符合工作需要的人员，并不是一件容易的事情。需要对工作申请人进行全面的了解和测试，以保证选拔到真正符合要求的员工。员工测试的类型有很多，主要有知识、能力及能力性向测试、操作与身体技能测试、人格与兴趣测试、成就测试、工作样本法与工作模拟、测谎器方法、笔迹鉴定法等。

（1）知识、能力及能力性向测试

能力测试主要是对工作申请人进行知识和能力方面的测试。能力测试包括了两个方面的内容：一般知识和能力与专业知识和能力。一般知识和能力包括一个人的社会文化知识、智商、语言理解能力、数字能力、推理能力、空间理解能力和记忆能力等。

专业知识和能力即与应聘岗位相关的知识和能力，如财务会计知识、管理知识、人际关系能力、观察能力等。这里需要指出的是，智商测验虽然可以用来衡量一个人的智商水平，但是对员工录用的作用很有限。智商测试只适合非成年人，其方法是用测试对象的智商年龄除以他的实际年龄，再乘以100所得到的结果就是这个人的智商水平。而成年人由于后天的学习和实践经验，即使测试成年人的智商也只能是一个推算的结果，用来衡量他的智商水平是高于还是低于平均水平。目前，许多企业在招聘员工时，根据需要注重测试申请人的情商水平。

能力性向（倾向）测试。所谓能力性向，是一种潜在的能力和特殊的能力，是一些对于不同职业的成功，在不同的程度上有所贡献的心理因素。它与经过学习训练获得的才能是有区别的，它本身是一种尚未接受教育之前就存在的潜能。能力性向是事业成功的可能条件，而才能是事业成功的现实条件。因此，能力性向测试具有诊断功能和预测功能，可以判断一个人的能力优势与成功发展的可能性，为人员甄选、职业设计与开发提供科学依据。

（2）操作能力与身体技能测试

操作能力测试指身体的协调性与灵敏度测试，身体技能测试指力量与耐力测试。这些测试包括手指灵敏度、身体灵巧度、手臂移动速度、力量持续的时间、静态的力气（如举重物）、动态的力气（如推拉）和身体的协调性（如跳绳）等。对于大多数工作而言，身体技能可以通过技术训练来培养。操作与身体技能测试可以被用来判断工作申请人是否适合接受训练，估计工作申请人在多长时间内可以掌握这些技能，以及决定工作申请人能否胜任这项工作。操作与身体技能测试有助于筛选掉那些永远也无法胜任这项工作的工作申请人。

（3）人格与兴趣测试

员工的工作绩效不仅决定于他的心智能力和身体能力，还决定于其心理状态和人际沟通技巧等其他一些不太客观的因素。人格测试多被用来衡量工作申请人的内省性和情绪的稳定性等方面的基本状况。主要的人格测试法是映射法，即让工作申请人看一个不明显的刺激物，然后让工作申请人自己在不受约束的条件下做出反应，比如根据自己对图片的理解叙述一个故事。由于刺激物很模糊，所以受试者的解释实际上是他们的内心状态、情感态度以及对生活的理解的准确反映，考官可以根据这一故事来了解应试者进行想象推测的方式和他的性格结构。人格测试主要用于人格特征与工作绩效之间存在显著关系的工作职位。

兴趣测试是将工作申请人的兴趣同各种职业成功员工的兴趣做比较，来判断工作申请人适合做什么工作，并作为员工前程规划的参考。最具代表性的测试方法是霍兰德职业兴趣测试，测试方法主要是向工作申请人提供一个明确的刺激物（如一个关于对哪种行为方式更感兴趣的陈述）和一套可供选择的答案，通过分析工作申请人的回答来判断他们的性格和兴趣。

（4）成就测试

成就测试是了解工作申请人已经掌握的知识与能力，最常见的学历要求就属于成就测试。成就测试一般要求工作申请人提供能够证明其学历水平、工作成绩的材料。

（5）工作样本法

以上讲到的能力测试、人格测试和兴趣测试等都是对工作申请人未来工作绩效进行预测，而工作样本法则强调直接衡量工作申请人的工作绩效。

工作样本法的主要目的是测试员工的实际动手能力，而不是理论上的学习能力。工作样本法的测试可以是操作性的，也可以是口头表达的（对管理者的情景测试）。实施工作样本法的程序是：①选择基本的工作任务作为测试的样本；②让工作申请人执行这些任务，并由专人观察和打分；③求出各项工作任务的完成情况的加权分值；④确定工作样本法的评估结果与实际工作表现之间的相关关系，以此决定是否选择这个测试作为员工选拔的工具。

工作样本法有下列优点：①让工作申请人实际执行工作的一些基本任务，效果直接而客观，应试者很难伪装；②工作样本法不涉及应征者的人格和心理状态，不可能侵犯应试者的隐私权；③测试内容与工作任务明显相关，不会引起公平就业方面的忧虑。

工作样本法的缺点是需要对每个应试者单独进行测试，成本可能比较高。

（6）评价中心

评价中心是以评价管理者素质为中心的测评活动，是现代人员素质测评方法综合发展的高水平体现。评价中心的测评方法主要是将应征者置于一系列模拟的工作环境中，采用多种测评技术，观察和评价被试者的心理和行为，以了解被试者是否胜任拟委任的工作，预测被试者的各项能力潜能以及不足之处。评价中心的主要测评方法有投射测验、面谈、情景模拟、能力测验等。评价中心的主要活动内容有文件筐整理、无领导小组讨论、管理游戏、演讲、案例分析、事实判断等形式。

（7）测谎器方法

测谎器的工作原理是通过衡量受试者的心理速度、呼吸强度、体温和出汗量等方面的微小的生理变化来判断他是否在说谎，因此，测谎器的准确率可以达到70%～90%的水平。由于受到法律上的一些限制，测谎器的使用在一般企业员工录用中的作用是非常有限的。另外，测谎器对那些有表演才能的人和容易紧张的人很难有效。

（8）笔迹鉴定法

目前，笔迹判定方法在员工录用中的应用正呈一种上升的趋势。笔迹判定专家可以根据工作申请人写字的习惯来判断他是否倾向于忽视细节、是否在行为上前后保持一致、是否是一个循规蹈矩的人、有没有创造力、是否讲究逻辑、办事是否谨慎、重视理论还是重视事实、对他人的批评是否敏感、是否容易与人相处、情绪是否稳定等。此外，笔迹专家还可以通过笔迹分析工作申请人的需要、欲望以及伪装的程度等特征。但是由于这种方法缺少有效性的证据，因此一般我们不提倡使用笔迹分析的方法。

（9）身体检查

在员工录用测试中，身体检查是一项重要的工作。对工作申请人进行身体检查的目的是检查应征者的健康状况是否符合职位的要求，发现应征者在工作职位方面是否存在限制，同时检查也有助于建立保险和福利措施。

以上的测评大部分都是采取笔试的方式，以及情景重现、情景模拟等方式来完成的。

3. 面试

尽管申请表格和素质测评都是非常有用的选拔工具，但是最经常被使用的选拔工具还是面谈。面谈之所以被重视的原因有以下几点：

第一，面谈人员有机会直接判断应征者，并随时解决各种疑问，这是申请表格与测评都无法做到的。

第二，面谈可以判断应征者是否具有热情和才智，还可以评估应征者的面部表情、仪表以及情绪控制能力等。

第三，许多主管人员认为在录用员工之前必须与申请人面谈一次，否则难以制定最终的录用决策。

虽然面谈是企业员工招聘中最常用的选拔工具，但是并没有证据来支持它对员工未来的绩效的预测能力。面谈的缺点是面谈人员容易过于情绪化，结果使面谈原有的优点无法发挥。有效的面谈应该注意下列几个条件：①面试仅仅限于与工作要求有关的内容。②面试者经过训练，能够客观地评价工作申请人的表现。③面试按照一系列具体规则进行。

（1）面谈的基本类型

录用面谈的类型有很多，也有许多不同的归类方法。

第一，按照面谈问题的结构化程度来划分，可以分为三类：

①非结构化面谈。非结构化面谈的特点是面谈考官完全任意地与申请人讨论各种话题。面谈人员可以即兴提出问题，不依据任何固定的线索。因此对于不同的应征者，很可能提出不同的问题。非结构化面谈方法可以帮助企业全面了解工作申请人的兴趣。

②半结构化面谈。半结构化面谈其实有两种含义。一种是考官提前准备重要的问题，但是不要求按照固定的次序提问，而且可以讨论那些似乎需要进一步调查的题目。另一种指面谈人员依据事先规划出来的一系列问题来对应征者进行提问，一般是根据管理人员、业务人员和技术人员等不同的工作类型设计不同的问题表格。在表格上要留出空白以记录应征者的反应以及面谈人员的主要问题。这种半结构化面谈可以帮助企业了解工作申请人的技术能力、人格类型和对激励的态度。最后面谈人员要在表格上做出评估和建议。

③结构化面谈。结构化面谈，就是在面谈前准备好问题和各种可能的答案，要求工作申请人在问卷上选择答案。结构化程度最高的面谈方法是设计一个计算机程序来提问，并记录工作申请人的回答，然后进行数量分析给出录用决策的程序化结果。结构化面谈与半结构化面谈的区别就在于，结构化面谈不仅要在工作分析的基础上提出与工作有关的问题，而且还要设计出工作申请人可能给出的各种答案。因为面谈人员可以根据应征者的回答迅速对应征者做出不理想、一般、良好和优异等各种简洁的结论，所以说结构化面谈是一种比较规范的面谈方式。

第二，按照面谈的组织方式来划分，可以把面谈的类型分为：

①系列式面谈。系列式面谈是指招聘企业要求应征者接受公司各个不同层次的管理人员的面谈，方式一般都是非结构化面谈。各层面谈人员独立做出评估意见，然后再进行讨论，共同决定是否录用应征者。

②陪审团式面谈。陪审团式面谈是指由多个面谈人员同时与应征者进行面谈，目的是更加全面地了解应征者的情况。

③集体面谈。集体面谈是由陪审团式面谈发展出来的，是由多个面谈人员和多个应征者同时进行面谈。面谈人员分别提出问题，然后让各个应征者分别回答。

④压力面谈。压力面谈是指用穷追不舍的方法对某一主题进行提问，问题逐步深入，详细而彻底，直至应征者无法回答。这种方法的目的是测试应征者如何应付工作中的压力，了解应征者的机智和应变能力，探测应征者在适度的批评下是否会恼怒和意气用事。如果应征者对面谈的提问表现出愤怒和怀疑，则说明他容忍工作压力的能力有限。使用这种方法时，面谈人员需要具有一定的技巧和控制能力，对应征者施加的压力应该是在实际工作中真正面临的压力。

（2）面谈的程序

第一步，面谈前的准备。

首先，在开展面谈之前，需要明确面谈的目的。面谈的目的可以有许多。无论出于何种目的，面谈考官需要通过工作分析资料了解所招聘的工作岗位的要求，确定主要的工作职责，并严格根据工作分析结果编写假设的工作情景作为面谈问题，设计并组织面试的程序以便实现面谈的目的。

其次，面谈考官需要精心设计面谈的问题，并对可能出现的各种回答设计评分的标准，以便在面谈结束后对应征者的表现做出一个量化的评价。

最后，面谈考官应该事先认真阅读应征者的申请表、简历和有关材料，如果有什么疑问，可以在面谈时加以澄清。

第二步，实施面谈。

在开始面谈的时候，首先是创造一个轻松的气氛，消除工作申请人的紧张情绪。然后逐渐进入主题。面谈的重点是通过与工作申请人的讨论和使用事先设计的情景问题，来发现申请人的工作能力、工作申请人与未来工作岗位相关的经验、教育和培训以及申请人的工作兴趣和职业目标，对申请人的工作意愿和工作能力做出评价。在面谈过程中，面谈考官不仅要注意申请人对问题的回答，还要注意他们在回答过程中的面部表情、肢体动作及语气等方面的信息，以便能够全面判断申请人的工作兴趣和工作能力。在结束面谈之前，面谈考官应该留一点时间给工作申请人提出问题，然后以尽可能诚实礼貌的方式结束面谈。有可能的话，应该告诉应征者什么时候可以得到面谈的结果。

第三步，评估面谈结果。

应征者离开后，面谈人员应该仔细检查面谈记录的所有要点，根据申请人现有的技能和兴趣来评价申请人能够做什么，根据申请人的兴趣和职业目标来评价申请人愿意做什么，并在申请人评价表上记录满意程度。

（3）录用面谈技巧

录用面谈的效果如何，在很大程度上决定于面试考官的能力和水平。在录用面谈中，面谈的技巧非常重要。因此需要掌握基本的面谈技巧。

第一，营造合适的面谈气氛。一般来讲，来应聘的人员容易产生紧张情绪，这种情绪会影响应征者的面试效果。除了一定要考核应征者的抵御心理压力素质之外，多数人在宽松的环境下才能发挥自己的能力。作为面谈考官，应懂得如何营造与面试内容相适应的气氛。

第二，提问—对话的技巧。面谈实际上是面谈考官与应征者之间的交流对话。面谈考官必须从中对应征者做出判断。对话是否能够围绕主题、如何控制对话、如何引导对话，这些都需要面谈考官具有一定的提问—对话的技巧。一般来讲，在围绕主题的前提下，多提开放式问题，有利于应征者发挥，表现自己，但又不能脱离主题。提问题还要注意问题的先后次序，要渐进地进行提问。

第三，倾听的技巧。面谈考官要从应征者的话语中分析所需要的信息内容，判断他们的能力、素质、性格、兴趣、思想等。因此，面谈考官一般以听为主，并且能够从其回答中听出内含的信息。

第四，观察的技巧。除了要掌握一定的倾听技巧外，面谈考官的观察技巧也非常重要。换句话讲，就是要看懂应征者的非语言行为所表达的信息内容。注意观察应征者的面部表情、肢体语言、语音语调等，从中获取相关的信息。

第五，自我形象表现技巧。录用面谈不仅是企业要观察应征者的表现，分析应征者是否符合企业的需要；反过来，应征者同样要观察企业，挑选企业。而面谈考官在某种程度上代表着企业。他们的形象就是企业的形象。所以，在面谈过程中，面谈考官如何塑造自我形象非常重要。

（4）面谈人员在面谈测试中常见的错误及对策

在录用面谈中，面谈考官通常可能会出现以下几个方面的问题，从而影响录用面谈工作的效果。所以，应该特别注意这些问题，并尽力避免这些问题的出现。

第一，第一印象效应。第一印象指的是面谈考官在接触应征者最初的几分钟内就形成了录用或不录用的判断。而以后的面谈就会受到这第一印象的影响，在获取信息和分析信息的过程中受到第一印象的左右。

第二，对比效应。面谈一般是逐个进行的，这样就有一个次序的问题，而这种次序就产生了对比效应，影响面谈考官对应征者的评价。比如，一位中等水平的应征者，在连续几位不理想的应征者之后接受面谈，常常会得到过高的评价。反过来，如果是排在几位非常理想的应征者之后，他常常得到过低的评价。

第三，晕轮效应。晕轮效应是指在判断和评价一个人的时候，往往会将这个人的某一具体的特征当成整体评价。在面谈测评中，面谈考官很容易将应征者的某方面优点扩大，而忽略了其他的弱点。

第四，招聘规模的压力。当上级对招聘结果有定额限制时，为了完成其定额，面谈考官对应征者的评价就会受此影响。

第五，身体语言和性别的影响。在面谈中，应征者的面部表情、微笑、点头等非语言动作会影响考官对他们的评价。另外，应征者的个人魅力和性别对面谈考官也会产生影响。

第六，面谈考官自己对业务不熟悉。这是指面谈考官经常不了解工作内容，不清楚哪一种人才能胜任工作。在这种情况下，面谈考官就无法依据与工作岗位要求密切相关的信息制定录用决策。

第七，强调负面信息。负面信息对人的影响往往大过正面信息。对人的印象从好变坏容易，但从坏变好就难。

本章小结

本章主要内容是人员招聘与人事测评。在人力资源规划的基础上，对企业目前或未来的职位空缺实施招聘，通过各种测评手段和方法能够录用到企业所需要的人员，这是人力资源管理中一项非常重要的工作。本章重点阐述人员招聘途径（内部招聘和外部招聘）、程序、方法。为了招聘到企业需要人员，本章着重介绍需要采用的各种人事测评方法和工具，以及如何使用这些方法和工具。同时也强调了使用人事测评方法和工具的有效性和可靠性。最后介绍如何避免在招聘中容易出现的问题。

关键概念

1．人员招聘　2．人事测评　3．测评有效性　4．测评可靠性

本章思考题

1. 员工招聘的主要程序有哪些？
2. 你认为如何才能招聘到企业需要的合格员工？
3. 什么是人员素质测评？为什么在员工招聘中要进行人员素质测评？
4. 如何实施人员素质测评？如何才能做到人员素质测评的可靠性和有效性？

案例分析

招聘中层管理者的困难①

远翔精密机械公司在最近几年招募中层管理人员工作中不断遇到困难。该公司是制造和销售较复杂机器的公司。目前重组成六个半自动制造部门。公司的高层管理者相信这些部门的经理有必要了解生产线和生产过程，因为许多管理决策需在此基础上做出。传统上，公司本来是一贯严格地从内部选拔人员。但不久就发现提拔到中层管理职位的基层员工缺乏相应的适应他们新职责要求的技能。

这样，公司决定改从外部招聘，尤其是招聘那些企业管理专业的好学生。通过一个职业招募机构，公司得到了许多有良好训练的工商管理专业毕业生作为候选人。他们录用了一些，并先放在基层管理职位上，以便为今后提为中层管理人员做准备。不料在两年之内，所有这些人都离开了该公司。

公司只好又回到以前的政策，从内部提拔，但又碰到了过去同样素质欠佳的问题。不久就有几个重要职位的中层管理人员将要退休，他们的空缺急待称职的后继者填补。面对这一问题，公司想请咨询专家来出些主意。

案例思考题

1. 这家公司在提拔和招募中存在哪些问题？
2. 如你是咨询专家，你会有哪些建议？

① 聂绍群. 招聘中层管理者的困难分析［J］. 人力资源管理，2009（3）.

第五章　人力资源培训与开发

学习目标

1. 了解人力资源培训的目的与作用
2. 熟悉并掌握人力资源培训的主要方法
3. 掌握人力资源培训需求分析方法
4. 掌握制定人力资源培训方案计划与实施的方法

引导案例

管理者的培训开发计划①

甜甜面包公司近几年来规模迅速扩大，员工开发、成长、提升的机会很多。林先生经过一系列的工作变化，已从最初的专卖店经理助理提升到面包公司业务经理。他管辖多家专卖店的经理人员。

迄今为止，林先生有多年的从业经验，已经具备了一定的技术和业务管理技能，但他没有受过任何管理专业的正式训练。不过作为一名有一定能力的管理人员，他仍受到下属的高度尊重。

公司经过认真规划，预计在以后的二至三年内使企业规模扩大两倍。很多人开始怀疑林先生是否有能力承担日趋繁重的任务，因为以后将更多地涉及总体规划、财政控制、各职能部门协调关系等需要分析复杂问题及要求具备广泛业务知识的工作。而林先生的成功主要由于他在销售方面的业绩。公司想继续留用林先生，但需要为他制订一个培训开发计划。

问题：通过对本章的系统学习后，请你为林先生制订一个有效而可行的培训开发计划。

① 对林亚卿的培养［OL］. http：//www. dianliang. com/hr/anli/peixun/200606/hr_91902. html.

第一节　人力资源培训与开发概述

一、人力资源培训与开发的概念

1. 培训与开发的定义

人力资源管理区别于传统的人事管理的重要标志就是人力资源开发与员工培训。人力资源开发是通过培训和其他管理手段不断改进员工的能力和组织业绩的一种有计划的持续性工作。员工培训是指一个组织根据自身的发展战略需要，结合员工的绩效和素质能力的实际，有计划地组织实施有助于员工学习与工作相关能力的活动。这些能力包括知识、技能和对工作绩效起关键作用的行为，培训是人力资源开发的重要手段之一。

培训与开发是两个既相联系又相区别的概念。培训是企业向员工提供工作所必需的知识与技能的过程；开发是依据员工需求与组织发展要求，对员工的潜能进行挖掘，对其职业发展进行系统设计与规划的过程，两者最终目的都是在于通过提升员工的能力实现员工与企业的同步成长。在实践中，往往对培训和开发不做严格区分。①

对刚入职的新员工来讲，无论他们具有什么样的素质和技能，都不可能一开始就能与企业的工作要求直接吻合。对企业的工作性质、管理流程、运营方式以及组织文化等各方面都要有全面的了解。另外，他们还缺乏实际的工作经验、相应的工作态度和协调能力，而这些经验需要在实际的工作培训中获得。因此，入职教育是企业员工培训的一项重要任务。

为了使企业各类员工能够及时掌握新技术、新方法、新理论，提高工作效率，增强组织的核心竞争力，员工的在职培训是企业持续不断的培训工作。企业的发展必须满足社会发展的需求，要不断适应市场经济发展的要求，企业的各类人才就要不断进行知识更新，掌握新技术和新理论，以解决社会发展过程中出现的许多新问题。因此，企业的员工在职培训不仅对员工的职业能力提高具有非常重要的作用，而且有利于企业提高自身的核心竞争力，增大其科学技术含量，使自己不断处于竞争优势的地位。

2. 培训的类型

（1）培训的主体与内容

组织培训的主体，是组织的全体员工，由于员工担任的职位不同，从事的工作类型不同，因此对员工的培训方向和内容都具有多样化的特征。一般来说，主要划分为三大类：一是决策层人才，二是管理层人才，三是操作层人才。

组织培训内容结构是培训的内在具体形态，因而确定公司培训内容，必须与组织的事业进步、发展战略和目标相联系，然而有时为了适应组织外部环境的变化，也采用一些应急培训的措施。所以，作为培训的内容结构，应当把组织长期发展与当前的

① 彭剑锋．人力资源管理概论［M］．上海：复旦大学出版社，2007：443．

生产结合起来，共同纳入企业培训内容。

组织培训经费主要来源于两种途径：一是组织内部来源，主要指组织与员工分摊培训费用；二是社会集资，首先由政府通过税收方式征收培训费，然后由国家组织，社会统筹各企业出资赞助。

由于组织实施的培训提高了员工的技能并调动了其生产积极性，所以在同样的条件下，员工能够创造更多的效益。

在培训的过程中，要注意受训者的学习曲线和信息的反馈，及时地听取受训者的信息，能够帮助组织提高今后的培训效果，减少不必要的支出。

（2）培训的类型

按时间期限划分，培训可以分为长期培训和短期培训，长期培训一般计划性较强，有较强的目的性；按培训方式，又可分为在职培训和脱产培训两种；按培训体系，可划分为组织内培训体系和组织外培训体系两种。组织内培训体系包括基础培训、适用性培训、日常培训、个别培训和目标培训等。组织外的培训体系，如果按教育机构来划分，可分为三类：①全日制的大中专院校和授予教育权的高等院校；②地方政府和行政部门举办的教育培训机构；③社会力量办学机构。

员工岗前培训是组织内在职培训的一种主要方式，它是专门为新员工提供有关企业基本背景的培训。这种信息对员工做好本职工作，尽快适应企业的需要是非常必要的。这些基本信息包括：公司的经营理念、发展历程、企业文化、工资福利待遇情况、工作时间、新员工将与谁一起工作、如何工作、公司的各项规章制度、安全注意事项等。具体的内容一般都会编辑在企业的《员工手册》之中。事实上，岗前培训是企业新员工社会化过程的一个组成部分。所谓社会化过程是一个不断发展的过程，它包括向所有员工灌输企业及其部门所期望的主要态度、规范、价值观和行为模式。对员工最初的岗前培训，可以有助于减少新员工上岗初期的紧张不安，以及可能感受的现实冲击。现实冲击是指新员工对其新工作所怀有的期望与工作实际情况之间的差异。

在多数企业中，岗前培训活动的前期内容一般都由人力资源部负责完成。人力资源部主要是解释员工面对的共性问题和介绍企业的背景、规章、工资福利等。接下来，将新员工介绍给他或她的工作岗位的主管，由这些主管来继续进行具体的工作培训，包括准确讲解工作的性质、特点、操作规范和注意事项等，并将新员工介绍给他或她的新同事，让新员工熟悉工作场所。

有些公司还举办减轻新员工焦虑感特别讨论会。这些活动将重点放在提供有关企业和工作的信息上，并使新员工有许多问答机会。岗前培训活动还告诉新员工如何与老员工相处，告诉新员工他们在自己的工作中很可能获得成功的可能性。事实证明，这些特殊讨论会是十分有效的。在进入企业第一个月的月底，那些参加了讨论会的新员工比那些没有参加讨论会的表现要好得多。岗前培训是对新员工进入企业后成功完成社会化过程的一项重要教育活动。

3. 培训的原则

员工培训的内容与形式必须与企业的战略目标、员工的职位特点相适应，同时培训应当适应内外部经营环境的变化。一般来讲，任何培训都是为了让员工在知识、技能和态度三个方面取得进步和提高。

员工培训需要遵循以下原则：

（1）培训必须结合企业的发展战略。员工培训的结果必须反映在能够满足企业的长远发展，提高核心竞争力的道路上来。

（2）员工的培训要适合企业近期的任务和目标的需要。针对企业近期的管理改革和管理年活动的开展、企业管理职业化等，要重点实施管理培训，对企业中、高层管理人员进行以提高管理技能为主题的培训。

（3）培训结合员工职业发展需求与企业发展需求相一致的原则。在对员工进行培训时，需要结合工作的具体情况，并与员工的职业发展规划相结合，才能取得良好的培训效果。培训的主要目的之一，就是不断使员工适应职位要求，与职位发展需要相一致。并且不断提高员工的能力，使其能够适应更高职位或新职位的要求，为员工向更高一级职位晋升或获得新的职位提供可能，最终达到最大限度地发展个人才能的目的。

二、人力资源培训与开发的目的和作用

员工培训的总体目标是：在面临全球化、高质量、高效率的工作系统挑战中，通过培训，使员工的知识、技能与态度明显得到提高与改善，由此提高组织效益，获得竞争优势。

1. 提高员工的职业能力

员工培训的直接目的就是要发展员工的职业能力，使其更好地完成现在的日常工作及未来的工作任务。同时，培训使员工的工作能力提高，为其取得好的业绩提供了可能，也为员工提供更多的晋升和提高收入的机会。员工职业能力的提高，为员工个人在职业发展中增强了就业竞争力。

2. 有利于企业获得竞争优势

人类社会已经步入了以知识经济为重要依托的新时代，智力资本已成为获取生产力、竞争力和经济成就的关键因素。当今企业的竞争优势不再是依靠自然资源、廉价的劳动力、精良的仪器设备和雄厚的财力，而主要靠知识密集型的人力资本。员工培训是创造智力资本的途径。因此，这要求建立一种新的适合未来发展与竞争的培训观念，提高员工的整体素质。

3. 有利于改善组织的工作质量

培训能使员工素质、职业能力提高并增强，能改进员工的工作表现，降低成本；培训可增强员工的安全操作技能；提高员工的劳动技能水平；增强员工的岗位意识，增加员工的责任感，规范服务生产安全规程；增强安全管理意识，提高管理者的管理水平。因此企业在培训员工技术能力的同时，要更加注重组织文化培训，培养员工的职业道德、经营理念、敬业精神、安全意识。

4. 有利于建立高效的绩效系统

在21世纪，科学技术的发展导致员工技能和工作角色的变化，企业需要对组织结构进行重新设计（如工作团队的建立）。今天的员工已不再是简单地接受工作任务，提

供辅助性工作，而是参与提高产品与服务团队的活动。在组织中，许多工作不是一个人能够单独完成的，而是要依靠集体的力量，形成团队效应。在团队工作系统中，员工扮演许多管理性质的工作角色。他们不仅应具备运用新技术获得提高客户服务与产品质量的信息，还应具备人际交往技能和解决问题的能力、集体活动能力、沟通协调能力等。尤其是使用互联网、全球网及其他用于交流和收集信息工具的能力，可使企业工作绩效系统高效运转。

5. 满足员工实现自我价值的需要

员工的工作目的更重要的是为了满足自己的“高级”需求——自我价值的实现。培训能够不断地给员工提供新的知识与技能，使其能适应或接受具有挑战性的工作或任务，实现自我成长和自我价值，这不仅使员工在物质上得到满足，而且使员工得到精神上的成就感。培训能够不断提高他们的各种工作技能，不断获得成功，不断提高公众对他们工作的满意度，使他们得到自我价值实现的满足，并由此产生更大的工作积极性。

三、人力资源培训与开发的主要方法

要使员工培训更有效，必须采取适当的培训方式，实施合理的员工培训管理。目前，在企业员工培训方面，采用的培训方式大致可分为三类：演示法、专家传授法和团队建设法。

1. 演示法

演示法是指将受训者作为信息的被动接受者的一些培训方法。主要包括传统的讲座法、远程学习法及视听学习法。

（1）讲座法是指培训者用语言表达其传授给受训者的内容。讲座的形式多种多样，主要的讲座的形式参见表 5－1：

表 5－1　　讲座形式的主要分类

讲座的形式	讲座形式的主要特征
标准讲座	培训者讲，受训者听，并吸取知识。
团体讲座	两个或两个以上的培训者讲不同的专题或者对同一专题发表看法。
客座讲座	客座发言人按照约定的顺序出席并介绍，讲解主要内容。
座谈小组	两个以上的发言人进行信息交流并提问。
互动式讲座	培训者与听众课堂互动，以讲座为主的讨论式发言。

这种培训的方法得到广泛的采用，成本低，节省时间；有利于系统地讲解和传授知识，易于掌握和控制进度；有利于讲解难度大的内容，而且可以同时对多人进行讲解。不足之处是这种形式使听众被动地听取知识信息，在听讲的过程中容易受到外界的干扰，对知识点理解深度不够，讲授的效果收到讲解方和受训方的影响。

（2）远程学习法

远程学习通常被一些在地域上较为分散的企业用来向员工提供关于新产品、企业政策或程序、技能培训以及专家讲座等方面的信息。远程学习包括电话会议、电视会议、电子文件会议以及利用个人电脑进行培训等。课程培训的教材和讲解可以通过互联网或者一张可读写的光盘分发给受训者。受训者可以通过电子邮件、电子留言板或电子会议系统进行交互联系。该培训方式的不足在于缺乏互动，现场需要一些指导人员回答某些问题，并对提问和回答时间间隔做出调整。

（3）视听法

视听教学法是利用幻灯片、电影、录像、录音等视听教材进行培训的方法。这种方法利用人体的感受去体会，比单纯的讲授给人的印象深刻。其中录像是最常用的一种方式。视听法的优点是教材可以反复使用，能更好地适应学员个体的差异；内容能与现实的情况比较接近，易于培训者理解；前后连贯的指导，等等。其不足是视听设备和教材需要花费一定的费用和时间。该方法很少单独使用。

2. 专家传授法

专家传授法是一种要求受训者积极参与学习的培训方法。这种方法有利于培训受训者的特定技能，可使受训者亲身经历一次工作任务的全过程。这种培训的方式有在职培训、情景模拟、商业游戏、案例研究、角色扮演、行为塑造、交互式视频以及互联网培训等。下面进行逐一介绍：

（1）在职培训

在职培训是指新员工或者没有工作经验的员工通过观察并效仿同事及管理人员执行工作时的行为而进行学习。这种培训方式在材料、培训人员工资或者指导上投入的时间和资金较少，是一种很受欢迎的方法。不足之处在于管理者与同事完成一项任务时的过程并不一定完全相同，在传授技能的同时可能也传授了不良的习惯。具体在执行时，有如下的几种方式：

方式一：学徒制。学徒制是既有在职又有课堂培训，而且兼顾工作与学习的培训方法。该方法是选择一名有经验的员工对受训者进行关键行为示范、实践、反馈和强化，以达到培训的目的。企业的“导师带徒”就是这种培训方式的典型做法。

方式二：自我指导培训法。自我指导培训法是指受训者不需要指导者，而是按照自己的进度学习预定的内容，即员工自己全权负责的学习。培训者不控制或指导受训者的学习过程，仅仅评价受训者的学习情况和解答其提出的问题。有效的自我指导培训计划包括以下内容：①进行工作分析，确定工作任务；②列出与工作任务相关的学习目标；③制订以完成学习目的为核心的详细计划；④列出完成学习任务的具体学习内容；⑤制订评价受训者及自我指导学习内容的详细计划。该方式使用灵活，而且资源占用少，同时提高了员工的学习能力。建议和其他方式结合使用。

（2）情景模拟法

情景模拟法是一种能够代表现实生活情况的培训方法，受训者的决策结果可以反映出其在“模拟”岗位上的工作会发生的真实情况。该方法在传授生产和加工技能及管理人员的人际技能时可以使用，也是在企业的培训中使用较多的培训方法之一。

（3）商业游戏

商业游戏是指受训者在一些仿照商业竞争规则情景下收集信息并对其进行分析、

做出决策的过程。主要运用于管理技能的开发培训。参与游戏者在游戏中做出的决策类型涉及各个方面的管理活动，包括劳工关系、市场营销、财务预算等。商业游戏能够激发参与者的学习动力，培养团队合作精神。

（4）案例研究法

案例研究法是将实际发生过或者正在发生的客观存在的真实情景，用一定视听媒介，如文字、录音、录像等描述出来，让受训者进行分析思考，学会诊断和解决问题以及决策。它特别适应于开发高级智力技能，如分析、综合及评价能力。该方法的优点是提供了一个系统的思考模式，在案例学习的过程中，接受培训可得到一些管理方面的知识和原则，建立一些先进的思想观念，有利于受训者参与组织的实际问题的解决；案例还可以使受训者在个人对案例进行分析的基础上，提高承担具有不确定结果风险的能力。为使案例教学法更有效，学习环境必须能够为受训者提供案例准备及讨论案例分析结果的机会；安排受训者面对面地讨论或者通过电子通信设施进行沟通，并提高受训者案例分析的参与度。因此，案例研究的有效性基于受训者意愿，能够分析案例并坚持自己的立场，与同事交流案例分析的结果，以及好案例的开发和编写。

（5）角色扮演

角色扮演法是设定一个最接近现状的培训环境，指定受训者扮演角色，借助角色扮演来理解角色的内容，从而提高积极面对现实和解决问题的能力。利用角色扮演培训员工应注意以下问题：①在角色扮演前向受训者说明活动目的；②说明角色扮演的方法、各个角色情况和活动的时间安排；③在活动时间内，培训者要观察活动的进程、受训者的感情投入和各个小组关注的焦点；④活动结束后的提问，帮助受训者整理活动经历。角色扮演有助于训练基本技能，有利于培养工作中所需的技能，有利于受训者的态度、仪容和言谈举止的改善与提高。

（6）行为塑造

行为塑造是指向受训者提供一个演示关键行为的模型，并给他们提供实践的机会。该方法基于社会学习理论，适合于学习某一种技能或行为，不适合于事实信息的学习。有效的行为塑造包括四个步骤：①明确关键行为；②设计示范演示；③提供实践机会；④应用规划。

（7）交互式视频

交互式视频是以计算机为基础，综合文本、图表、动画及录像等视听手段培训员工的方法。它通过与计算机主键盘相连的监控器，让受训者以一对一的方式接受培训。

3. 团队建设法

团队建设法是用以提高团队或群体成员的协作技能和团队有效性的培训方法。它注重团队协作技能的提高以保证有效的团队合作。这种培训包括对团队功能的感受、知觉、信念的检验与讨论，并制订计划以将培训中所学的内容应用于提高工作当中的团队绩效上。团队学习法包括探险性学习、团队培训和行为学习等方法。

第二节 人力资源培训需求分析

一、培训需求分析概述

培训需求分析也叫培训需求评价，它是指在进行培训之前，由有关人员运用各种方法和技术，对组织及成员各方面能力进行系统的鉴别、分析，寻找出需要培训的内容和活动。[①] 如图 5-1 所示。

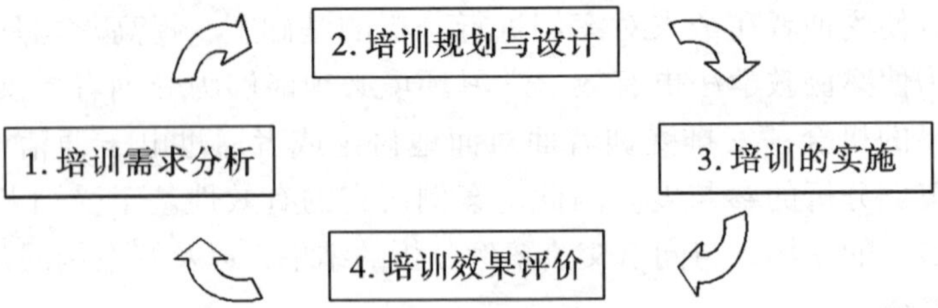

图 5-1 培训过程模型

根据图 5-1 所示，可以清楚地看到，培训系统是一个过程，培训需求分析是组织开展培训的第一步。当组织开展培训实践时，起点应从培训需求分析开始，通过培训需求分析确定具体的培训目标；接着根据培训目标来规划和设计培训计划；第三步是根据培训计划实施培训；单一循环的最后一个环节是培训效果评价，效果评价的标准来自需求评估设立的目标，而评价结果又成为下一轮需求分析的输入。培训各环节是环环相扣的，而培训需求分析是组织进行培训实践过程中的基础和关键环节，它既是确定培训目标、设计培训方案的前提，也是进行培训效果评价的依据。[②]

1961 年，迈可吉和泰尔在其著作《工商业中的培训》中提出了培训需求评估的三个层次，即组织需求分析、任务需求分析和人员需求分析。三层次分析中每一层次的需求评估都可以反映出组织中不同侧面的需求，有助于分析主体从不同角度了解组织及其工作人员现在及未来的培训需要，这对于提高培训需求评估的合理性、真实性、有效性是非常必要的。

1. 组织需求分析

组织需求分析指的是系统地检查组织中所有能够影响培训项目的各组成成分，对组织进行全面的分析，主要包括组织战略分析、组织资源分析、组织支持分析和组织文化分析。组织分析要通过对组织战略、资源、支持及文化等方面的分析，明确组织中存在的问题，同时确定培训是不是最好的问题解决方式。从组织层次展开需求分析的目的是辨析培训的背景，确定在给定经营战略的条件下组织培训应该如何支持特定战略的实施，同时组织又如何为培训活动提供资源与支持。从这个意义上说，组织需

① 侯荔江. 人力资源管理［M］. 成都：西南财经大学出版社，2010：138.

② 爱尔文・戈尔茨坦，凯文・伏特. 组织中的培训［M］. 常玉轩，译. 北京：清华大学出版社，2002：78.

求分析具有战略分析的意义，组织需求分析是保证培训与组织战略联系的重要工具。

（1）组织战略分析

组织战略对培训需求产生重大影响。战略是组织发展和组织内部一切活动的目标与指导，因此对组织需求进行分析时，首先应该对组织战略进行分析。组织战略可以分为集中战略、内部成长战略、外部成长战略、紧缩战略四种，这四种战略会对应不同的培训需求。

采用集中战略的公司培训需求的重点是：团队建设、跨职能培训、专业化培训、人际关系培训等；采用内部成长战略的公司培训需求的重点是：企业文化培训、创造性思维培训、分析能力培训、工作中的技能培训、沟通与反馈方面的管理培训、冲突谈判技巧培训；采用外部成长战略的公司培训需求的重点是：被兼并企业的雇员能力培训、建立联合培训系统的培训、合并后企业的办事程序培训、团队建设培训；而采用紧缩战略的公司培训需求的重点是：激励、目标设定、时间管理、压力管理、跨职能培训、领导力培训、人际沟通培训。①

（2）组织资源分析

了解组织内可用的资源情况是培训的前提，在资源条件允许下，进行培训策划可以节省企业的开支，并保持培训工作的可实现性。例如，某企业2011年的培训预算是5万元，培训人员在策划2011年的工作计划时就不能超出这个范围，否则只能是做无用功。

组织资源主要包括充足的预算、培训所需的场地及设备、培训的时间、专业的培训人员等，资源的限制往往导致许多培训不能达到预期目的，结果导致许多培训的效果不能达到预期的目的。

（3）组织支持

企业决策者的支持和参加受训员工的上级管理者以及同事的支持是组织支持的主要内容，组织支持是培训能否获得成功的关键影响因素之一。如果受训员工的上级管理者与同事对于他们参加培训活动的态度和行为不支持，那么受训员工将培训内容运用于工作中的可能性就不大。有研究指出，培训获得成功的关键要素在于受训者的上级与同事对于受训者参加培训活动要持一种积极的态度，以及愿意向他们提供如何将培训中所学到的知识和技能运用到工作中去的机会，这样，受训者在培训中所学到的东西运用到实际工作中去的可能性较高。② 培训需求分析的成功直接受组织及其成员，特别是组织领导态度的影响，他们的支持是保证组织培训成功的决定因素。

2. 任务需求分析

培训需求分析中的任务分析指系统地收集工作或者工作系列的相关信息，以确定工作的重点任务以及完成这些工作任务的员工需要具备的素质和技能。任务分析常常不能停留在任务层次，应从任务分析出发，进一步了解按照要求完成任务所需要的知识、能力、技能、态度和行为。任务分析包括四个步骤：

---

① 黄文述，凌文辁. 培训需求分析的三要素模型解析［J］. 人才资源开发，2006（2）.

② 黄文述，凌文辁. 培训需求分析的三要素模型解析［J］. 人才资源开发，2006（2）.

（1）选择所要分析的工作岗位。可以通过工作说明书来选择所要分析的工作岗位或工作。

（2）罗列出工作岗位所需执行的各项任务的基本清单。这类信息主要通过访谈和观察熟练工的工作以及与他们的经理交谈来获取。

（3）确保任务基本清单的可靠性和有效性。这可以邀请一组项目专家（如在职人员、经理人员等）以会谈或书面调查的形式回答有关各项工作任务的问题。

（4）当工作任务确定下来之后，就要明确胜任各项任务所需的知识、能力、技能、态度和行为。这类信息也可通过访谈和调查问卷的形式来收集。

3. 人员需求分析

培训需求分析中的人员分析与任务分析是密切相关的。如果说任务分析是对完成任务所需要的知识、能力、技能、态度和行为进行分析，那么人员分析则是以这些素质标准为尺度对员工个人进行衡量，分析存在的差距，再进一步分析差距后面隐藏的原因。[①] 人员分析的主要内容包括以下四个方面：

（1）员工知识结构。包括文化教育水平、职业教育培训与专项短期培训等。

（2）员工专业结构。组织中有些人员并没有从事自己的专业，所以对组织内员工专业对口率的调查也是一个重要方面。

（3）员工年龄结构。培训是企业的一项投资活动，年龄的大小对企业投资回报率有着一定的影响。例如对50岁的员工培训的投资回报率明显低于对30岁员工培训的投资回报率，因为在非主动离职的假设下，30岁的员工比50岁的员工有更多的时间来为组织服务。

（4）员工个性特征。不同的岗位对员工的个性特征也有着不同的要求，例如设计岗位与业务岗位对员工的个性特征的要求就明显不同。

（5）员工工作能力分析。员工在实际工作中展示出的能力与工作所需要的能力之间是否存在差距，是培训内容的主要组成部分，不断将这种差距缩小也是组织培训的目标之一。培训者可以对员工的工作绩效进行分析，找出这种差距。

人员分析的目的在于决定特定员工的培训需求，其重点在于组织成员怎样才能将主要的工作任务执行好。进行人员分析的最佳人选是能对员工的工作进行直接观察的人，一般说来就是员工的直接主管。当然，员工本人作为工作的执行者，也是最好的进行人员分析的人选。此外，几乎所有的与个人业绩相关的人都可以成为个体需求评估信息的提供者，如员工的同事、下属、顾客、参谋机构人员等都可以提供相关信息。

二、培训需求分析过程

1. 制订培训需求分析计划

为任何工作在开展前制订一个科学而可操作的计划，是保证工作顺利实施与成功的关键，培训需求工作的实施也不例外。前面提到培训需求有三个层次，包括组织层次的培训需求、任务层次的培训需求和人员层次的培训需求。因此，在培训需求分析

① 陈丽芬. 论组织培训需求评估［J］. 南京理工大学学报：社会科学版，2008（2）.

的实施计划中应当首先明确，在各个层次上进行需求分析应当达到什么目标。

计划制订之前，对组织信息的收集是必不可少的。信息的收集主要是对组织、任务和个人三方面信息进行集中归类整理。培训需求信息的收集方法主要包括观察法、访谈法和问卷法。观察法是培训者到员工的工作岗位上去了解第一手的资料，通过对员工工作进行观察记录而收集信息的方法。访谈法是指通过培训组织人员对员工进行面对面的交谈来了解员工的心理和行为的心理学基本研究方法，具有较高的灵活性和适应性。问卷法则是通过将由一系列问题构成的调查表发放给被调查人填写并回收，从而收集员工的行为和态度的一种方法。由于这三种方法在工作分析那一章已经做了详细的阐述，这里就不再重复了。

对收集来的信息要进行合理的整理，可以将这些信息主要分成两类，一类是关于工作行为、态度、结果等方面的标准，另一类是关于工作行为、态度、结果等方面的现状。在对信息进行分析时，主要从下面两个方面入手：一是确认员工现实与理想的工作行为、态度、结果之间是否存在差距以及差距程度的大小。二是确认差距来源。工作计划的主要内容包括：培训需求分析工作的时间进度，各项具体工作在执行时可能会遇到的问题，以及应对这些问题的方案和应当注意的事项等。

2. 实施培训需求分析计划

培训需求分析的实施主要是按照事先制订好的工作计划依次展开，但在分析培训需求的时候，也要根据实际工作情况或遇到的突发情况随时对计划进行调整。例如，培训计划中选择的分析方法如果在实施时遇到阻力或不能反映调查对象的真实需求时，就要及时增加或更换调查方法。按照培训需求分析计划开展工作的主要程序为：

（1）征求培训需求。培训管理者向各有关部门发出征求通知，要求各有关部门根据自己部门的现状与理想状况，分析其存在的差距，提出自己部门或员工的培训需求。

（2）整理培训需求。培训管理者将收集来的各类需求信息进行整理汇总并向相关主管部门进行汇报。

（3）主管部门对各部门申报的培训需求进行分析。主要分析三个方面的情况，一是受训员工的现状包括其在组织中的位置、是否受过培训、受过哪些培训以及培训的形式。二是受训员工存在的问题，包括是否存在问题及问题的成因。三是员工的期望和真实想法，包括员工期望接受的培训内容、希望达到的培训效果，然后核实员工真实的想法以确认培训需求。

（4）通过对汇总来的各类培训需求加以分析和鉴别，培训管理者参考有关部门的意见，根据培训需求的重要程度和迫切程度排列培训需求，确定培训需求，为制订培训计划奠定基础。

（5）评估培训需求，对培训需求作进一步确认。评估培训需求是实施培训需求计划的最后环节，应该注意处理好个别需求和普遍需求、当前需求和未来需求之间的关系，结合企业的实际情况和战略发展目标，对培训需求进行系统全面的分析，保证企业培训需求分析的有效性和可行性。

3．撰写培训需求分析报告

培训需求分析报告是培训需求分析工作的成果表现。它的目的在于对各部门申报汇总上来的培训需求做出解释和给出评估结论，并最终确定是否需要培训和培训什么。因此，培训需求分析报告是确定培训目标、制订培训计划的重要依据和前提。培训分析报告主要内容形式如表5－2所示：

表5－2　　培训需求分析报告内容一览表①

序号	项　目	内　容
1	报告提要	简明扼要地介绍报告的主要内容
2	实施背景	阐明产生培训需求的原因 培训需求的意向
3	目的和性质	说明培训需求分析的目的 以前是否有类似的培训分析 以前的培训分析的缺点和失误
4	实施方法和过程	介绍培训需求分析所使用的方法 介绍培训需求分析的实施过程
5	培训需求分析的结果	阐明通过培训需求分析得到了什么结论
6	分析结果的解释、评论	论述培训的理由 可以采取哪些措施改进培训 培训方案的经济性 培训是否充分满足了需求 提供参考意见
7	附录	分析中用到的图表、资料等

三、将培训需求转换为培训目标

通过培训需求分析找出差距，分析存在差距的原因，确定一个时期的培训目标是需求分析的根本目的。一个明确的培训目标，既可以用来规定员工的学习内容，也可以用来规定培训人员的教学内容，还可以用来作为评价培训效果的基准。将培训需求转换为可操作的培训目标，应该遵循以下原则：

（1）目标要具体，尽可能使用定量目标。目标越具体越具有可操作性，越有利于培训效果的评价。

（2）目标内容文字表达要精确，尽量采用行动性词语来表达，如“熟练掌握”、“正确理解”、“准确操作”等，因为学习目标是在行动中实现的。

（3）目标水准应合理，不宜太高或太低，应既具有促进性又具有可行性。

（4）培训目标应尽可能获得受训者的认同，使目标本身对受训者产生积极的激励作用，以免受训者因否定目标而产生抵触行为。

① 蔡宁．培训需求分析五步流程［J］．中国劳动，2009（6）．

（5）目标内涵应与职位工作相关，即依据职位工作的性质、特点及要求来规定培训目标，否则培训将会失去实际意义。

通常确定下来的每一项完整的培训目标包括三个主要内容：业绩、条件和标准。

业绩是目标的关键部分，指预期的培训结果，如你希望受训者掌握何种知识技能或具备何种态度、应该改变何种行为等。

条件指的是受训者完成目标任务所处的环境或所需要的条件，它包括培训所需用到的任何工具设备、文件、辅助设施和各种系统。这种条件可以是模拟的环境条件，也可以是真实的操作现场。

标准指达到目的的标准，即你希望受训者以何种表现来完成目标。标准可以是定量词语表达的，也可以是定性词语表达的。培训中学习目标的典型例子如“运用标准键盘（条件），每分钟打字速度达到65个单词（业绩），没有任何错误（标准）”。再比如“逐字逐句（标准）地背诵（条件）阐明改进质量的十四步工作法（业绩）”。

培训目标是培训活动的目的和预期成果，目标可以针对每一培训阶段设置，也可以面向整个培训计划来设定。培训目标是建立在培训需求分析的基础上的，培训需求分析明确了管理人员和员工所需提升的知识、能力、技能、态度等，接下来就是要确立具体且可测量的培训目标。

第三节　人力资源培训的实施与评估

一、培训方案的设计

1. 培训计划的内容

计划、组织、领导、控制是管理的四项基本职能，而计划工作贯穿于整个管理过程之中。因此，在进行培训管理之前，制订一个详细周全的计划是实施培训的一项重要的基础性工作。培训计划是按照一定的逻辑顺序排列的记录，它是从组织的战略出发，在全面、客观的培训需求分析基础上对培训时间、培训地点、培训者、培训对象、培训方式和培训内容等事宜做出的预先系统设定，培训计划必须满足组织及员工两方面的需求，兼顾组织资源条件及员工素质基础，并充分考虑人才培养的超前性及培训结果的不确定性。

（1）培训目的。包括培训目标、预期结果等，都需要在培训计划中得到明确的体现，这是培训的纲领性内容。

（2）培训对象。不同的培训对象，培训计划的内容也各不相同。针对不同的培训对象安排不同的培训计划，可以让企业的年度培训计划充实而有效。

（3）培训内容。不同的培训对象有着不同的培训需要，培训内容是以理论为主还是以实践为主，以思想为主还是以知识为主，都是编制培训计划时需要考虑的问题。

（4）培训师。企业人力资源部门一般都有自己的培训师，与工作相关的专业知识也可以由各部门主管担任，企业文化方面的培训可以由行政领导实施。从企业内部挑选适当的人才担任培训师的任务有着很好的效果，而且节省开支，但是必要时也可以邀请外部专业人员或培训机构来完成。

(5) 培训的后勤工作。培训计划里需要体现的内容是培训需要的设备、地点、时间、支持等方面。

2. 培训经费

现在的大型跨国企业用在培训上的支出都很高，一般培训费占总销售额的1% ~ 3%，最高的能达到7%。知识、技术密集型的行业，培训费一般会多一些，比如会计师事务所、管理咨询公司就会相对比较高。目前国内的企业，一般都比这个比率要低一些，国企、事业单位的预算比较高，例如中国石化目前按照员工工资总额的1.5%提取职工培训经费。但是企业越小，在培训费用上的支出也就越少。企业编制培训预算时，必须首先认真研究本企业的培训需求，根据企业的经济实力，选择最有效的培训方式。

员工培训实际上是一种投资，无论培训预算在各个企业的制定上存在怎样的不同，如果没有“培训就是投资”这种理念，企业的培训工作乃至人力资源工作恐怕都是很难做好的。

3. 培训计划的影响因素

(1) 员工的参与。让员工参与设计和决定培训计划，除了加深员工对培训的了解外，还能增加他们对培训计划的兴趣和承诺。此外，员工参与可使课程设计更切合员工的真实需要。

(2) 管理者的参与。各部门主管对于部门内员工的能力及所需何种培训，通常比负责培训计划者或最高管理阶层更清楚，故他们的参与、支持及协助，对计划的成功有很大的帮助。

(3) 时间。在制订培训计划时，必须准确预测培训所需时间及该段时间内人手调动是否有可能影响组织的运作。编排课程及培训方法必须严格依照预先拟定的时间表执行。

(4) 培训成本。计划必须符合组织的资源限制。有些计划可能很理想，但如果需要庞大的培训经费，就不是每个组织都负担得起的。能否确保经费的来源和能否合理地分配和使用经费，不仅直接关系到培训的规模、水平及程度，而且也关系到培训者与学员能否有很好的心态来对待培训。

(5) 在编制培训计划时还应当注意下列内容：培训计划必须首先从公司经营出发，不仅要“好看”，更要“实用”；更多的人参与，将获得更多的支持；培训计划制订前必须要进行培训需求调查；在计划制订过程中，应考虑设计不同的学习方式来适应员工的不同需要和个体差异；尽可能多地得到公司最高管理层和各部门主管的承诺及获得足够的资源来支持各项具体培训计划，尤其是对员工培训时间上的承诺；提高培训效率要采取一些积极的措施；注重培训细节和内容等。

二、培训方案的实施

1. 做好培训宣传工作

培训前宣传工作非常重要，而不是可有可无。好的宣传可以调动员工的积极性与参与动机，提高培训的效果。

（1）对培训的内容与目的进行说明，包括培训时间、地点、吃住行的安排、培训日程、培训内容、培训形式、主要出席培训会议的领导和培训课程主讲、顾问等。

（2）调动学员强烈的动机和学习积极性，强调本次培训活动对于公司和学员个人的重要意义，引起学员的重视，使学员产生兴趣，最大限度地利用这次机会完成培训任务。

（3）征求学员对培训安排的不同意见是很重要的一个工作，如果忽视了不同意见的存在而不加以解释，学员对培训工作的不满很容易影响学员的学习积极性，不仅自己不能达到培训预期效果，还会影响其他人。

（4）了解特殊要求，充分体现对学员的尊重和关怀，使学员心情愉悦，对培训效果产生积极的促进作用。

（5）明确培训纪律，这是培训组织者应注意的问题。特别是培训对象公务繁忙时，经常会有各种事务干扰培训学习，会影响教师的正常授课，影响学员的注意力。因此一定要事前强调纪律。

2. 做好培训资源的准备

（1）培训管理人员、培训教师的落实。选派培训管理人员和培训教师，如需聘请专门培训机构的教授、专家，更要提前联系，并了解他们的背景、经历等。

（2）培训场所的选择与布置。为确保培训效果，最好选择较安静的培训场所，且室内光线、温度、通风要好，使学员感到舒适。同时，要进行必要的布置，如适当的口号、标语等，以营造培训氛围，激励学员参加培训的积极性和主动性。

（3）应用工具的准备。培训过程中应用的工具主要有两大类：资料类工具和设施类工具。常用的资料类工具包括培训教材、讲义、讨论资料、测试资料等；设施类工具主要包括白板或黑板、投影仪、幻灯机、音响器材、多媒体网络终端等。要确保工具的品种、数量和质量满足并符合培训的需要，因为培训效果的好坏来自于学员的听觉、视觉和心理的共同接收效果。

3. 组织实施培训计划应注意的问题

（1）明确分工，落实责任

虽然公布培训计划可以使培训项目的相关人员明确自己的具体工作责任，但在培训计划实施前，最好应召开一个相关人员的会议，一方面明确分工，落实责任；另一方面为今后在培训过程中的沟通配合奠定基础。

（2）密切配合，相互沟通

一个培训项目的实施是一个系统工程，特别是规模比较大的培训，涉及的时间长、人员多，培训过程中难免出现这样那样的问题。因此，要特别强调相关工作人员之间的沟通、配合及全局观念。

（3）严格监控，保证进度

要特别注意按培训计划的进度安排课程，既不要前紧后松，造成后期学员松懈；也不要前松后紧，后期赶进度，影响培训的质量。员工培训工作要坚持“以人为本”的方针，紧紧围绕“人才强企”战略，以“提高整体素质，做好人才储备，更好地为企业改革、发展服务”为目标。落实好培训计划是实现培训目标的根本保证。因此每一个培训项目都要制订出科学、系统、缜密的培训计划，并遵循相关原则，应用科学方法，认真组织实施。

三、培训效果评估

培训效果评估是企业培训活动的最后一个环节，也是非常重要的收尾工作。只有进行了有效的企业培训评估，才能及时发现培训过程中存在的问题并及时进行反馈和修正。科学的企业培训效果评估对于了解企业培训的效果，界定培训对企业的贡献、对员工成长的帮助等方面有着积极的意义。

1. 效果评价的主要内容与方法

培训效果评估就是系统地收集必要的描述性和判断性信息，以帮助做出使用或修正培训项目的决策选择。有效的培训效果评估就是收集用于决定培训是否有效的结果信息的过程。结果信息指的是企业和员工个人从培训中获得的实际收益。对企业来说，收益意味着效益的增加、顾客满意度的增加等；对员工个人来说，收益意味着学到各种新的知识或技能，从而提高自身价值。

表 5－3　　培训效果评估分析表①

评估层面	评估内容	评估方式	评估时间	实施条件
反映层面	员工对培训项目的反映	问卷调查、访谈、员工对培训的参与程度	培训过程中	学员的支持
知识层面	员工的知识、态度、技能的提高程序	测验、实地操作、工作模拟、角色扮演、讨论	培训结束时、培训结束后一个月内	测评人员的测评工作科学、公正
行为层面	员工所学应用于工作的情况及行为改进情况	由领导、同事、下属进行的绩效考核	培训结束后，一个或几个绩效考核周期内	培训内容的针对性与实用性
结果层面	培训为公司带来的效益、效率的提高	事故率、出勤率、利润率	年度/半年，视数据采集周期而定	培训评估数据库的完善

表 5－3 是将培训分成几个层面的内容，结合企业的实际情况进行细化和变动，然后分类进行评估。

（1）反映层面：主要指员工对培训项目的反映，包括态度、情绪、意见、互动情况等，通过他们的反映来总结他们对培训设施、培训方法、培训内容和培训教师的看法。这个过程中我们可以采用问卷调查等方法，譬如要求学员填写学员满意度调查表或者培训课程评估调查表，以此掌握学员对培训项目的主观感受。

（2）知识层面：这个层面的评估是要考查接受培训的员工在知识、技能、态度等方面是否有变化，可以通过卷面或实际操作，了解学员在学习前后，对于在培训中涉

① 孙英. 浅析员工培训效果评估［J］. 中国集体经济，2010（10）.

及的一些理论知识等方面及实际技能有多大程度的提高。该方面的评估比较直接而容易。

（3）行为层面：这个层面的评估直接体现了培训的意义和目的。如果得出的结论是负面的，也就是培训没有对员工行为产生积极影响，就要从多方面入手调整培训工作内容，使其更贴近实际工作需要，同时配合其他部门为培训知识的应用创造良好的氛围。该层面的评估包括员工将所学应用于工作的情况和学员的行为改进情况。可以在评估中通过跟踪调查，由学员的上下级、同事判断和自己分别在工作中对所学知识的应用情况，包括工作态度、工作表现和分析解决实际问题的能力等方面进行评价，例如采用360度问卷调查等。

（4）结果层面：培训是否为公司带来效益和效率的提高，是培训的另一个重要目标。对于该层面的评估我们可以从两个角度入手，一是员工个人绩效的提高，二是组织绩效的提高，综合两方面来总结员工培训对员工和企业的影响。具体地可以通过事故率、出勤率、销售额、利润率、单位电量能耗、安全生产周期等指标来进行评估。

2. 培训效果评估的流程

（1）培训效果评估的准备工作

①确定培训目标：培训前确定的培训目标是否达成，是培训效果评估的主要内容，目标的达成与否，直接决定着培训的成败。

②确定培训效果评估的目的：在培训实施之前，或者说在制订培训计划时就应该确定培训评估的目的，并确定评估的重点。一般来说，培训评估的目的除了检验培训成功与否，还包括对培训的系统内容、方式、程序、环节等进行修正，或者说是对培训项目进行整体修改，从而逐渐完善企业的培训体系。

③培训前测试：培训前对员工进行某个培训内容方面的测试，可以用来对培训后的测试进行对比，可以直接测出员工培训前后有多大程度的提高。培训前测试适用于关于知识、技能或理论方面的培训。

④培训相关计划准备：相关计划准备包括对培训方法的选择、培训时间的安排和培训地点的预约等，这部分内容视评估安排的情况而定。

（2）培训效果评估前的实施工作

①确定评估的层次。前面提到了评估内容可以分为四个层次，但是由于培训的内容不同或者评估的目的不同，不会对四个层次全部进行评估。因此，结合具体的培训项目有针对性地选择评估层次是评估实施的第一步。

②确定评估方法。评估方法一般包括问卷法、测试法、访谈法和观察法，这些方法在前面几章都有介绍，这里便不再赘述。只是随培训的内容不同，选择的方法也应不同。如果时间等条件允许，也可以同时采用多种方法一起评估，以提高评估的准确性。

③收集评估数据。不同的评估层次，评估的时间和指标不尽相同。例如，反映层面的评估在培训进行中和培训结束后都可以进行，主要涉及员工的感受，如培训场所的安排、内容的丰富性等。行为和结果层面的评估是在培训结束后一段时间进行的，但员工培训后的效果受很多条件的限制，需要企业为员工提供展示其通过培训取得的

进步的机会和场所。例如为销售人员提供新的客户等机会。

3. 效果评价的总结与反馈

评估的结果与反馈工作需要以正式的报告形式进行提交，这不仅是为了向上级领导汇报，也可以为企业培训工作留下宝贵的数据资料，以促进企业人力资源管理的持续性。

（1）撰写培训评估报告。培训评估报告由评估人员根据评估数据拟定，其内容应该包括培训目的、培训内容的简要说明、各层次评估信息的分析、培训评估的结果、对未来培训工作的改进和建议等。事实上，行为层面和结果层面的投资回报内容才是企业更为关心的内容，因此评估报告要考虑高层的实际需要。

（2）跟踪反馈。培训评估报告确定后，应及时在企业内进行传递和沟通，并根据培训效果调整培训项目及环节。对于没有效果的项目，可以撤销；对于某些效果不明显的培训项目，可以对其进行重新设计和调整；对于某些欠缺的项目或环节，可以考虑增设。

本章小结

本章内容是人力资源开发与培训。这是现代人力资源管理意义所在，也是人力资源管理工作的重点。本章首先讲述了人员培训需求分析，主要是能够使员工培训更加具有针对性，对企业发展和员工个人发展都具有重要的意义和作用，重点介绍了人员培训分析的方法和步骤及评估；其次讲述了人员开发与培训的计划制订与实施，重点介绍计划制订的内容和方法，计划实施的步骤、程序；最后讲述了员工培训效果的评估与检验的内容、方法和步骤，并在效果检验评估的基础上，对今后的培训计划实施修订和改进。

关键概念

1. 培训需求分析　　2. 培训计划　　3. 战略人才培训　　4. 培训效果评估

本章思考题

1. 人力资源培训的意义与作用是什么？
2. 如何进行培训需求分析？
3. 如何制订培训计划和实施方案？
4. 在实施培训中应该注意哪些问题？
5. 培训效果评估的方法与流程有哪些？

案例分析

五月花公司的培训①

五月花制造公司是美国印第安纳州一家生产厨具和壁炉设备的小型企业，大约有150名员工。博比是这家公司的人事经理。这个行业的竞争性很强，五月花公司努力使成本保持在最低的水平上。

在过去的几个月中，公司因为产品不合格问题已经失去了3个主要客户。经过深入调查，发现次品率为12%，而行业内平均水平为6%。副总裁提米和经理考森在一起讨论后，认为问题不是出在工程技术上，而是因为操作工们缺乏适当的质量控制培训。考森使提米相信实施一个质量控制的培训将使次品率降低到一个可以接受的水平上，然后接受提米的授权负责设计和实施操作这一项目。提米很担心培训课程可能会影响生产进度，考森强调说培训项目花费的时间不会超过8个工时，并且分解为4个单元，每个单元2小时来进行，每周实施1个单元。

然后，考森向所有的一线主管发出了一个通知，要求他们检查工作记录，确定哪些员工存在生产质量方面的问题，并安排他们参加培训项目。通知还附有一份讲课的大纲。在培训设计方案的最后，考森为培训项目设定了这次培训的目标——将次品率水平在6个月内降低到标准水平即6%。

培训计划包括讲课、讨论、案例研讨和观看一部电影。在准备课程时，培训师把他讲义中的很多内容印发给每个学员，以便于学员准备每一章的内容。在培训过程中，学员花费了相当多的时间来讨论教材中每一章后面的案例。

由于缺少场地，培训被安排在公司的餐厅里举办，时间安排在早餐与午餐之间，这也是餐厅的工作人员准备午餐和清洗早餐餐具的时间。

本来应该有大约50名员工参加每个单元的培训，但是平均只有30名左右的人参加。在培训检查过程中，很多主管人员向考森强调生产的重要性。有些学员对考森抱怨说，那些真正需要在这里参加培训的人已经回到车间去了。

考森认为评价这次培训最好的方法是看在培训结束后培训的目标是否能够达到。结果产品的次品率在培训前后没有发生明显的变化。考森对培训没有能够实现预期的目标感到非常失望。培训结束6个月后，次品率水平与培训项目实施以前一样。考森感到自己压力很大，他很不愿意与提米一起检查培训评估的结果。

案例思考题

1. 考森的培训项目的设计有哪些问题？培训过程中存在哪些问题？
2. 你认为应该如何评估培训需求？
3. 请你根据案例背景，重新制订一个培训计划。
4. 你认为可以使用哪些其他的培训方法和培训技术来达到培训的目标？
5. 质量控制中的问题总是可以通过员工培训来解决吗？为什么？

---

① 五月花公司的培训［OL］. 中国管理培训网，http：//www. zoneuse. com/artical_details. asp？ id =268.

第六章　职业管理

学习目标

1. 了解职业管理的基本概念
2. 熟悉和理解职业发展规划的重要意义
3. 熟悉并掌握职业发展规划的设计与实施步骤和方法
4. 了解不同类型的管理人员的职业管理

引导案例

小张该如何选择①

某省级电信企业分公司网络运维部的小张工作积极肯干，勤于思考，深得省公司企业发展部赵总的赏识。一年前赵总将小张从其所在市公司借调到省公司工作，支撑省公司新职能战略管理的力度。小张工作十分努力用心，仅在一年中，就深入参与省公司年度战略规划的制定工作，并向省公司提交了多篇电信企业竞争环境的分析报告，工作获得了不小的成绩。

小张的直接主管刘经理是一位精通业务的技术骨干，但喜欢对下级的工作进行挑剔，经常不分场合地批评员工，对于本是借调并且内向寡言的小张更是多次指责。刘经理苛刻的工作作风虽受到小张等多名下属的暗中抱怨，但是大家面对这位顶头上司时也只能沉默和屈从，小张本人更是感到如履薄冰。

小张借调时值一年，省公司进行中层领导的竞聘上岗。在省公司企业发展部任职多年的赵总要到分公司去竞聘老总，刘经理也要重新参加部门主管的公开竞聘。小张则处于职业发展何去何从的选择中：自己原定两年的借调期，现在已过了一大半，虽然工作业绩与个人能力受到赵总的赏识，但是赵总如果到地方分公司竞聘成功，小张将直接面对苛刻严厉的直接领导刘经理，小张很难预料自己留在省公司的发展前途。如果此时小张以两地分居为由，向赵总申请缩短借调期，回到原单位继续本职工作，工作轻车熟路，既受老领导器重，又可以与家人团圆。然而如此一来，小张在省公司企业发展部的工作成绩、所掌握的关于企业发展战略方面的知识与技能便失去了意义。他觉得通过参与公司战略规划项目，能够站在企业最前沿关注公司环境的变化，了解最新的技术动向、市场动向，这些是自己在网络部技术岗位所接触不到的。

小张现在很矛盾，究竟是回市公司网络部去发展，还是坚持留在省公司呢？

---

① 职业发展管理案例［OL］. http://wenku.baidu.com/view/c1ca56c75fbfc77da269b120.htm.

第一节　职业管理概述

一、职业管理的有关概念

1. 职业生涯

职业生涯是一个人从首次参加工作开始的一生中所有的工作活动与工作经历按编年的顺序串联组成的整个过程。① 有研究者将职业生涯定义为：以心理开发、生理开发、智力开发、技能开发、伦理开发等人的潜能开发为基础，以工作内容的确定和变化、工作业绩的评价、工资待遇、职称职务的变动为标志，以满足需求为目标的工作经历和内心体验的经历。

2. 职业规划

从管理的角度，职业规划有个人与组织两个层次。从个人层次看，每个人都有从现在和将来的工作中得到成长、发展和获得满意的强烈愿望和要求。为了实现这种愿望和要求，他们不断地追求理想的职业，并希望在职业生涯中得到顺利的成长和发展，从而制订自己成长、发展和不断追求满意的计划。这个计划就是个人的职业发展规划。从组织层次看，职业发展规划是指组织为了不断地增强员工的满意度并使其能与组织的发展和需要统一起来而制订协调有关员工个人成长、发展与组织需求和发展相结合的计划。

3. 职业管理

职业管理是一种专门化的管理，即从组织角度，对员工从事的职业所进行的一系列计划、组织、领导和控制等管理活动，以实现组织目标和个人发展的有机结合。对于这一概念，需要明确以下几点：第一，职业管理的主体是组织，是企业；第二，职业管理的客体是企业内员工及其所从事的职业；第三，职业管理是一个动态的过程；第四，职业管理是将组织目标同员工个人职业抱负与发展融为一体的管理活动，它谋求企业和个人的共同发展，同时也是促进其得以实现的重要方式、手段和路径。

二、职业发展观及其重要意义

1. 职业发展观产生的背景

（1）经济发展和人们需求层次的提高

人类社会经过数十万年尤其是最近二三百年的发展，经济规模已经达到空前的水平，人类创造财富的能力从来没有像现在这么强大，这使得越来越多的人开始过上富裕的生活，而且能够接受更高水平的教育。随着生活水平的提高和人们素质的提高，人们不再满足于物质需求的满足，而开始追求满足更高层次的需求。职业发展和事业成功就是现代人的主要追求之一。

---

① 张德. 人力资源开发与管理［M］. 北京：清华大学出版社，2002.

（2）知识经济的飞速发展

20世纪50年代以来，伴随着第三次技术革命浪潮的兴起，世界开始告别传统的工业经济，迎来新的经济发展时代。在以信息技术为代表的高科技的推动下，知识和技术成为经济增长的主要源泉，工业时代的分工被重新整合，人力资本成为最活跃的生产要素和经济发展所依赖的最主要的战略资源。

（3）企业管理从科学管理到文化管理的转换

在过去的二百多年里，企业管理已经从早期的经验管理、科学管理发展到当今的文化管理。员工不再被看成“经济人”，而被视为“复杂人”、“观念人”，管理不再“以事为本”而是“以人为本”，领导不再是“控制型”而是“育才型”。人力资源管理是文化管理的核心，人力资源开发是现代企业的生命线，作为人力资源开发重要内容的职业管理是现代企业生存和发展的必要条件。

（4）企业管理走向人本管理

以人为本是现代企业管理的指导思想。主张以人为本，就是主张人是企业的主体，企业最重要的资源是人，企业为人的需要而存在，企业要促进员工的全面发展。在人本管理思想的指引下，现代企业的经营目标不再仅仅是为企业所有者的利益最大化服务，而是必须为所有的利益相关者服务，满足员工的利益需求、促进员工的全面发展成为现代企业追求的重要目标。

2. 职业发展观的主要内容

职业发展观是现代人力资源管理的基本思想之一，其主要内容是，企业要为其成员构建职业发展通道，使之与组织的需求相匹配、相协调、相融合，以达到满足组织及其成员的各自需要，同时实现组织目标和员工个人目标的目的。职业发展观的核心是要使员工个人职业生涯和组织需求实现协调与融合。

3. 职业发展观的意义和作用

（1）有利于促进员工的全面发展和提高员工工作满意度

人类社会发展到今天，仅仅靠物质刺激已经很难满足员工的高层次需求。职业发展观正是针对这一现实情况而提出的。无论如何，人类的进步和发展，是经济发展的根本目标和最终目标。所以，职业发展观顺应人类社会的发展趋势，代表着企业管理的发展方向，它不但能解决员工的现实激励问题，而且能从根本上调动员工的积极性，是员工激励的最终选择。管理实践经验证明，成功的企业无一例外地重视员工的全面发展，为此采取必要的管理措施，投入充足的资源促进员工的全面发展，从而提高员工工作满意度，并最大限度地调动员工工作积极性和创造性。

（2）有利于塑造优秀的企业文化

企业文化的核心是企业全体员工的共同价值观，其主要内容就是如何认识企业的使命、如何看待顾客和员工。对这些问题的认识水平，决定了一个企业的文化发展水平。现代企业要正确认识其使命及其员工，就不能不树立职业发展观。树立职业发展观，实质上就是肯定和强调人的重要性，这是现代优秀企业文化的基本特征。

（3）有利于促进企业的发展

职业发展观的核心是发展和进步，它鼓励学习，鼓励创新，也鼓励竞争。在这一过程中，组织一方面保持了积极向上、活跃进取的氛围，另一方面也必然造就一大批勇于创新求变的人才。无论是优秀的企业文化，还是忠诚于企业的高素质员工，都是企业发展的必要条件，同时也是最重要的条件。有了这两条，企业的发展也就指日可待了。

第二节 职业发展规划

一、职业发展规划概述

1. 职业发展规划的概念

职业发展规划，亦称职业生涯管理，是指组织和员工个人对职业发展进行设计、规划、执行、评估和反馈的一个综合性的过程。通过员工和组织的共同努力和协助，使每个员工的职业发展目标与组织目标相一致，使员工的发展与组织的发展相吻合。因此，职业发展规划包含两个方面：一是员工的职业发展规划，员工对自己的职业选择和发展由自己做主，实现自我管理。自我管理是职业发展规划成功的关键。二是组织协助员工规划其职业生涯，并为员工提供必要的教育、训练、培训等发展的机会，促进员工实现职业发展目标。

2. 职业发展规划的特点

个人和组织都必须承担一定的责任，双方共同完成对职业发展的规划。传统管理历来认为，员工的职业选择和发展是员工个人的事情。但是，随着把人视为最重要的一个资源，自企业中广泛实施以人为本的管理思想及管理技术以来，人们发现，加强员工的职业管理，实际上是与企业目标相一致的，是实现企业目标的有效管理手段。企业的发展离不开员工的努力工作，员工个人的发展同样也离不开良好的企业环境，二者目标利益上的一致性和共同性为实施员工职业发展规划构建了基础平台。

职业发展规划是一种动态管理，它贯穿于职业生涯发展的全过程，每一个员工在职业发展的不同阶段，其发展特征、发展任务以及应注意的问题是不相同的。每一个阶段都有各自的特点、各自的目标和各自的发展重点，每一个阶段的管理也应有所不同。随着决定职业发展的主客观条件、组织成员的变化，职业发展规划的侧重点也会发生相应变化，以适应情况变化的需要。

3. 职业发展规划的内容

职业发展规划是个动态管理的过程，需要不断根据企业内外部环境、社会人才市场变化和社会经济发展趋势进行不断的调整，以适应社会发展和企业用人的需要。在整个职业发展规划过程中，必须考虑以下主要内容：

（1）设计职业发展规划路径；

（2）提供职业发展规划的各项信息；

（3）员工绩效评估；

（4）职业发展规划的咨询与辅导；

（5）主管扮演支持的角色；

（6）职业发展规划评估；

（7）工作与职业生涯调试；

（8）职业生涯发展。

二、职业发展阶段

1. 职业发展六阶段模型

员工的职业发展过程要经历若干阶段。在现代社会，一个人的职业一直是其自我概念的核心，是其自尊的来源。舒伯（D. E. Super）和波恩（M. J. Bohn）认为，职业发展的本质就是人们自我概念的实现与完成。据此，他们提出了职业发展过程六阶段模型：

（1）探索期：自我概念在童年及青少年期的发展。

（2）现实测试期：从学校转换到工作岗位及早期工作经历。

（3）试验期：试图通过尝试一种或几种职业道路，来实现自己的自我概念。

（4）立业期：在职业生涯的中期，实现并改变自我概念。

（5）守业期：保持并继续实现自己的自我概念。

（6）衰退期：随着职业角色的终结，对自我概念进行新的调整。

这个职业发展理论表明一个人的童年和年少时代所带来的需要模式、动机与价值观，对于职业选择过程只是一套初步的目标与制约条件而已。在以后的发展中，这个人会一直处于一种变化的动态过程之中，不断地试图把自己内在的驱动力与冲动释放出来，去实现各种新的经历，而结果也总是不断变化与扩展的。

如果把这个过程绘成曲线，则可以看出，在探索与测试两个阶段，发展线是平坦的或缓慢上升的；在试验期与立业期则是较陡峭的上升斜线；到了守业期则升、平与降三种可能都存在，多数人往往是维持水平状态，上升滞缓下来，这在国外被称为“高原平台”时期。人近“知命”之年，心理与生理上都可能发生变化，称为“中年危机”，此时的人已经意识到老境将至，对自己所定职业发展目标中哪些已经达到或将要达到有所了解，往往开始探索新的生活目标，调整与人的工作关系，角色从新手、后辈转向长者、教练，并开始感到力不从心、为时已晚，转而关心其职位的安定性。这一时期是人生的一个十字路口，纵向有升或降的两种可能，横向有转或退两种可能。对这种员工，要劝诫他们使自己的期望变得现实起来。如果公司上层空缺岗位确实有限，可以让他们去做年轻员工的师傅或教练，或安排他们去实施一些项目性的工作，对表现突出的给予奖励，让他们参与管理。总之，组织要关心这些处于守业期的干部和员工，使其能维持自尊或调整自我概念。衰退期，当然是呈下降的斜线，此时已经退休，职业发展已渐渐消退。

2. 职业发展五阶段模型

（1）工作准备阶段。这一阶段主要年龄段为 0 ~ 18 岁。在这一阶段，人们还没有正式参加工作，而是通过各种方式接受教育，为正式参加工作做准备。这一阶段的主要任务是接受系统教育，确定职业取向，形成完整的职业发展观念。

（2）进入组织阶段。这一阶段主要年龄段为18~25岁。这一阶段的焦点是对工作、行业和组织的选择。这一阶段最主要的问题是“现实的震荡”。“现实的震荡”一方面表现在教育环境中养成简单的、理想的、明确的观念同社会工作环境中复杂的、多样的现实会形成鲜明的对照；另一方面刚进入组织开始工作时易抱有不切实际的过高期望，不久就会发现实际上的工作并非富有挑战性。两方面形成的“现实的震荡”对自身和组织来说都是有害的。组织必须帮助员工克服该问题。

（3）职业早期阶段。这一阶段主要年龄段为25~40岁。这一阶段的基本任务是在组织和职业中塑造自我。这一阶段开始真正面对挑战，学会承担责任；尝试应对多方面的问题并寻求解决方案；这一阶段员工需要时间适应成人世界的规则，寻找到适合自己的角色。

（4）职业中期阶段。这一阶段主要年龄段为40~55岁。职业中期的特征是对支配职业早期的生活方式进行重新确认；提炼出新的生活结构。职业中期面临的两个问题有中年危机和职业高原现象。

（5）职业晚期阶段。这一阶段的年龄段为55岁至退休。这一阶段是职业发展的最后一个阶段，要对抗衰老、保持工作的创造性，要做好从工作中解脱出来的准备。组织可以通过以下方式帮助职业晚期的员工发展①：

①认真审视人力资源政策中对资深员工会产生影响的做法；

②调查资深员工的需要；

③提供模拟退休的中长期休假；

④发展退休计划；

⑤提供多种弹性工作方式。

三、职业发展规划设计与实施

1. 职业发展规划设计

（1）组织方面的职业发展规划设计

组织方面的规划设计的活动成为员工职业发展管理。目的在于把员工的个人需要与组织的需要统一起来，做到人尽其才，并最大限度地调动员工的积极性；同时使他们觉得在此组织中大有可为，前程远大，从而极大地提高其组织归属感。此规划设计活动涉及人力资源规划、指导与考评、培训与开发、奖励等一系列人力资源管理职能的发挥。

人力资源规划，包括通过评估和选拔找出重点培养对象（接班人或储备干部），认真安排他们的岗位与晋升路线。

指导与考评，包括帮助他们做好自我分析，提供企业中可供选择的发展途径的信息，考核他们的绩效并及时给予反馈等。

培训与开发，如果让员工自己凭感觉摸索提高自己的机会，那么可能就会见效慢

① 曾坤生，刘茂松. 人力资源管理学［M］. 北京：经济科学出版社，2004：192.

且效果不明显；如果组织有预见性地拟定出正式的培养与开发计划，自然就会事半功倍。

奖励措施，包括合理奖励制度的建立与实施，鼓励员工在职业发展道路上的任何进展。

（2）个人方面的职业发展规划设计

个人方面的职业发展规划设计活动包含了一系列职业生涯中重大转折性的选择，如专业发展方向的选择、就业单位的选择、职务的选择等。首先需在做好自我分析（个人的优劣势、经历、绩效、好恶等）的基础上，在本人价值观的指导下，确定自己的长期与近期发展目标，并进而拟出具体的发展道路规划。此规划应有一定灵活性，以便根据自己实际的表现而加以调整。

以上这两种活动当然是需要密切配合和协调的。个人发展计划的成功需要组织的扶持。美国以管理优异闻名的IBM公司有一句名言："员工能力与责任的提高，是企业的成功之源。"现代企业看到了员工职业发展道路的开发对企业的巨大利益，能发现人才，尤其是高潜力的后备管理人才，保证了企业领导层人才质量的连续性；实现人尽其才，充分开发本企业人力资源潜力；满足员工个人的荣誉、自尊与自我发展需要，引导其个人目标与组织目标统一，保证员工的工作积极性、创造性与对组织的忠诚与归属感。

2. 职业发展规划实施

职业发展规划实施的主体一般是企业，由企业有计划有步骤地进行。优秀的现代企业总是对员工的各种需要尤其是他们的高层需要十分敏感，它们鼓励、支持并帮助员工实现其职业上的抱负。为了管理好员工的职业发展，企业需要完成以下两个步骤：

首先，要制定企业的人力资源开发综合计划，并把它纳入企业总的战略发展计划之中，真正把人力资源的发展提高到应有的高度，并与其他方面的计划协调一致。

其次，要建立本企业的人力资源档案，通过日常绩效考评及专门的人才评估活动，了解员工现有的才能、特长、绩效、经历和志趣，评估出他们在专业技术、管理和创业开拓诸方面的潜力，确定他们目前所处的职业发展道路阶段，记录在档案中，作为制订具体的培养、使用计划的依据。

这种管理有效性的关键，是组织需要与个人需要的协调与一致。企业要鼓励和帮助员工，尤其是骨干和潜力较大者，做好自我分析，妥善制订个人的发展计划。有些企业就此向员工提供咨询，发放指导材料。企业根据员工个人发展计划、人事档案，结合企业未来发展对人力资源的需要，便可确定具体的培养与开发目标和计划，通过培训已有员工或必要时招聘新人，以满足需求。

这种管理的重点通常是具有管理潜质的苗子。对青年新员工，要着重从日常实践与绩效考评中评估他们的管理才能，发现优势，先安排在基层主管职位，指派其直接主管上级对他们进行在职指导，言传身教，也可针对他们的不足与弱点组织重点培训。等其对某一职位所需能力已经掌握之后，便有计划地对他们做横向调动，通过职务轮换，扩大他们的知识面；在适当的时候组织专业培训，学习管理基本理论及人际关系处理等管理技能。待他们对基层管理熟练之后，即可提升到中层管理职位上。对其中表现突出的优秀人才，便可经中层锻炼后，升入高层管理职位。在整个过程中，要保持上下沟通渠道畅通，经常开展纵向对话，直接了解下级的进展与不足，并促进相互需要的满足，适时地调整、修订原计划，以符合实际情况的需要。

第三节　管理人员的职业管理

一、管理人员选拔的特殊性

一项对高级管理人员的调查表明，第一，高级管理人员应该具备以下几种优秀品质：诚实、自信、身心健康、具有战略眼光以及比较强的思想交流能力；第二，继任者应该从本公司内部选拔。管理经验表明，经常调换管理人员既能够使公司在不同的环境中考察管理人员的工作，又能使他们积累更加丰富的工作经验。一般而言，对基层管理人员的甄别比较容易做到科学合理，因为人们对基层管理人员所需要具备的知识、技能和其他品质比较容易了解。但是对于比较高层次的管理的选拔就面临着许多困难。

研究结果表明，不同层次的管理工作需要管理者具备不同的工作技能。一个人在非管理职位上所获得的成就并不能说明他在管理职位上也将获得成功。同样道理，一个优秀的基层管理人员并不一定会成为一名杰出的高层管理人员，因为不同层次的管理工作需要不同的能力。高层管理人员最重要的工作是长远计划的制订、公司的经营监督、协调公司与客户的关系、市场开发和内部咨询等；基层管理人员最主要的工作是监督员工完成工作任务。

遴选管理人员容易出现的错误有以下几个方面：第一，用人标准不明确，因此不能正确地选择合适的人选，这是最常见也是代价最大的一类错误。第二，用人标准规定繁琐，缺乏灵活性。第三，在选拔管理人员时求全责备，脱离实际，忽视人力资源市场的实际情况，招募人才时抱有不切实际的奢望。第四，由于没有把握时机而浪费金钱。

组织在不同的发展阶段上需要有不同的管理风格，明确这一点对于选择管理人员非常重要。在组织发展初期，生产规模迅速扩大，具有基本的生产线，强调产品的设计和开发，几乎没有稳定的客户。这时，组织需要能够在风险环境中随机应变的果断的创业型经理，而不是精通日常事务的保守型经理。在组织的高速发展阶段，组织既要夸大市场占有率，又要建立一个精良的管理班子；同时生产线得到扩大和完善，并赢得客户的信赖。这时，组织需要善于建立稳定的管理系统来巩固初期阶段成绩的成长型经理。在组织的成熟阶段，强调市场占有率，通过规模经济来降低成本，采用严厉的管理手段来约束工人的活动，积累资本来开发新的生产线。成熟阶段的组织的灵活性和可变性要小得多。这时，组织需要善于处理日常经营事物的固定模式型经理。可以说，在这一阶段，由于实现规模经济是重要的任务，因此，同其他阶段的合适的经营管理人员相比，这一阶段要求管理人员具备更多的经济学知识。在组织的衰退阶段，力求维持原来的市场占有率，通过持续而集中的努力来降低成本，谋求继续生存。这时，组织需要一位创业型经理来淘汰已经无利可图的产品，解雇生产效率低下的员工，减少不必要的费用。①

二、管理人员的遴选

遴选管理人员时需要进行测验，而测验包括测试和考察两个方面。其中测试是指对于具有“是”或“非”答案的问题进行的标准化测验（如数学和词汇测验等），而考察则是对没有“是”或“非”答案的行为进行标准化测验（如兴趣、态度和观点等）。需要强调的是在考察过程中，应试者可能会揣测未来雇主的喜好而伪装，但是在测试中不存在这种问题。因此，管理人员的遴选过程应该采用测试方法，而考察方法适用于管理人员的工作安排和培训，因为这时应试者没有必要伪装自己。在管理人员的遴选过程中，除了可以使用领导能力测试、人事履历材料、同事评议等方法外，评价中心技术是一种非常重要的遴选方法。②

首先，人力资源管理中经常涉及的评价中心不是一个空间的概念，使用评价中心技术的企业并不一定有一个被称为“评价中心”的场所，评价中心指的是一系列筛选和评价员工的工作和技术的集合。这种方法对管理人员的遴选具有很高的效果。最初在第二次世界大战期间，德国和英国的一些军事心理学家使用评价中心方法来挑选军官，美国也使用这种方法来挑选特工人员。在美国的评价中心方法中，每个应试者必须自己虚构一个故事来掩盖自己的真实身份，考官则设计许多陷阱来诱使应试者暴露自己的身份，以此测试应试者的撒谎能力。需要强调的是，评价中心不仅可以作为员工录用的选择方法，也可以作为制定员工晋升决策时的筛选工具。评价中心方法能够有效预测工作绩效，是一种具有有效性又不含偏见的员工选择工具。这种方法最早在20世纪50年代由美国AT&T公司开始采用，现在已经非常普及，而且已经举行过多次专门的国际研讨会议。在第三届评价中心方法国际会议上，对这种方法的使用制定了一系列的标准和要求，其中最主要的有以下五个方面：第一，评价中心必须使用文件筐、无领导小组讨论等多种技术。第二，评价中心必须有事先经过培训的评价师来评价结果。第三，关于人力资源管理决策的判断必须同时根据多个评价师和多种评价技术提供的信息来共同决定。第四，对评价对象进行整体评价之前，必须提供所有评价师的观察结果并进行讨论。第五，评价中心内所使用的全部方法都需要事先进行检验并证实它们确实可以提供可靠、客观和与工作内容相关的行为信息。

评价中心的工作方式是让十几位工作应征者或管理职位候选人在一天到三天的时间内模拟执行实际的工作，同时评估者进行观察和评分。所有训练都强调与他人合作共同解决实际问题的能力。评价中心技术的具体内容通常包括以下几种形式：

1. 文件筐作业

“文件筐作业”取名源于从经理办公桌上存放组织文件的文件筐中取出并放入备忘

① 张一驰. 人力资源管理教程［M］. 北京：北京大学出版社，1999：296.

② 张一驰. 人力资源管理教程［M］. 北京：北京大学出版社，1999：297.

录。它是一种用纸与笔完成的测验，测验的题目描述了工作岗位的实际任务。备忘录中的问题应从待聘岗位的分析中产生并能代表实际工作任务。通常被考核人单独坐在桌子旁，花2~3小时针对选出的备忘录提出解决办法。评委不得提供口头指导，也不允许被考核人与监考人之间进行交流，但有一段介绍性的文字描述设想的场景，也会有组织结构图、公司使命、政策等背景资料。场景是多种多样的，但主题都是应聘者被任命到一个新的管理岗位，而其前任因辞职、受伤、休假或死亡等原因离职。

2. 无领导小组讨论

无领导小组讨论的目的，是考察被试者在需要小组成员共同合作才能成功完成的任务中表现出的人际交往特性。无领导小组通常由6~8人组成，其中没有领导，他们围坐在房间中央的会议桌旁，自由讨论，评委在另一房间（可全面观察到被试者的全部讨论过程，而被试者看不到评委）观察并记录被试者的行为。被试者面对的问题是同样的，但问题的侧重点有两个：其一强调合作，例如分析中国加入WTO后中国工商银行北京分行应如何重新配置网点；其二强调竞争，例如只有一小部分资源（奖金、新设备、一次性的投资基金等）不足以在组员间分配。在这两种情况下，小组都会见到问题的文字说明以及相关的辅助材料，并被要求提交一份行动方案的书面报告。考试时间通常不超过两小时。无领导小组讨论的问题除了用竞争与合作加以区分之外，也可用指定角色或不指定角色的扮演加以区别。指定角色指被试者中每个人被告知特殊的不同的信息，组员间相互保密。信息包括在公司担任的部门职位。组员要利用获得的信息在适当的时机影响小组的行动。不指定角色的扮演即没有额外信息提供。指定角色扮演最常用在竞争性问题的讨论中。

3. 案例分析

案例分析包含一段很长的组织问题说明，这些问题根据所选职位的不同而有所区别。对高级职务，案例常常描述公司某种事件的历史、相关的财务数据、经营战略以及组织结构，也常常会介绍新产品的行业动态、消费者倾向以及相关的生产技术。案例迫使被试者面对两难境地，要提出特殊的建议、给出支持性的数据以及详细地描述公司战略的改变措施。对中层管理职务，经常出现的主要问题是关于如何设计和实施经营计划或系统方案，例如管理信息系统或工作流程系统。对一线管理职务，问题集中在如何解决下属间的矛盾、下属的行为与公司政策相悖的难题，或者要重新评价特殊的工作方法。在考试完毕后，被试者会被要求在评委面前做讲演或与其他被试者讨论该案例。

4. 角色扮演

在角色扮演练习中，角色扮演者将和一至两位被试者进行互动。在这一过程中，角色扮演者将设置种种障碍，强调各种理由，说明被评价人员的决策是错误的，而被试者要竭尽全力让角色扮演者接受自己的决策方案。通过角色扮演活动，评价人员可以了解被试者的敏捷性、坚韧性、责任心以及处理冲突的能力。

5. 面试

在面试中，评价人员要求被试者回答一系列问题，这些问题通常包括他们以往的工作经验、个人经历、在技能方面存在的优缺点以及职业生涯规划等。面试主要有四种方式：模式化面试、问题式面试、非引导性面试和压力面试。

（1）模式化面试

由主试人根据预先准备好的询问题目和有关细节，逐一发问。为了活跃气氛，主试人可以问一些其他方面的情况。面试的目的是了解被试者全面、真实的情况，观察被试者的仪表、谈吐和行为，以及相互沟通的能力。结构化面试适用于招聘熟练工人、一般管理者、科技人员和各类后备人员。

（2）问题式面试

由主试人对被试者提出一个问题或一项计划，请他解决和处理。观察他在特殊情况下的表现情况，以判断其解决问题的能力。这种面试方式适用于招聘中级管理者。

（3）非引导性面试，又称自由面试

由主试人海阔天空地与应聘者交谈，无固定题目、无限定范围，让被试者自由地发表议论，尽量活跃谈话气氛，在闲聊中观察被试者的知识面、价值观、谈吐和风度以及他的思维能力、表达能力和组织能力。这是一种高级面试，主试人需要有丰富的知识经验和高度的谈话技巧，否则很容易使面试失败。这种面试方式适用于招聘企业高中层管理人员。

（4）压力面试，又称深度面试

由主试人有意识地对被试者施加压力，针对某一事项作一连串发问，不但详细而且刨根问底，直至使其无法回答，甚至激怒被试者。看他在突如其来的压力下能否做出恰当的反应，来观察他的机智和应变能力。这种方法如果运用不当，会引起被试者的反感。

6. 搜索事实

这是一个需要口语表述的模拟活动。这个活动中需要角色扮演者与被试者共同参与。被试者拿到一份将来某个工作情境中可能遇到问题的材料。首先要向角色扮演者创造性地、洞察性地提出一些敏感的问题，尽力挖掘出与该问题有关的信息。被试者不仅需要看到问题中包含了哪些信息，更需要关注问题中所缺少的关键信息。与角色扮演者充分交流之后，被试者需要在一个较短的时间之内做出决定，提出一个解决问题的方案。通常情况下，角色扮演者还会对被试者的问题解决方案提出质疑，与被试者进一步讨论甚至争论。整个过程中主试人完全不介入，只是在旁边观察和记录。显然，这种活动在智能方面尤其是思维的深度和广度及创造性方面对被试者提出了很大的挑战。他们需要深刻地、创造性地分析问题和解决问题。此外，从被试者在活动中的行为表现，主试人还可以考察他们的决断能力——能否有效地获取信息，还可以关注他们的社会技能——能否很好地倾听，提出适当的问题。

7. 演讲

这也是一个需要口语表述的模拟活动。在开始这个活动前，被试者拿到了一些零乱、无组织的材料，他们需要根据材料来把握其中的主要问题，尽力去了解问题进展到什么程度。经过半个小时准备之后，他们向主试人陈述自己的想法。当被试者表达了尽可能多的信息，明确提出材料中存在的问题及其解决方案之后，主试人可以有针对性地提一些问题，以进一步澄清被试者的看法和观点。这种活动对被试者的智能、社会技能和意志力都有特定的要求，比如分析问题的能力、口语表达能力及压力下的坚定性等。

8．模拟会议

这是一个要求两个以上角色模拟者参与的测量方法，根据被试者在未来面临的职位上可能出现的工作情况，设计一个有明确议题的会议，要求被试者组织这个会议，确保能在限定的时间之内对议题进行足够深入的讨论。这种测量方法有利于在人际互动中考察个人的社会技能、把握变化的能力、主动性、坚持性、坚定性和决断性等重要的特性。但由于参与模拟会议的角色扮演者比较多，他们的行为模式很难实现标准化，人际的复杂互动有时候会影响被试者的行为表现与主试人的评分过程。而且多个角色扮演者的参与也大大提高了评价中心的成本。因此，如果采用其他测量方法能达到类似测量效果，建议运用其他测量方法。

9．心理测验

心理测验方法是一种科学与经验有机结合的方法，其特征是：针对评价目标，通过定性、定量的方式对人的能力、个性等心理特征进行测试、分析和评价。

心理测验的基本方法是，依据对评价目标的分析，进行合理的结构分解，并分别予以测试度量，再依据结构关系合成各方面的测量结果，从而形成对人员的分析评价结论，供服务对象使用。

（1）心理测验的作用：

①人员招聘：对候选人进行有效筛选、淘汰，提供甄选信息。

②干部选拔：通过干部测评，可测出干部的领导类型、工作能力、职业兴趣、个性特点等，从而为干部选拔提供了基本依据。

③人员资源调查：识别潜力人员，提供人员资源结构状况分析信息。

④人员培训：识别人员发展潜力和发展局限性以及人员个性发展机制，据此拟定培训方案，有针对性地实施培训。

⑤职位安排：有了人员测评的数据，就可根据人员的特点进行职位安排。

（2）心理测验方法分类：

它是以一些测验题来间接测验人的智力、能力、成就、人格等心理特性中的个体差异的测验方法。如各种智力测验、能力测验、成就测验。

①个别测验：指主试者在进行心理测验时，一次只能对一个被试者进行测验。

②集体测验：指主试者在进行心理测验时，一次可以对众多的被试者进行测验。

③速度测验：指主试者在进行心理测验时，每一次的测验都在规定的时间内完成，时间一到，测验一律停止。

④难度测验：指主试者在进行心理测验时，由于难度测验的题目比速度测验的题目难度大，被试者需要多长时间，主试者就给他多长时间。

⑤书面测验：指主试者在进行心理测验时，把试题印在纸上，被试者将回答写在纸上。

⑥操作测验：指主试者在进行心理测验时，要求被试者以操作的形式出现。主试者通过观察其操作来评定被试者某一种或几种能力或技能。

总之，评价中心设计的方法工具都要服务于测评的目的，与企业的人力资源管理哲学要一致。表6-1表明了不同目的的测试工具选择。

表6-1　　评价中心不同目的的技术工具的选择比较

	晋升或选拔	培训需求诊断	技能发展
测评对象	具有高潜质的员工	所有有兴趣的员工	所有有兴趣的员工
分析职位	目前或新产生的职位	最近或今后产生的新职位	最近或今后产生的新职位
指标特性	潜力，特征	发展，概念区分	培训技能
指标数目	5~7个	8~10个	5~7个
情境演练特征	练习数量3~6个，仿真程度中等，复杂程度中等	练习数量7~10个，仿真程度高，复杂程度高	练习数量7~10个，仿真程度高，复杂程度取决于测评对象的当前技能
结果汇总	所有的评价等级	指标等级	行为建议
报告类型	短，具有描述性	长，具有诊断性	口头报告及反馈
反馈对象	测评对象及其上两级的管理者	测评对象及其直接的管理者	测评对象，如可能的话，也可包括其直接的管理者
反馈者	人力资源管理部门	人力资源管理部门或测评师	人力资源管理部门或测评师或测评助手

［资料来源］乔治·C. 桑顿三世. 评鉴中心在人力资源管理中的应用［M］. 上海人才有限公司评鉴中心研发专家组，译. 上海：复旦大学出版社，2004. 笔者作过一些整理。

目前，评价中心方法的作用包括评价和遴选管理人员，培训和提高管理人员的管理技巧，鼓励工程技术人员和研究人员的创造性，解决人际冲突和组织内各个部门之间的摩擦，帮助管理人员进行职业选择以及评价一个组织自身晋升系统的效力等。

评价中心可能出现的问题包括以下几个方面：第一，不认真考虑候选人过去和现在的工作情况，不分析实际需要而盲目采用评价中心方法，或者在准备不充分的条件下草率使用。第二，对评审过程中的信息缺乏控制，如将不利的评审结果透露给在职的管理人员；或是没有直接给接受评价的人员以足够的信息反馈。正确的做法是由受试者的直接主管把他在评价中心活动中的优缺点明确地通知他本人，以充分利用评价中心方法的信息，为提高组织绩效服务。第三，没有正确估计评价中心方法的成本和收益。对于遴选基层管理人员，并不需要采用成本过高的评价中心技术。

三、管理人员的接班计划

管理人员的接班计划是指为组织的管理挑选继任者的过程。管理人员的接班人计划一般通过内部选拔提升的方式来获取组织需要的管理人员。内部提升的方式能够有效地避免外部招聘带来的一系列弊端。从企业内部来选择候选人，旨在保持组织文化、思维与行动方式及管理的延续性。由于接班人计划是为组织储备未来的领导人，它更关注的是管理人员的潜力和未来的发展。接班人计划的实施效果对企业的现状及未来关系重大，影响深远。一般来说，开发一个有效的接班人管理系统有以下几个基本的步骤。

1. 确定组织的能力需求

确定关键的能力需求通常是制订接班人管理计划的第一步。组织的关键能力来源于企业战略，包括企业的行业战略、竞争战略、管理战略等。企业未来的领导人是战略实施的组织者和领导者，他所具备的能力必须符合企业战略的要求。因此，接班人计划首先从企业的战略规划引出实现企业的目标所需要的能力和行为。在国外许多公司，这一步骤的具体实施过程是由公司核心人员来提供有关公司面临的挑战、环境变化的可能、企业未来发展的看法，由高层管理人员主持讨论，再结合以往各个管理层级总结的有效管理能力，列出需要培养的能力清单，进行分析。最后，通过向各个管理层级的管理者发放调查问卷，确定有效管理或应对未来挑战所需的能力。这样，每一层级所需的能力和关键行为就确定下来了。

2. 建立能力评估体系

第二步是根据明确的组织及职位未来的能力要求，对潜在的候选人进行评估。这些候选人一般是通过了一段时间的考察而被认为是接班人的候选人，入围的依据一般为一段时间内的绩效水平及改进程度、在工作中表现出来的能力和潜质等。常用的候选人评估工具包括绩效考核的数据、来自上下级全面的反馈。此外，也可以运用在招聘选拔中惯用的个性和心理测试、角色扮演、评价中心技术等方式。

评估方式及标准的选择在组织间可以有所不同，但它必须是有效和透明的。此外，员工的能力并不是静态的，需要不断地重复评估，特别是当企业的战略和组织结构有所变化时，对候选人的要求和评判标准也要随之改变。

3. 建立加速跑道

为候选人建立加速跑道是许多成功的接班人计划的共同特点。进入加速跑道计划的候选人是经过前一阶段的评估之后确定的候选人员，他们在获得有关其绩效及能力评估的反馈的基础上，根据未来职位的胜任力模型确定培训需求，从而具备适合组织发展需要及胜任未来职位所需要的各种专业知识和能力。这一般表现为专门为候选人量身定做的职业生涯发展规划，包括正式的脱产教育、重点项目的参与、由上级或专家提供的单独指导等。同时，组织会为其分配具有挑战性的任务，并对各个候选人的表现进行比较。这样，双重的压力及动力会使真正优秀的未来领导人脱颖而出。

4. 关注职位空缺及候选人的继任者发展状况

接班人管理计划的最终目的是保证组织在适当的时候能为空缺职位找到合适的人选。因此，它关注的管理对象是职位与候选人两个方面，协同把握职位空缺及候选人发展的动态情况，包括职位空缺的可能性、现任任职者情况、现有候选人情况、应付突发情况的方案等。

5. 任命及交接班环节

接班人计划并不是以找到了组织未来的领导人为终点，它延伸至新的任职者真正接受工作，开始行使职权的那一刻。在国外公司比较成熟的操作中，前后两代任职者的交接班过程中或繁或简的各项环节，如管辖权限的转移、后续事项的处理等，都在接班人计划中进行了规划。特别是许多组织对其 CEO 的选人过程有非常规范的管理模式，避免在领导人交接班过程中造成权力及责任的模糊及公司资产的损失。

本章小结

本章内容是职业管理。首先阐述了职业管理的基本概念，以及对人力资源管理的重要意义；其次重点讨论了职业生涯发展设计与实施，阐述职业发展的几个基本阶段，以及各个阶段的特点和主要任务，介绍了职业发展的组织作用与个人作用；再次着重阐述了管理人员的职业发展与培养，并介绍了管理人员职业发展与培养的基本步骤、方法与评估；最后介绍了管理人员接班计划的制订与实施。

关键概念

1. 职业管理　2. 职业发展规划　3. 管理人员接班计划　4. 管理人员遴选

本章思考题

1. 职业管理的概念是什么？
2. 职业发展的意义和作用是什么？
3. 如何设计职业发展规划？如何实施？
4. 如何对管理人员进行职业管理？

案例分析

她为什么频频跳槽？①

吴小姐，24岁，毕业于某重点大学，本科学历，工作年限两年，先后跳槽五次之多，行业涉及房地产、化妆品、教育咨询、传媒等，所从事的具体工作也有服务、营销、策划、编辑四项之多。吴小姐在大学所学的专业为国际贸易，但她的长项却比较倾向于中文，写作能力和口头表达能力均非常优秀。在校期间，一直担任教授助理，并且独自寻找了一个加盟项目，在家乡担任整个城市的代理商，先期运作比较成功。因为这些经历，吴小姐在毕业时对自己的期望较高，不甘心在大公司从低层做起，而是想进入一家规模不大但是有发展前途的公司，可以一开始就受到重视，以最快的速度成长，然后再自己创业。以下是吴小姐的工作简历：

2001年9月—2002年1月，某知名房地产公司，任物业管理主任，主要工作职责就是处理投诉之类的事宜。工作非常的清闲稳定，福利待遇也比较让人满意。但是吴小姐认为该工作没有挑战性，并且发展空间很小。

2002年1月—2002年6月，某合资化妆品公司，任品牌经理。该公司老板在招聘

① 她为什么频频跳槽［OL］. http://www.461000.net/News/showNewsDetail.aspx?id=1634.

时对吴小姐极为器重，吴小姐认为自己进入该公司后可以大展拳脚。开始时，吴小姐信心百倍，编写了整套的企业文书、招商方案、对外合同，积极参加与客户谈判等。但她渐渐发现，老板的经商风格非常保守、为人吝啬，谈判往往因为极小的折扣或非常少的利益分配而耽搁下来，甚至不欢而散。并且所有的产品都是在作坊式的小型加工厂里贴牌生产，产品质量得不到保障。本来是想与公司一起成长的吴小姐觉得前途渺茫，不顾老板的挽留，毅然辞职。

2002 年 6 月—2002 年 9 月，某台资教育机构，主要负责销售知名英语教材。该公司有点类似于保险公司，非常注重对员工的培训，甚至用独特的企业文化实现对员工思想的控制。有点理想主义的吴小姐正是被该公司表面上热情奋进的氛围所吸引，接受了这份没有底薪只有提成的工作。可以说，吴小姐在这间公司工作得非常出色，身为新人的她第一周的业绩就高居榜首，深受上司的器重和同事的欢迎。但工作一段时间以后，这里高负荷的运作让她的身体严重透支，难以继续支撑下去，并从上司对其他业绩较差员工的冷酷态度上对公司的企业文化产生了质疑，最终在上司和同事的一片惋惜声中离开了该公司。

2002 年 9 月—2003 年 3 月，某咨询策划公司，任销售公关经理、编辑。在该公司工作期间，吴小姐编写了四本营销方面的书籍，策划了一些与报社等其他媒体的合作项目，招聘并培训了多名业务员。以往的工作波折、轻率的跳槽经历造成的“后遗症”在此时慢慢表现出来，吴小姐发觉自己变得越来越害怕与客户进行沟通。在公司内部召开业务会议时，她可以很轻松地指导业务员解决工作中遇到的难题，自己却不愿意或者说害怕与客户交流，有时候她逼着自己去面对客户，事实上也发挥得很好。这种恐惧感，或者说是交流的障碍，让吴小姐感到非常困扰，却又难以克服。她向老板提出不想再从事营销工作，但有重要项目的时候，老板还是要委派吴小姐去。由于无法调整好自己的心态，吴小姐又一次选择了辞职。

2003 年 3 月至今，吴小姐在一家杂志社担任记者。和先前的辗转奔波和业绩压力相比，这里的环境轻松了很多，也让吴小姐从紧张的心理状态中解放了出来。但这份工作真的能让吴小姐找到一种归属感吗？

回想两年来的从业经历，常让吴小姐觉得有很多的困惑和迷茫，比起刚毕业的时候，她甚至更找不到自己的发展方向。从一开始全心希望去做一份有挑战性的工作，对营销有着满腔的热情和向往，到后来对营销产生恐惧、抗拒、厌恶，吴小姐到现在都解释不了自己的心理变化，也不知道该如何去调整。吴小姐的性格具有两面性，在一个活跃的集体里她会非常活跃，在一个安静的集体里她会比别人更沉闷；在上司及同事的器重、鼓励下，她会工作得非常出色；而如果她觉得自己不受重视，她可能会很快地意志消沉，直至选择逃避。她本不喜欢那种太安逸的工作，为了挑战自己、提升自己，她换了一份又一份的工作，却感觉自己好像还在原地，目前的状况让她失去了方向，不知道该何去何从。

案例思考题

1. 你认为吴小姐频频跳槽的根本原因是什么？
2. 你认为吴小姐该如何规划她未来的职业发展？

第七章　绩效管理与绩效评估

学习目标

1. 了解绩效管理的含义
2. 熟悉和掌握绩效考核的实施过程
3. 熟悉并掌握绩效考核的方法
4. 理解绩效考核结果的应用

引导案例

A是K公司的员工，大学毕业后加入K公司，从普通员工做到高级销售经理。K公司在年初制订销售计划时，较上年提高了将近100%。同时改变了绩效考核办法，由原来的按季度考核改为按月考核，并且实行了负面激励。尽管员工的反对声音很大，但新办法还是开始实行。然而，一个季度之后，公司业绩离目标甚远，员工的绩效奖金大幅度减少。A认为是K公司制订的绩效目标计划不切实际，考核目标太高，无法完成造成的。而公司认为是员工干劲不足造成的。在数次沟通无效后，A愤然离职，并带走部分同事和资料。①

第一节　绩效管理

一、绩效管理概述

1. 绩效的含义

从管理学角度看，绩效是组织期望的结果，是组织为实现其目标而展现在不同层面上的有效输出，它包括个人绩效和组织绩效两个方面。组织绩效建立在个人绩效实现的基础上，但个人绩效的实现并不一定能保证组织是有绩效的。个人绩效应该是组织绩效按一定的逻辑关系分解出来的，这样才能保证组织绩效的顺利实现。

绩效主要指员工符合组织目标的结果，同时也要考虑员工在产生结果的过程中的行为。绩效一般可以分为员工个人绩效、团队绩效和组织绩效三个层次。员工个人绩

① 让“绩效沟通”深入人心［OL］. http：//www.rlzygl.com/Item/7679.aspx.

效是团队、组织实现绩效的基础。本章所说的绩效主要指员工个人绩效。

2. 绩效管理的含义

绩效管理是指识别、衡量以及开发个人和团队绩效，并且使这些绩效与组织的战略目标保持一致的一个持续性过程。从操作层面上讲，绩效管理是管理者对员工在企业运行中的行为状态和行为结果进行定期考察和评估，并且与员工就所要实现的目标互相沟通、达成共识的一种正式的系统化行为。①

通过以上对绩效管理的定义，我们应该从以下几个方面来把握绩效管理的内涵。首先，绩效管理着眼于企业整体战略，是组织战略的逐层分解；其次，绩效管理是双向的管理活动，是管理者和员工共同进行的活动；再次，绩效管理主要是对员工行为和结果的管理，通过对员工工作行为的控制和对员工工作产出结果的管理，将抽象的绩效具体化；最后，绩效管理是周期性、持续性、动态性的循环系统。

3. 绩效管理体系设计

绩效管理体系包括四个方面的内容，分别是绩效计划、绩效实施、绩效评估、绩效反馈，如图 7－1 所示。

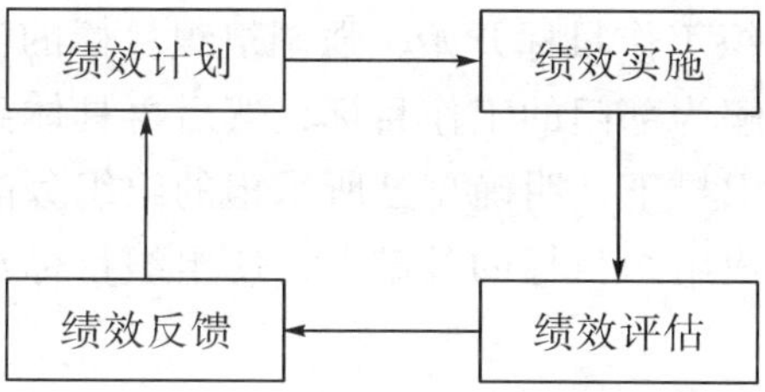

图 7－1　绩效管理体系

（1）绩效计划

绩效计划是绩效管理的起点，是绩效管理实施的关键和基础。绩效计划是指在组织战略部署和团队目标确认的基础上，将企业战略目标细化和分解，绩效双方就被评估者在绩效周期内的工作目标、评估标准和工作环境进行充分的沟通，并就绩效目标和绩效标准达成共识，形成关于目标和标准的契约的过程。绩效计划的制订主体是管理者和员工，绩效计划的制订过程是双向沟通的过程。绩效计划是关于绩效周期内工作目标和标准的契约，内含管理者和员工双方的心理承诺。

绩效计划具有指导作用。绩效计划作为绩效管理的纲领，不仅为管理者的管理活动提供了依据，还为绩效管理活动指明了方向。绩效计划使员工对自身情况有明确的认识，能使员工更好地了解工作目标，从而能使绩效计划很好地实施。绩效计划具有统一作用。绩效计划的制订是由人力资源管理者、各个职能部门的经理、员工三方共同参与的。三方就绩效计划进行了充分的讨论，最后达成统一的意见，因此对于绩效计划，组织中的各方都能够接受，最终达到统一奋斗目标的作用。

（2）绩效沟通

绩效沟通是指在整个绩效管理过程中，通过上级和员工之间持续的沟通使员工了

① 侯荔江．人力资源管理［M］．成都：西南财经大学出版社，2010：152.

解自己工作的绩效标准以及达成绩效的行为方式，预防或解决员工实现绩效时可能发生的各种问题的过程。

（3）绩效考核

绩效考核是指确定一定的考核标准，借助一定的考核方法，对员工一定时间内的工作绩效做出评价。

（4）绩效反馈

绩效反馈就是绩效周期结束时，在上级和员工之间进行绩效考核面谈，由上级将考核结果告诉员工，指出员工在工作中存在的不足，并和员工一起制订绩效改进的计划。①

二、绩效管理的影响因素

绩效管理是一个持续的动态循环过程，在这个过程中影响绩效管理的因素很多，主要归纳为以下几个方面：

1. 组织目标和个人目标

绩效管理是从设置组织工作目标开始，强调组织目标的沟通。中、高层管理者要把组织的整体目标层层分解为部门的工作目标，然后再具体到个人的工作目标，使每个员工在组织整体目标的引导下，明确自己所承担的组织分配的工作目标。员工个人的发展目标必须建立在完成组织目标的基础上，使组织目标与个人目标有机结合，这样的绩效管理才会有效。

2. 企业文化

企业文化是在企业长期运作过程中逐渐形成的群体意识，以及由此产生的群体行为规范。不同的组织有不同的企业文化。企业文化从价值角度可以分为利润导向型企业文化，主要以绩效产出来衡量员工的绩效水平；以人为本型企业文化，鼓励员工积极参与，赋予相应的权限和充分的信任，重视反馈和沟通，有利于员工的职业生涯规划和企业的长期战略规划；服务于社会型企业文化，通过向社会提供优质服务来推动企业更好更快地发展。

3. 组织业务流程

业务流程规范与否关系到组织和各部门管理体系的内部控制和整体规范程度。流程不规范将导致难以界定各项绩效指标，也会导致绩效评定结果缺乏规范性、准确性和可靠性，最终绩效管理也就无法顺利开展。

4. 组织结构

公司内部结构清晰，员工职责分工明确，就为个人绩效指标的设计提供了明确的前提；反之，如果企业内部结构混乱，就很难做到指标分解的客观化、合理化和流程化。只有构建了完善的组织结构，关键绩效指标才能具体落实到人，绩效考核结果才能被真正应用到绩效管理中。

---

① 董克用，叶向峰．人力资源管理概论［M］．北京：中国人民大学出版社，2003：230.

5．企业所处的发展阶段

一个企业所处的发展阶段不同，其相应的绩效管理制度也会不同。从企业初创阶段到集合阶段，再到正规化阶段，最后到精细阶段，每个阶段的发展都会对绩效管理制度提出不同的要求，企业应根据所处的不同发展阶段，采取相应的绩效管理策略。

三、绩效管理的作用

1．对组织发展的作用

绩效管理对组织发展的作用主要有：绩效管理是提高组织绩效的有效手段。绩效管理能及时并清晰地反映组织重要的经营管理活动，实现对绩效目标的监控，及时发现问题并予以纠正，进而有助于提高实现绩效目标的效率以及降低管理成本；绩效管理有助于推进战略实施和组织变革。绩效管理能够将组织的战略目标转化为具体的、定性的或定量的目标，并将目标层层分解转化为各部门和各员工的行动计划，使整个组织中员工的个人目标和战略目标保持一致；绩效管理有助于塑造高绩效的组织文化；绩效管理有助于组织内的沟通与合作，可以有效地避免管理人员与员工之间的冲突。绩效管理是一个需要各级管理者与员工相互沟通合作才能完成的过程。在这个过程中，绩效管理促进了组织内部的沟通与合作，有助于组织有效确定改进的方向和措施，使组织绩效得到不断的改善。

企业的绩效是以员工个人绩效为基础而创造的，有效的绩效管理系统可以改善员工的工作绩效，进而有助于提高企业的整体绩效。在西方国家，很多企业纷纷强化员工绩效管理，把它作为增强企业竞争力的重要途径。根据翰威特公司对美国所有上市公司的调查，具有绩效管理系统的公司在企业绩效的各个方面明显优于没有绩效管理系统的公司，调查结果如表 7－1 所示。

表 7－1　**绩效管理系统指标**　单位:%

指标	无绩效管理系统	有绩效管理系统
全面股东收益	0.0	7.9
股票收益	4.4	10.2
资产收益	4.6	8.0
投资现金流收益	4.7	6.6
销售实际增长	1.1	2.2
人均销售（美元）	126 100	169 900

［资料来源］于秀芝．人力资源管理［M］．北京：经济管理出版社，2002：224.

2．对管理者的作用

绩效管理过程中，管理者与被管理者之间建立了基于绩效承诺的科学合理的分权，被管理者被授予必要权力以进行自我决策，减少了很多因职责不明而产生的误解和拖延，节约了管理者的时间成本，提高了管理者的决策效率，从而全面提高了组织的效率。

3．对员工的作用

绩效管理是激励因素的体现，员工对自己的工作确定了绩效目标，就能够获得自我完善的动力和信息，并在绩效反馈的指导下改进工作方法，提高自身素质，使得自身得到发展，提高自身绩效。员工在确定自己工作目标的过程中，深入地了解了自身组织和工作要求，从而能制定和实施更加科学、更加实际的职业生涯规划，使职业生涯规划得到优化。

绩效管理有助于提高员工的满意度。提高员工的满意度对于企业来说具有重要的意义，而满意度是和员工的需要的满足程度联系在一起的。在基本的生活得到保障之后，按照马斯洛的需求层次理论，每个员工都会内在地具有尊重和自我实现的需要，绩效管理则从这两个方面满足了这种要求，从而有助于提高员工的满意度。

四、绩效管理与人力资源管理各模块之间的关系

1. 绩效管理与工作分析的关系

工作分析的目的是确定一个位置的工作职责以及它所提供的重要工作产出，工作分析的结果是岗位说明书与岗位规范，岗位说明书与岗位规范为绩效管理提供了基本依据和标准。绩效管理的评估内容必须与工作内容密切相关，绩效管理的结果可以反映出工作分析中的问题，是对工作分析合理与否的一种验证。

2. 绩效管理与招聘选拔的关系

人员的招聘和选拔需借助一定的人力资源测试手段来进行，侧重考察应聘人员的价值观、态度、性格、能力倾向或行为特征；绩效管理，通过绩效评估的记录和总结，侧重考察员工的绩效和行为，并对高绩效者和低绩效者的能力、素质特征加以归纳和区别，帮助企业实现有效的招聘和选拔。

3. 绩效管理与培训开发的关系

员工的培训与开发往往是在绩效评估结果确定后，根据被评估者的绩效现状，结合组织目标和个人发展愿望，与被评估者共同制定的，即绩效管理为员工的培训与开发提供了依据。人力资源管理者通过对培训前后员工的绩效进行对比和评价，可找出培训方案的不足并进行调整，不断提升培训效果。

4. 绩效管理与薪酬管理的关系

现代人力资源管理系统的基本要求是绩效管理与薪酬体系挂钩。薪酬是促进绩效的激励因素，科学合理的薪酬体系能推进绩效管理的顺利实施。薪酬体系设计一般以职位价值、绩效和胜任力为依据而开发。只有将绩效管理的结果和薪酬相联系，使员工认可回报的公平性和合理性，绩效管理才能真正发挥作用。

第二节　绩效考核

一、绩效考核的基本概念

1. 绩效考核的定义

绩效考核，就是收集、分析、评价和传递有关某一个人在其工作岗位上的工作行

为表现和工作结果方面的信息情况的过程。在企业和非营利组织的管理实践中，绩效考核是评价每一个员工工作结果及其对组织贡献的大小的一种管理手段。人力资源管理越来越受到广泛重视，绩效考核也自然成为企业在管理员工方面的一个核心的职能，如图7-2所示，经过实践的验证和理论的推动，绩效考核现在已经取得了相当多的成果，并且成为企业提高员工积极性、获取竞争优势的一个重要来源。

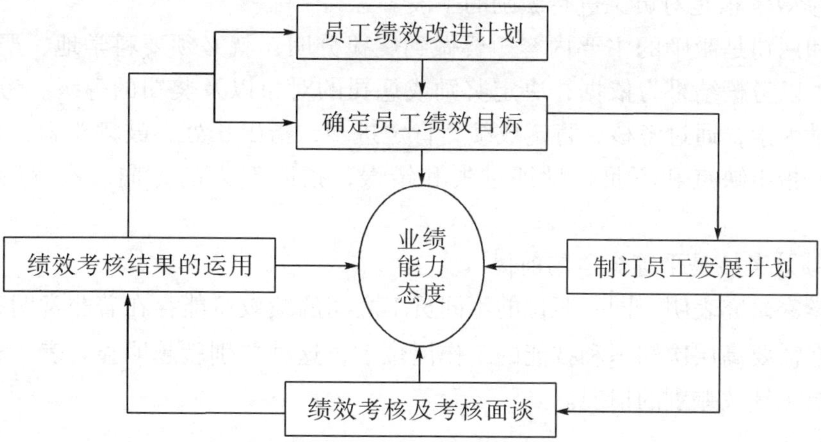

图7-2　员工绩效管理模型

2. 绩效考核的重要性

（1）绩效考核是人员任用的依据

人员任用的标准是德才兼备，人员任用的原则是因事择人、用人之长。判断员工的德才状况、优势劣势，进而分析其适合何种职位，必须经过考核，对人员的政治素质、思想素质、心理素质、知识素质、业务素质等进行评价，并在此基础上对人员的能力和专长进行判断。招聘过程中的测评、甄选可以提供这些资料，但是那是在员工并未在本组织中进行工作的情况下进行的，而事实上员工能否融入新的组织环境、能否胜任工作责任，能否发挥出良好的工作绩效，尚需在实际工作后通过绩效考核来评价。

（2）绩效考核是决定人员调配和职务升降的依据

人员调配之前，必须了解人员使用的状况，认识配合的程度，其手段是绩效考核。人员职务的晋升和降低也必须有足够的依据。这也必须有科学的绩效考核作为保证，而不能凭领导的好恶轻率地决定。通过全面严格的考核，发现素质和能力超过所在职位要求的员工，则可晋升其职位；反之，则应保持现状或降低其职位。

（3）绩效考核是进行人员培训的依据

人员培训是人力资源开发的基本手段。培训应有针对性，针对员工工作中的短处进行补充学习和训练。因此，培训的前提是准确地了解各类人员的素质和能力，了解其知识和能力结构、优势和劣势，进行培训需求分析，为此也必须对人员进行考核。同时，考核也是判断培训效果的重要手段。

(4) 绩效考核是确定劳动报酬的依据

按劳分配是我们社会主义企业员工的分配原则，不言而喻，准确地衡量“劳”的数量和质量是实行按劳分配的前提。没有绩效考核，报酬的分配就没有依据。没有考核结果作为依据的报酬分配，并不是真正的劳动报酬，而是一些单位分配上的平均主义或大搞特权等不正之风的基本特征。

(5) 绩效考核是对员工进行激励的手段

奖励和惩罚是激励的主要内容。要做到奖罚分明，就必须要科学地、严格地进行绩效考核，以考核结果为依据，决定奖励或惩罚的对象以及奖罚的等级。考核本身也是一种激励因素，通过考核，肯定成绩，肯定进步，指出长处，鼓舞斗志，坚定信心；通过考核，指出缺点和不足，批评过失和错误，指明努力的方向，鞭策后进，促其进取。

(6) 绩效考核是平等竞争的前提

管理学家研究表明，同一职位的不同员工之间的绩效可能存在着非常明显的差别，而且越是在需要高层次知识和技能的工作岗位上，这种差别就越明显。表 7 -2 列举了部分职位员工绩效差别的情况。

表 7 -2　　　　绩效差异：高水平与平均水平

工作类别	高绩效与平均绩效的差异（%）
蓝领工人	15
办事员	17
工匠	25
事务性管理人员	28
专业技术人员	46
非保险类销售人员	42
保险销售人员	97

［资料来源］M K JUDIESCH，F L SCHMIDT，J E HUNTER. Has the Problem of Judgment in Utility Analysis been Solved［J］. Journal of Applied Psychology，1993（12）.

管理实践表明，具有高水平绩效考核的企业，会通过多种手段提高企业的竞争优势。绩效考核有助于企业做出正确的人力资源管理决策，在加薪、升职、解雇、降级、调动、培训等方面使企业的人力资源管理提高水平。良好的绩效考核制度还可以保证企业依法行事。

二、绩效考核的内容

绩效考核的内容通常一方面是经营指标的完成情况，另一方面是工作态度、动机、思想觉悟等内容。目前，对绩效考评的内容划分主要有三大类。

1. 德、能、勤、绩

“德”是指一个人的操行。德决定一个人的行为方向——为什么而做；行为的强弱——做的努力程度；行为的方式——采取何种手段达到目的。德的标准不能是抽象的、一成不变的，不同时代、不同行业，德的标准不同。

“能”是指完成某一具体工作所需要的能力和素养。对能力的评估应在素质考察的基础上，结合其在实际工作中的具体表现来判断；另外对不同职位的能力评估过程应各有侧重、区别对待。

“勤”是指员工的工作勤奋和努力状况，是一种工作态度，主要体现在员工日常工作表现方面。

“绩”是指员工工作的实际贡献或实现预定工作指标的程度。对岗位、职责不同的员工，其工作业绩的评估重点也不同，对绩的评估是绩效考核的核心。表 7 -3 列出了德、能、勤、绩的主要内容。

表 7 -3　德、能、勤、绩的内容

德	能	勤	绩
原则性 求实精神 正直 忠诚 民主 责任感 廉洁	文化及专业水平 政策水平 口头及书面表达能力 指挥协调能力 人际交往能力 领导用人能力 计划预测能力 应变能力 决策能力 身体健康状况	事业心 纪律性 主动性 钻研精神 创新精神 牺牲精神 服务精神 出勤情况	工作效率 工作数量 工作质量 经济效益 社会效益 群众威望

2. 重要任务、日常工作、工作态度

“重要任务”是指在考核期内被考核者的关键性工作，往往只列举对所要考核岗位至关重要的数项工作任务。任务指标的内容和数量随着岗位的不同而变化，对没有关键性工作任务的员工可不对该指标进行考核，而将评估重点放在“职责指标”和“工作态度”上。

“日常工作”是指被考核者日常职责范围内的工作，一般以岗位职责的内容为标准。但如果岗位职责的内容过于庞杂，可以仅选取重点项目进行考评。

“工作态度”是选取对工作能够产生影响的个人态度，如协作精神、工作热情、礼貌程度等，但应注意避免将一些纯粹的个人生活习惯等与工作无关的内容列入考评范围。对于不同的岗位可选择不同的项目进行考评。

3. 任务绩效和周边绩效

根据与工作绩效直接相关和间接相关的因素，可将绩效考核的内容分为“任务绩效”和“周边绩效”。

“任务绩效”是指与员工工作产出直接相关的绩效因素，也就是对员工工作结果的考评，通常可以用工作的数量、质量、时效、成本、他人的反映等指标来进行考评。

“周边绩效”是指对员工工作结果造成影响的绩效因素，但并不是以结果的形式表现出来的，一般为工作过程中的一些表现，通常可采用行为性的描述来考评。

三、绩效考核的实施

绩效考核的实施流程包括考核者的选择与培训、考核资料与情报收集、员工自评与他评、考评结果审核与协调、考核绩效面谈以及考核绩效结果运用六个阶段（如图7－3所示）。

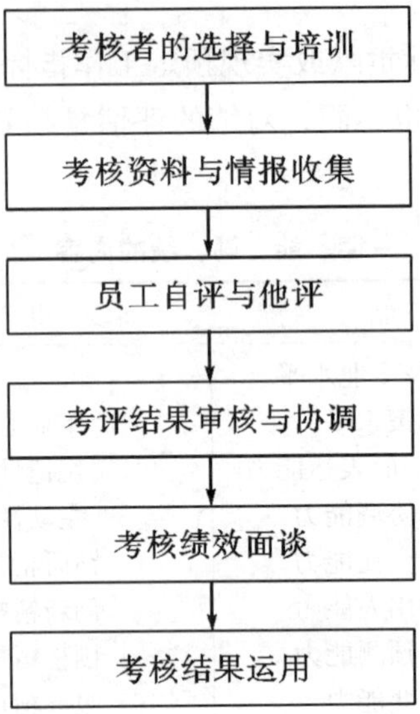

图7－3　绩效考核的实施流程

1. 考核者的选择与培训

一般来说，员工的考核由员工的直接上级来实施，但是由于员工的上级与员工之间的亲近关系，有可能使考核结果带有“感情色彩”。科学有效的考核指标体系建立之后，考核者的选择依据不同的考核方法而有所不同。考核者可以是同事、上级、客户，也可以是下属。考核者影响考核的公平性，因此，对考核者的正确选择以及对考核者的培训是非常重要的一个阶段。

2. 考核资料与情报收集

在某次考核至下次考核之间，考核者应该收集情报使考评更加公平公正。J. C. 弗兰根提出用一种客观的方式来收集评估资料，称之为“关键事件法”。关键事件都是明确而易观察且对绩效好坏有直接关联的。关键事件收集之后对其加以整理，填写在特殊设计的考核表上，并用标题将资料加以分类。

关键事件法有三个步骤：

（1）当有关键性事件发生时，填写该表。

（2）摘要评分。

（3）与员工进行考核面谈。

在收集考评资料时，考核者应把握一个目的：正确地考核。考核者一般从以下两个主要来源获取被考核者的资料：工作表现的记录，例如生产品质、工作品质、是否按时完工、是否安全、预算成本与实际成本的比较、顾客满意度等；与被考核者有来往的参与者，包括上级、同事、客户的评价。

3. 员工自评与他评

员工自评的目的是让员工参与到绩效考核中来，考核不再是管理者单方面的事情。对员工来说，员工自评让员工能更加了解工作绩效与工作期望的差距，让员工更能明白工作的努力方向与目标；对管理者来说，员工自评与他评相结合的方式，更能够有效地对员工的绩效进行考评，能更有效地与员工进行绩效沟通，有利于达成绩效改进的计划，达到激励员工内在的工作潜力，促其迸发出工作热情的目的。

4. 考核结果审核与协调

完成员工自评与他评之后，可由高一级的领导或考评小组进行更深层级的审核考评，原则上不改变自评和他评的考评结果，但必须将几次考评的意见汇总到人力资源管理部门，根据企业整体情况进行协调。考评结果审核与协调使考核更加公正与公平。

5. 绩效面谈

考评绩效面谈是考核实施中必不可少的环节，是考核反馈的主要形式。在很多企业中，绩效面谈并未得到重视，以为表填完了，分评定了，结果也知道了，考核就算结束了——这种完成任务的心态对绩效考核来说是非常危险的。考核绩效面谈是管理者履行管理者的职能，指导与帮助员工发展的重要方式。通过绩效面谈，有助于员工工作绩效的提高，充分发挥考核的“培育个人成才和发展的回馈机能”。

6. 考核改进（结果运用）

考核如何真正达到持续增进绩效之目的，其根本在于绩效改进计划的制订，在于考核结果的运用。绩效考核过程中获得的大量有用信息可以运用到员工绩效的改进中，此时绩效考核的记录便成为绩效改进的根据和衡量改进效果的依据。绩效考核的结果能在人力资源管理的很多方面得到应用，为人力资源管理的其他职能提供支持。

四、绩效考核结果的应用

1. 绩效考核结果在人力资源规划中的应用

通过绩效考核可以发现企业内部有哪些员工能够从事特定的职位，是内部绩效预测的一个重要方面。绩效考核的应用主要表现为以下三点：

（1）提供高效度的人力资源信息。人力资源信息包括员工经验、能力、知识、技能的要求，以及员工培训、教育等情况。这些信息可以从员工绩效考核的记录中调出。员工绩效考核结果的有效运用大大地提高了信息的准确性和有效性。

（2）清查内部人力资源情况。内部人力资源情况可以明了组织内部是否有大材小用、小材大用的情况发生；明确哪些员工可以从组织内部填充，哪些应从组织外部招聘。

（3）预测人员需要。商业因素是影响人员需求类型、数量的重要变量，进行人力资源规划要学会在分析这些因素的基础上，对未来人力资源的需求做出正确预测。此时可运用绩效考核的记录来协助人力资源的预测工作。

2. 绩效考核结果在招聘录用中的应用

（1）绩效考核结果对员工招聘录用具有参考和检测作用。参考作用是指通过对绩效考核结果的分析，发现那些绩效考核结果优秀的员工的共同特征，将这些特征作为招聘的标准，从而能够招聘到优秀的员工。很多企业都非常重视应聘人员的素质测评和其他选拔手段。对这些手段的检测，可以通过新员工走上实际工作岗位后的绩效考核结果来衡量。

（2）企业内部员工选拔依赖于绩效考核结果。业绩是绩效评估中的重要因素，好业绩意味着较高的工作质量、较高的工作效率等。因此可将业绩评估的结果作为人员选拔的先决条件，鼓励员工创造出高的业绩。传统的选拔制度下，晋升意味着管理职位的提升，但管理职位在企业中是有限的，不可能企业中所有好的员工都晋升到管理职位上去。因此，将员工的工作特长与其绩效考核结果相结合，在不同的职位族（如研发、行政、工程）上划分不同的等级，从而形成以职位族为基础的晋升阶梯，实现工作职位的定位优化。

3. 绩效考核结果在薪酬管理中的应用

影响员工绩效的因素有很多，但薪酬仍然是一项很重要的因素，将绩效考核结果与薪酬相联系，建立一种付出与回报之间的条件关系，能够提高员工对工作的投入程度，大幅度地提高员工的工作绩效。绩效考核结果与薪酬的关系也提高了物质分配的客观性和逻辑性，薪酬的增减是公司对绩效水平最真实的反馈。如果绩效考核结果与薪酬之间没有任何关系，必然导致员工对绩效考核重要性与薪酬分配公平性的质疑。

绩效考核结果中可量化目标的部分更多地与奖金挂钩，实现公司对员工的承诺。而有关行为或技能的部分则更多地与来年加薪联系在一起。因为工作目标的实现往往有不可控制的影响，但是行为和技能则代表着工作绩效持续提升的能力。有的企业倾向于更多地使用奖金激励，以便使增加的人工投入不被固定为成本；但是员工倾向于得到更多的加薪，加薪是对一个人持续创造价值能力的认可。

4. 绩效考核结果在建立公平激励机制中的作用

（1）区分员工绩效差异。公司绩效考核是通过一系列量化的指标来进行的，这些量化的指标主要是指公司员工按公司的目标细化每一个人必须完成的指标等。考核时根据每一个人完成的情况，对其业绩提出量的差距，确定其级别，然后才有可能进行激励。

（2）确定员工工作态度的差异。在考核的过程中，公司不仅关心每一个个体的工作业绩和工作贡献的差异，而且十分重视个体工作态度的差异。因为工作态度不仅影响和制约了公司的奋斗力，而且影响和制约了公司的凝聚力和竞争力，同时也影响和决定着个人潜力的发挥。有些员工，尽管工作能力突出，但是工作态度恶劣，公司就要运用相应的激励手段，既能发挥其工作能力，又能改变其工作态度。

（3）确定人员待遇差异。科学、规范、合理的考核体系不仅能够确定员工的工资级别，同时对于奖金的发放也能给予合理的帮助，应当重奖那些有特殊贡献的员工。由此可见，绩效考核是激励制度得以建立的基础，离开绩效考核，激励也就无从谈起了。[①]

---

① 张德. 人力资源开发与管理［M］. 北京：清华大学出版社，2002：179.

第三节　绩效考核的办法

绩效评估方法是企业绩效评估的具体方法与手段。一套好的绩效评估方法，可以有效地提供更多的信息，保证绩效考核过程的公平性，为决定调资、升职、调动、培训等提供更好的信息来源，是企业开展绩效评估的总体手段。

一、排序法

排序法是将全体员工的绩效按从好到坏的次序进行排列。排序法简单、直接，其操作方法是：

步骤一：列举需要进行评价的所有员工的名单，之后将不是很熟悉因而无法对其进行评价的员工名字划去。

步骤二：运用如表 7 - 4 所示的表格，确定在评价的某一绩效要素方面，哪位员工的表现是最好的，哪位员工的表现是最差的。

步骤三：在剩余员工中挑出最好的和最差的。以此类推，直到所有必须被评价的员工都被列到表格中为止。

表 7 - 4　　排序评价法的工作绩效评价等级

评价所依赖的要素：______________

针对你要评价的每一个要素，将所有员工的姓名都列示出来。将工作绩效评价最高等级的员工姓名列在第 1 行的位置，将评价最低的员工姓名列在第 20 的位置；然后将次优员工的姓名列在第 2 行的位置，将评价次差员工的名字列在第 19 行的位置。以此类推，直到所有被评价的员工都被列到表格中为止。

绩效评价最高等级员工姓名	
1. ______________	11. ______________
2. ______________	12. ______________
3. ______________	13. ______________
4. ______________	14. ______________
5. ______________	15. ______________
6. ______________	16. ______________
7. ______________	17. ______________
8. ______________	18. ______________
9. ______________	19. ______________
10. ______________	20. ______________
	绩效评价最差等级员工姓名

排序法的优点在于有利于识别出好绩效的员工和差绩效的员工，对于某个因素上绩效有问题的员工，可以作为在该方面培训的对象。排序法的缺点是当被考核的员工较多时，要准确地将他们依次排序，费时费力，效果也不一定好。如果存在工作性质差异，或是对不同部门的人员进行考核，则该方法不适用。此外，排序法可能会造成

员工之间相互攀比和不正当竞争。

二、配对比较法

配对比较法也叫两两对比法，它是将所有的被考核者就某一考核要素，与其他个体一一对比，最后将被考核者按绩效高低排列。

假设需要对5位员工进行工作绩效评价，在运用配对比较法时，应将每一绩效评价要素列出，见表7-5。其中要标明所有被评价员工的姓名以及需要评价的所有工作要素。然后，将所有员工根据某一类要素进行配对比较，再用“+”（好）和“-”（差）表明绩效好的员工和差的员工。最后，将每一位员工“好”的次数相加。

表7-5　　运用配对比较法对员工工作绩效进行评价

就“工作质量”要素进行评价						就“创造性”要素进行评价					
被评价员工的姓名：						被评价员工的姓名：					
对象	A	B	C	D	E	对象	A	B	C	D	E
A		+	+	−	−	A		−	−	−	−
B	−		−	−	−	B	+		−	+	+
C	−	+		+	−	C	+	+		−	+
D	+	+	−		+	D	+	−	+		−
E	+	+	+	−		E	+	−	−	+	
本栏中B的评价等级最高						本栏中A的评价等级最高					

配对比较法的优点是该方法通过对被考核者进行两两之间的比较而得出次序，因而其评价结果更为可靠。配对比较法的缺点是该方法会受到被考核者人数的制约。当有大量的员工需要考核时，这种方法显得复杂和浪费时间。因此，该方法一般使用于10人左右的绩效评价。

三、强制分布法

强制分布法是按照“两头小、中间大”的正态分布规律，提前确定一种比例，以将各个被评价者分别分布到每个工作绩效等级中去。实施强制分布法的目的是为了避免考核当中出现趋中效应以及偏松或偏紧的偏差。

在实施强制分布法时，首先要确定各个等级的人数比例。例如，若将绩效考核划分成优、中、劣三等，则可以划分成分别占总数的30%、40%、30%；若划分成优、良、中、劣、差五个等级，则可以划分成分别占总数的5%、15%、60%、15%、5%的比例。然后根据每一种评价要素对员工进行评价，按照每人绩效的相对优劣程度，强制将其列入其中的某个等级。

强制分布法的优点是考核者的个人偏好或偏见性大大减少，从而保证了考评分数有一个合理分布，而不是集中在分数过高的一头。因为考评者并不知道每组的四个选项中哪两个对员工计分有利，因而考核者的考核不会受该员工外在条件的影响。

强制分布法的缺点是该方法的平均主义，考核结果往往不能完全做到实事求是和客观公正。例如，如果某一组被考核者认定总体上绩效很高，则每个人都会因此而占便宜，即使一个诚实客观的考核者，也很难按照自己的意愿去把握对员工考评的结果，不能让员工在考核中产生自我激励。一般来说，强制分布法适用于规模较大、工种繁多的组织。

四、关键事件法

关键事件法是由美国学者弗拉赖根和伯恩斯共同创立的。这一考评方法要求每一位需要考核的员工都有一本“工作日记”，上面记载的是日常工作中与员工工作绩效密切相关的事件，既可以是极好的事件，也可以是极差的事件。关键事件的记录者一般是员工的主管。在记录时，主管应着重对事件或行为进行记载，而不是对员工进行评论。记录的事件必须是典型的、较为突出的、与工作绩效相关的事情，而不是一般的、琐碎的、与绩效无关的事件。应用该方法时，考核者应将注意力集中在那些能区分有效和无效的工作绩效的关键行为上。表 7 -6 列出了运用员工关键事件法对工作管理人员进行工作评价的例子。

表 7 -6　　关键事件法举例

担负的职责	目标	关键事件
安排工厂的生产计划	充分利用工厂中的人员和机器，及时发布各种指令	为工厂建立了新的生产计划系统；上个月的指令延误率降低了 10%；上个月机器利用率提高了 20%
监督原材料采购和库存控制	在保证原材料充分供应的前提下，使原材料的库存成本降到最低	上个月使原材料库存成本上升了 15%；A 部件和 B 部件的订购富余了 20%；C 部件的订购短缺了 30%
监督机器的维修保养	不出现机器故障而造成停产	为工厂建立了一套新的机器维护和保养系统；由于及时发现机器部件故障而防止了机器的损坏

关键事件法的优点是可以帮助确认被考核者的长处和不足，真实可信；避免了考核中存在的近期效应，即依据员工在最近一段时间的表现来确定其绩效的好坏，因为关键事件总是在很长的一段时间内积累起来的；在对员工提供反馈时，不但因为有具体的事实而使被考核者更容易接受，而且也可以在绩效面谈时有针对性地提出改进的意见。

五、量表法

1. 行为锚定等级评定量表法（BARS）

行为锚定等级评定量表法（BARS）由史密斯和肯德尔提出，是描述性关键事件评估法和量化等级评估法的结合，即用具体行为特征的描述来表示每种行为标准的差异程度。运用行为锚定等级评定量表法来进行员工绩效评估，通常按照以下步骤进行：

步骤一：运用工作分析的关键事件技术得出一系列有效或无效的工作行为。

步骤二：工作分析者将这些行为分类为个人行为大致能表征的工作维度或工作者特征，然后对这些特征归类加以定义。

步骤三：在不知道所分配维度的情况下，与主题有关的专家们评论行为清单。如果大部分专家分配给同一行为的维度与工作分析者分配给它的维度相同，则该行为被保留下来。

步骤四：保留下来的行为由第二组与主题有关的专家加以评审。依照一项工作绩效去评定每种行为的有效性。

步骤五：分析者们计算出每一行为被给予的有效性评分的标准偏差，如果该标准偏差反映评分有较大的可变性（专家们在该行为的有效程度上意见不一），则该行为就被舍弃，然后为剩下的行为计算出评分的平均有效性。

步骤六：建立最后总的员工绩效评估体系。分析者为每个维度构建一个评定量表，量表中列出该维度的名称和定义。对行为的描述被放置在量表中的一个与它们的平均有效性评分相对应的位置上。表 7－7 为某企业内训师授课行为尺度评估的例子。

表 7－7　　企业内训师授课行为尺度评估量表

维度：课堂培训教学技能	
优秀：7	
6	内训师能清楚、简明、正确地回答学员的问题
5	当试图强调某一点时，内训师使用例子
中等：4	内训师能用清晰、使人明白的方式授课
3	讲课时内训师表现出许多令人厌恶的习惯
2	内训师在班上给学员们不可理喻的批评
极差：1	

2. 行为观察量表法（BOS）

行为观察量表法的使用，首先确定衡量绩效水平的维度，如工作的质量、人际沟通技能、工作的可靠性等。每个维度都细分为若干个具体的标准，并设计一个评估表。评估者将员工的工作行为同评估标准进行对比，每个衡量角度的所有具体科目的得分构成员工在这一方面的得分，将员工在所有评估方面的得分加总，就可以得到员工的总分。表 7－8 是一个行为观察量表的示例。

表 7-8 管理人员绩效评估 BOS 指标示例

克服改革中阻力的能力 （1）向下属说明改革的细节 从不 1 2 3 4 5 总是 （2）解释改革的必要性 从不 1 2 3 4 5 总是 （3）与员工讨论改革会对他们产生什么影响 从不 1 2 3 4 5 总是 （4）倾听员工所关心的问题 从不 1 2 3 4 5 总是 （5）在推进改革的过程中寻求下属的帮助 从不 1 2 3 4 5 总是 （6）如果需要，确定下次会议的日期以便对员工所关心的问题做出答复 从不 1 2 3 4 5 总是
总分：
不足 尚可 良好 优秀 杰出 6~10 11~15 16~20 21~25 26~30

六、关键绩效指标法

企业宏观战略目标决策经过层层分解产生的可操作性的战术目标，是宏观战略决策执行效果的监测指针。[①] 关键绩效指标法（Key Performance Indicator，KPI）是指把对绩效的评估简化为对几个关键指标的考核，将关键指标当成评估标准，把员工的绩效与关键指标进行比较的评估方法，在一定程度上可以说是目标管理法与帕累托定律的有效结合。关键指标必须符合 SMART 原则：具体性（Specific）、可衡量性（Measurable）、可达性（Attainable）、现实性（Realistic）、时限性（Time-based）。

建立 KPI 指标的要点在于流程性、计划性和系统性。首先明确企业的战略目标，并在企业会议上利用头脑风暴法和鱼骨分析法找出企业的业务重点，也就是企业价值评估的重点。然后，再用头脑风暴法找出这些关键业务领域的关键业绩指标（KPI），即企业级 KPI。

接下来，各部门的主管需要依据企业级 KPI 建立部门级 KPI，并对相应部门的 KPI 进行分解，确定相关的要素目标，分析绩效驱动因数（技术、组织、人），确定实现目标的工作流程，分解出各部门级的 KPI，以便确定评价指标体系。

然后，各部门的主管和部门的 KPI 人员一起再将 KPI 进一步细分，分解为更细的 KPI 及各职位的业绩衡量指标。这些业绩衡量指标就是员工考核的要素和依据。这种对 KPI 体系的建立和测评过程本身，就是统一全体员工朝着企业战略目标努力的过程，也必将对各部门管理者的绩效管理工作起到很大的促进作用。

① 彭剑锋. 人力资源管理概论［M］. 上海：复旦大学出版社，2007：334.

指标体系确立之后，还需要设定评价标准。一般来说，指标指的是从哪些方面衡量或评价工作，解决“评价什么”的问题；而标准指的是在各个指标上分别应该达到什么样的水平，解决“被评价者怎样做、做多少”的问题。

最后，必须对关键绩效指标进行审核。比如，审核这样的一些问题：多个评价者对同一个绩效指标进行评价，结果是否能取得一致；这些指标的总和是否可以解释被评估者80%以上的工作目标；跟踪和监控这些关键绩效指标是否可以操作，等等。审核主要是为了确保这些关键绩效指标能够全面、客观地反映被评价对象的绩效，而且易于操作。下表7-9给出了营销类KPI指标。

表7-9　营销类KPI指标

序号	指标	考核项目	指标定义	功能	目标要求
1	报价及时性	报价	一定周期内未及时报价的次数	检测报价及时性	在规定期限____内报价
2	报价准确性	报价	一定周期内报价出错的次数	检测报价准确性	一定周期内报价错误次数在____次以下
3	产品划分及时性	产品划分	一定周期内未及时进行产品划分的次数	检测划分产品的及时情况	在规定期限____内划分产品
4	产品划分准确率	产品划分	(1-产品划分出错数/产品划分总数)×100%	检测划分产品的准确情况	产品划分准确率达到____%
5	促销计划完成率	促销计划	(已完成的促销计划数量/促销计划总数量)×100%	检测促销计划完成情况	一定时期内促销计划完成率达到____%
6	大客户开发量	大客户	一定周期内大客户的开发数量	检测开发大客户的能力	一定周期内大客户开发数达到____家
7	单据审核正确性	单据审核	一定周期内审核单据出错的次数	检测对于单据审核的正确性	一定周期内单据审核出错次数在____次以下
8	电话沟通成功率	电话沟通	[电话邀约（销售）成功次数/总沟通电话数]×100%	检测与准客户电话沟通的成功率	一定周期内电话沟通成功率达到____%
9	电话约见成功率	电话约见	(成功约见面的电话数/总拨打电话数)×100%	检测电话约见的成效	一定周期内电话约见成功率达到____%
10	电子商务营业利润增长率	电子商务营业利润	(当期电子商务营业利润增长额/上期营业利润额)×100%	检测电子商务利润增长情况	一定周期内营业利润增长率达到____%

七、目标管理法

美国管理大师彼得·德鲁克（Peter Drucker）于1954年在其名著《管理实践》中最先提出了“目标管理”的概念。目标管理是以目标为导向，以人为中心，以成果为标准，而使组织和个人取得最佳业绩的现代管理方法。目标管理亦称“成果管理”，俗称责任制，是指在企业个体员工的积极参与下，自上而下地确定工作目标，并在工作中实行“自我控制”，自下而上地保证目标实现的一种管理办法。

目标管理的具体做法分三个阶段：第一阶段为目标的设置；第二阶段为实现目标过程的管理；第三阶段为测定与评价所取得的成果。

1. 目标设置

这是目标管理最重要的阶段，可以细分为四个步骤：

（1）高层管理预定目标，这是一个暂时的、可以改变的目标预案。即可以由上级提出，再同下级讨论；也可以由下级提出，上级批准。无论哪种方式，必须共同商量决定。领导必须根据企业的使命和长远战略，估计客观环境带来的机会和挑战，对本企业的优劣状况有清醒的认识，对组织应该和能够完成的目标心中有数。

（2）重新审议组织结构和职责分工。目标管理要求每一个分目标都有确定的责任主体。因此预定目标之后，需要重新审查现有组织结构，根据新的目标分解要求进行调整，明确目标责任者和协调关系。

（3）确立下级的目标。首先下级明确组织的规划和目标，然后商定下级的分目标。在讨论中上级要尊重下级，平等待人，耐心倾听下级意见，帮助下级发展一致性和支持性目标。分目标要具体量化，便于考核；分清轻重缓急，以免顾此失彼；既要有挑战性，又要有实现的可能。每个员工和部门的分目标要和其他的分目标协调一致，共同支持本单位和组织目标的实现。

（4）上级和下级就实现各项目标所需的条件以及实现目标后的奖惩事宜达成协议。分目标制定后，要授予下级相应的资源配置的权力，实现权责利的统一。由下级写成书面协议，编制目标记录卡片，整个组织汇总所有资料后，绘制出目标图。

2. 实现目标过程的管理

目标管理重视结果，强调自主、自治和自觉，但并不等于领导可以放手不管。相反，由于形成了目标体系，一环失误，就会牵动全局。因此，领导在目标实施过程中的主动管理是不可缺少的。首先进行定期检查，利用双方经常接触的机会和信息反馈渠道自然地进行；其次要向下级通报进度，便于互相协调；再次要帮助下级解决工作中出现的困难问题；最后是当出现意外、不可预测事件严重影响组织目标实现时，也可以通过一定的方式，修改原定的目标。

3. 总结与评估

达到预定的期限后，下级首先进行自我评估，提交书面报告；然后上下级一起考核目标完成情况，决定奖惩；同时讨论下一阶段目标，开始新的循环。如果目标没有完成，应分析原因、总结教训，切忌相互指责，以保持相互信任的气氛。

八、平衡计分卡

平衡计分卡（BSC）是一种全新的企业综合测评体系，代表了目前国际上最前沿的管理思想。

1. 平衡计分卡的框架

围绕企业的战略目标，利用 BSC 可以从财务、顾客、内部过程、学习与创新这四个方面对企业进行全面的测评。在使用时，对每一个方面建立相应的目标以及衡量该目标是否实现的指标。

（1）财务方面：其目标是解决“股东如何看待我们”这一类问题。告诉企业管理者他们的努力是否对企业的经济收益产生了积极的作用。财务方面指标包括传统的财务指标，如销售额、利润额、资产利用率等。

（2）顾客方面：其目标是解决“顾客如何看待我们”这一类问题。通过顾客的眼睛来看一个企业，从时间（交货周期）、质量、服务和成本几个方面关注市场份额以及顾客的需求和满意程度。其指标可以是送货准时率、顾客满意度、产品退货率、合同取消数等。

（3）内部过程方面：其目标是解决“我们擅长什么”这一类问题。报告企业内部效率，关注导致企业整体绩效更好的过程、决策和行动，特别是对顾客满意度有重要影响的企业过程。如生产率、生产周期、成本、合格品率、新品开发速度、出勤率等。

（4）学习和创新方面：其目标是解决“我们在进步吗”这一类问题。将注意力引向企业未来成功的基础，涉及雇员问题、知识资产、市场创新和技能发展。在当前市场环境下，光有竞争优势是不够的，必须能够保持这种优势，这就需要不断创新、改进和变化。只有通过生产新产品、为顾客增加新的价值、不断提高运行效率，企业才能够进入新的市场，增加收入和利润。

BSC 就是要对上述四个方面进行平衡。BSC 中各项测量指标并不是孤立地存在的，它们与一组目标相联系，而这些目标自身又相互关联并最终都以各种直接或间接的形式与财务结果相关联。

2. 平衡记分卡的实施步骤

每个企业都可以根据自身的情况来设计各自的 BSC，但大体上可以遵循以下几个步骤：

第一步：定义企业战略。BSC 应能够反映企业的战略，因此有一个清楚明确的能真正反映企业愿景的战略是至关重要的。由于 BSC 的四个方面与企业战略密切相关，因此这一步骤是设计一个好的 BSC 的基础。

第二步：就战略目标取得一致意见。由于各种原因，管理集团的成员可能会对目标有不同的意见，但无论如何都必须在企业的长远目标上达成一致。另外，应将 BSC 的每一个方面的目标数量控制在合理的范围内，仅对那些影响企业成功的关键因素进行测评。

第三步：选择和设计测评指标。一旦目标确定，下一个任务就是选择和设计判断这些目标是否达到的指标。指标必须能准确反映每一个特定的目标，以使通过 BSC 所收集到的反馈信息具有可靠性。换句话说就是：BSC 中的每一个指标都是表达企业战略的因果关系链中的一部分。在设计指标时，不应采用过多的指标，也不应对那些企业员工无法控制的指标进行测评。一般在 BSC 的每一个方面中使用 3 ~4 个指标就足够了，超出 4 个指标将使 BSC 过于零散甚至会变得不起作用。其设计的指导思想是简单并注重关键指标。

第四步：制订实施计划。要求各层次的管理人员参与测评。这一步骤也包括将 BSC 的指标与企业的数据库和管理信息系统相联系，在全企业范围内运用。

第五步：监测和反馈。每隔一定的时间就要向最高主管人报告 BSC 的测评情况。在对设定的指标进行了一段时间的测评，并且认为已经达到目标时，就要设定新的目标或对原有目标设定新的指标。BSC 应该被视为战略规划、目标制定以及资源配置的依据之一。

第四节 绩效考核中的问题及对策

一、绩效考核中容易出现的主要问题

由于绩效考核在人力资源管理实践中具有非常重要的地位，研究者和实践者都对其进行了系统的思考和研究，发现了绩效考核中的一些问题。综合国内外研究者的研究成果，表 7 - 10 列出了绩效考核面临的问题。

表 7 - 10 绩效考核面临的问题

很难考核创意的价值
很难考核团队工作中的个人价值
往往忽略了不可抗力的因素
考核方法本身需要提高
主管害怕考核的负面影响
员工觉得自己没有受到公正的评价和待遇
考核过程容易受到外界因素的干扰
缺乏明确的工作绩效标准
工作考核的标准不现实
考核者的失误
消极地沟通
反馈不良

［资料来源］张德．人力资源开发与管理［M］．北京：清华大学出版社，2001：207.

除了表 7 - 10 中列出的一些问题外，在绩效考核过程中还有下列障碍：

1．偏见导致的误差

这种误差是由籍贯、性别、性格、年龄和种族等差别造成的，在考核工作中时有

发生。例如在跨国公司的绩效考核中，有色人种员工往往会得到较低的评价，白色人种员工通常得到较高评价。这些都将对员工的晋升或个人发展形成障碍。

2. 晕轮效应

晕轮效应是在考核人员对被考核人员的某一绩效要素看好时，导致对其他绩效要素的评价也相应较高。例如，当被考核者对考核者或主管人员表现得特别友好时，考核人员有可能在被考核人员的“与其他人相处能力”方面给予高分，而事实上，这位员工与别人相处的能力很一般。这就会导致考评失真，出现误差。

3. 趋宽、趋严、趋中等误差

在绩效考核中，有些考核人员不能很好地把握考核标准。有的考核人员倾向于给所有被考核人员的绩效考核结果做出较高的评价，这就是趋宽误差；有的考核人员倾向于让所有被考核人员的绩效考核结果评价集中在中等区域内，这就是趋中误差；有的考核人员倾向于给所有被考核人员的绩效考核结果做出较低的评价，这就是趋严误差。

4. 首因效应

首因效应就是人们日常生活中所说的第一印象，即被考核者给考核者的第一印象有时会给考核结果带来误差。不同的考核者由于具有不同的性格和生活体验，对第一印象的处理方法不同。例如，考核者第一次见到某位员工时，该员工表现积极，给考评者留下了较好的印象，导致评价偏高的误差；反之，有的考核者对第一印象较好的被考核者倾向于严格要求，导致评价偏低。

5. 近因效应

近因效应指对人进行评价时，过多地从其近期的表现出发，而忽视其长期一贯表现的一种现象。通常情况下，员工都知道绩效考核的时间，有的员工在考核前一段时间积极地工作，改变自己的工作行为，提高工作效率。由于记忆原因，考核者对被考核者早期的工作表现的记忆已经模糊了，只能依据其近期表现进行判断，导致近期行为对考评结果产生影响。

6. 对照效应

考核者不自觉地将某一被考核者和其他被考核者进行比较，从而得到有偏差的考核结论。例如，在考核者刚刚接待了一位工作绩效非常优秀的员工后，下一位员工的工作绩效本来也不错，但是考核者却将该员工的绩效评为中等，而实际上这位员工的绩效已经达到“较好”或“良”的评价等级了，这就造成了评价偏低的误差；相反，如果前一位员工的绩效较差，而后一位员工的绩效稍微好一些，相当于“中等”或“及格”水平，但是由于对照前一位员工，考核者可能将其评价为“较好”，也造成了评价偏高的误差。这些都是对照效应引起的误差现象。

7. 外界压力

考核者在考核过程中的压力可能来自上级，也可能来自下级。上级为了提拔某一绩效并不优秀但有背景的员工，可能会向考核者施加压力；而下级可能找考核者对质或报复，致使考核者感到紧张和压力。这些压力都会在一定程度上给评估结果带来误差。

8．板块效应

在实际生活中，人们习惯于把处于不同层次的社会群体视为稳定的板块，对处于该群体中的某一成员，也认定其具有板块特征，会产生板块效应。例如，许多人希望听老教授讲课，认为老教授知识渊博，教学经验丰富，但是他们遇到的那位老师其实未必如此。板块效应构成的误差经常表现为对青年员工的评价偏低的现象，也就是将“青年员工有待锻炼”这个一般性、概括性的结论硬性延展到每一个青年员工的身上。板块效应的弊端在于用假设代替了现实。

9．类己效应

在考核过程中，在考核者遇到与自己相类似的被考核者时，倾向于给予较高或较低的评价。例如，考核者是个急性子，那么他对也是急性子的员工的绩效可能给予较高的评价，对慢性子的员工的绩效评价则可能较低。其实，性子急或慢与工作绩效没有必然联系。

二、如何避免绩效考核中的问题

1．充分准备

在进行绩效考核时，事先要对各个环节进行充分准备、论证，对绩效评价过程中出现的问题进行充分的估计，并研究好应对方案，尽量避免问题的发生。

2．确定合适的考核目标和恰当的考核指标

考核目标应和实际工作相符合，如进行晋升考核时，应重点考核员工的工作能力、管理能力和解决问题的能力，而不是员工成绩和工作态度。

3．选择正确的考核方法

每种考核方法都有各自的长处和短处，如用排序法可以避免趋宽、趋中、趋严现象的出现，但在所有员工的绩效均较好的情况下容易使被考核者产生心理不平衡。因此一定要根据考核的目的、对象等具体情况，选择最合适有效的考核方法。

4．选择适当的考核时间

考核时间适合与否，对考核结果的质量有重要影响。两次考核之间的间隔应该适当，即不宜过长，也不宜过短。两次考核之间的间隔过短，不仅增加工作量，而且容易引起员工的抵触情绪，也容易使考核流于形式，达不到事先确定的考核目的。

5．加强对考核人员的培训

考核中出现的问题大部分是由考核人员引起的，如首因效应、近因效应等。要保持考核结果的信度和效度，必须从考核人员入手，加强对他们的培训。

在培训过程中，应向考核人员讲述有关考核的知识、产生偏差的原因，加强对考核偏差的认识，从根本上避免偏差的产生。在实践中，让每一位考核者亲自参与考核，然后让他们自己思考产生这些问题的具体原因。反复进行多次这样的训练，直到考核者都认识并纠正了自己的错误，培训方可结束。

6．创造良好的考核环境

创造良好的考核环境，是指领导要给予实际的支持，不要给考核者施加压力，并且保持公正。若出现对考核者采取报复现象，应彻底予以制止和批评，使组织中的全体员工对绩效考核有正确的认识，只有这样才能减少考核者的压力，在考核过程中才能做到实事求是，增加考核结果的准确性。

本章小结

本章内容是绩效管理与绩效评估。首先强调绩效管理的重要意义及在人力资源管理中的重要作用；其次对绩效管理与绩效评估的基本概念及两者的联系与区别做了清晰的阐述；接下来重点阐述和介绍了绩效管理与绩效评估的步骤、方法和评估工具，并提示在绩效管理与绩效评估中如何避免容易出现的问题；最后强调绩效管理与绩效评估的人力资源激励作用。

关键概念

1．绩效管理　2．绩效评估　3．绩效标准　4．量化评估　5．定性评估

本章思考题

1．什么是绩效？什么是绩效管理？

2．绩效管理与绩效评估的联系与区别是什么？

3．绩效考核的实施步骤是什么？

4．绩效考核的方法有哪些？

5．绩效考核结果可以在人力资源管理的哪些方面得到应用？如何应用绩效考核结果？

案例分析

绩效管理的困境①

A公司是一家民营大型纺织企业。面对生产线上员工工作经验不足、产品合格率低、生产成本居高不下等问题，公司李力总经理决定在2005年10月开始实施绩效管理，并将绩效管理方案的设计、实施、改进等全过程交由人力资源部负责。

李总在决定实施绩效管理初期主持了几次会议，之后由于工作忙就没有再参与其中了。半年过去了，李总发现企业生产力并未得到提升，反而出现了更多意想不到的问题，如员工积极性下降、员工的思想认识混乱、上下级产生冲突等。李总觉得很困惑：为什么绩效管理在公司中发挥不出其应有的作用？

为了找出绩效管理不佳的原因，企业管理者与人力资源部进行沟通。在对绩效管

① 绩效考核的四大误区［OL］. http：//www.dghrlaw.com/news/jzfc/fczr/0859132057EJ12497JADGI388B4C13.html.

理的认识方面双方出现了各自不同的看法。

企业管理者认为，绩效管理是人力资源管理的一部分，理所当然由人力资源部来做。因此管理者只负责实施绩效管理的指示，剩下的工作全部交给人力资源部，做得好不好，应全由人力资源部负责。

人力资源部认为，虽然人力资源部对绩效管理的有效实施负有责任，但是并不是完全的责任。人力资源部在绩效管理实施中主要扮演流程制定、工作表格提供和咨询顾问的角色，至于绩效管理的推行和决策则与人力资源部无关，人力资源部也做不了这样的工作。绩效管理的推行责任在于企业的高层支持和鼓励，高层领导不仅要重视绩效管理的作用，而且要意识到绩效管理绝非一个简单的人力资源问题，而是一个综合的系统管理问题。只有高层领导者觉悟了并在全体员工中明确系统的主旨后，绩效管理的作用才能逐渐凸显，发挥出重要的作用。

案例思考题

1. 面对绩效管理方案与公司实际情况相矛盾的情况，该公司人力资源部该如何解决？
2. 针对该企业面临的问题，请为该企业提供相应的绩效管理方案。

第八章　激励理论与实践

学习目标

1. 了解个体激励的心理过程及相关概念
2. 了解和熟悉激励的基本理论
3. 熟悉并掌握激励理论的应用方式

引导案例

如何实施薪酬激励才对①

某房地产集团下属一家物业管理公司，成立初期，该公司非常注重管理的规范化和充分调动员工积极性，制定了一套较科学完善的薪酬管理制度，公司得到了较快的发展，短短两年多时间，公司的业务增长了110%。随着公司业务的增加和规模的扩大，员工也增加了很多，人数达到了220人。但公司的薪酬管理制度没有随公司业务发展和人才市场的变化而适时调整，还是沿用以前的。公司领导原以为公司的发展已有了一定的规模，经营业绩理应超过以前，但事实上，整个公司的经营业绩不断滑坡，客户的投诉也不断增加，员工工作失去了往日的热情，出现了部分技术、管理骨干离职，其他人员也出现了不稳定的预兆。其中公司工程部经理在得知自己的收入与后勤部经理的收入相差很少时，感到不公平。他认为工程部经理这一岗位相对于后勤部经理来说，工作难度大、责任重，应该在薪酬上体现出这种差别，所以，工作起来没有了以前那种干劲，后来辞职而去。因为员工流失、员工工作缺乏积极性，致使该公司的经营一度出现困难。在这种情况下，该公司的领导意识到问题的严重性，经过对公司内部管理的深入了解和诊断，发现问题出在公司的薪酬系统上，而且关键的技术骨干力量的薪酬水平较市场明显偏低，对外缺乏竞争力；公司的薪酬结构也不尽合理，对内缺乏公平，从而导致技术骨干和部分中层管理人员流失。针对这一具体问题，该公司就薪酬水平进行了市场调查和分析，并对公司原有薪酬制度进行了调整，制定了新的与企业战略和组织架构相匹配的薪资方案，再度激发了员工的积极性和创造性，公司发展又开始恢复良好的势头。

请运用所学的激励理论，对案例进行分析。

---

① 现代企业的薪酬激励制度［OL］. http：//www.mba.org.cn/a/a/anliku/a/a/anlik/2011/0815/4646.html.

第一节　激励的理论、类型和原则

一、激励理论的相关概念

激励，是激发人的行为动机使之朝着所希望的方向前进。在人力资源管理中，就是激励员工提高工作积极性，使之朝着组织目标前进。激励，是人力资源管理的基本目的之一。人力资源管理的目的在于吸引、保留、激励与开发组织中的人力资源，其中，激励是核心，激发员工的工作积极性，能促成组织目标的实现。图 8－1 表示了激励的心理过程。

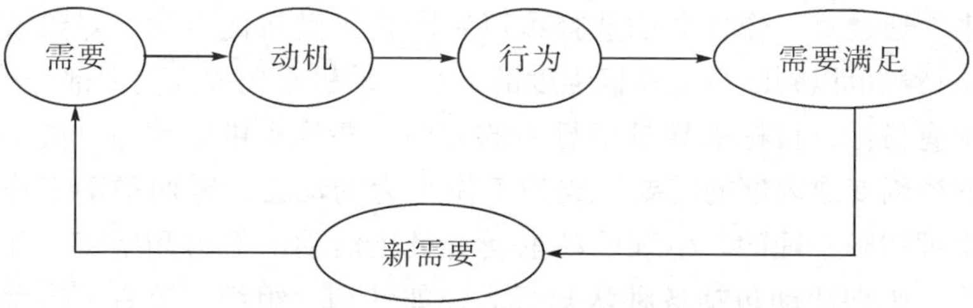

图 8－1　个体激励的心理过程

首先了解该过程的相关概念：

（1）需要：需要是一种内部状态，是指个体为生存、享受、发展而必须具有的因素，包括自然属性因素和社会属性因素。自然属性因素包括衣、食、住、行等实物性要素；社会属性因素包括社会交往、名誉、地位、尊重等非实物性要素。自然属性与社会属性不是决然分开的，社会属性有时要通过自然属性表现出来。人的需要是多种多样的，在不同时期、不同地点、不同环境都会呈现不同的特点，随着社会和个人的发展，需要也是不断发展变化的。

（2）期望和期望值：期望是指个体根据客观条件和主观经验判断其行为所导致的能够满足需要的某种结果。期望值是指期望的结果能够实现的概率。

（3）动机：动机是个人实现目标的内在动力。动机引发、保持行为并能将其导向能够满足自己需要的某一目标。动机是个人行为的原动力，主要有两方面来源，一是内在原因，如衣、食、住、行等生理上的需要，得到赞许、友谊等心理上的需要；二是外在原因，指作用于人的身心的外在刺激，如食物香味、衣服的式样色彩、语言等。外在原因通过内在原因发挥产生动机的作用。对于个人来讲，只有未满足的需要才会产生动机。

（4）目标：目标是指个人为满足个人需要而要达到的某种结果及其程度。在某种意义上来讲，目标与期望和期望值的意义相接近，只是目标更具体一些。在管理中，我们力求将组织目标与个人目标结合起来，通过实现组织目标而实现个人目标。

（5）行为：行为是指个人为实现目标而做出的努力和行动。行为可以从方向性、幅度、持续性几个维度来分析。方向性是指行为指向某一目标。行为幅度是指行为强度大小，它与个人能力、期望值和动机强弱相关。行为持续性是指某一行为持续时间，它与达到目标程度、行为过程和结果满足个人需要程度有关。

（6）激励：激励是由动机演化而来的，其基本含义是激发动机。广义上来讲，激励就是调动人们的积极性，它通过采取一系列措施，使员工为达到一定的组织目标而进行努力。

二、动机概述

1. 动机的含义

动机是由目标或对象引导、激发和维持个体活动的一种内在心理过程或内部动力[①]。在组织中，可以通过工作任务的选择、努力程度、对工作的坚持性等外部行为间接地推断出来。通过对工作任务的选择可以判断员工动机的方向、对象或目标；通过努力程度和坚持性可以判断员工动机强度的大小。动机是构成人类大部分行为的基础。

动机必须有目标，目标引导员工行为的方向，并且提供原动力。员工对目标的认识，由外部的诱因变成内部的需要，成为工作行为的动力，进而推动工作行为。动机要求活动有生理的和心理的。生理活动承受着员工活动的努力和坚持，并负责执行一些外在的行为。心理活动包括各种认知行为，如计划、组织、监督、决策、解决问题和评估等，这些活动促使个体获得或达到他们的目标。

2. 动机的功能

（1）动机的激活功能。动机是员工能动性的一个主要方面，它具有发动行为的作用，能推动员工努力工作，使员工由静止状态转向活动状态。例如为了生存而参加工作；为了得到领导的赞扬而努力工作；为了摆脱孤独而结交朋友等。动机激活力量的大小，是由动机的性质和强度决定的。一般认为，中等强度的动机有利于任务的完成。

（2）动机的指向功能。动机不仅能激发工作行为，而且能将行为指向一定的对象或目标。例如在学习动机的支配下，员工会积极参加公司组织的培训；在休息动机的支配下，员工可能在休息时间去电影院或健身房；在成就动机的支配下，员工会主动选择具有挑战性的任务等。因此，动机不同，员工活动的方向和所追求的目标也是不同的。

（3）动机的维持和调整功能。动机的维持功能主要表现为行为的坚持性。当动机激发员工的某种活动后，这种活动能否坚持下去，同样要受到动机的调节和支配。当活动指向员工所追求的目标时，这种活动就会在相应动机的维持下继续下去；相反，当活动背离了个体所追求的目标时，进行这种活动的积极性就会降低。[②]

3. 动机过程

动机是行动的原动力，也可以看成是需要获得满足的过程。如图 8 - 2 所示，未满

---

① PINTRICH P R, SCHUNK D H. Motivation in Education: Theory, Research, and Applications [M]. Eaglewood Cliffs: Prentice - Hall, 1996.

② 彭聃龄. 普通心理学 [M]. 北京：北京师范大学出版社，2004：326.

足的需要使人产生紧张心理。为了消除紧张，就会产生一种力量促使他采取一定的行动，行动的过程和结果指向某一目标，该目标实现就可以满足需要，从而解除紧张。

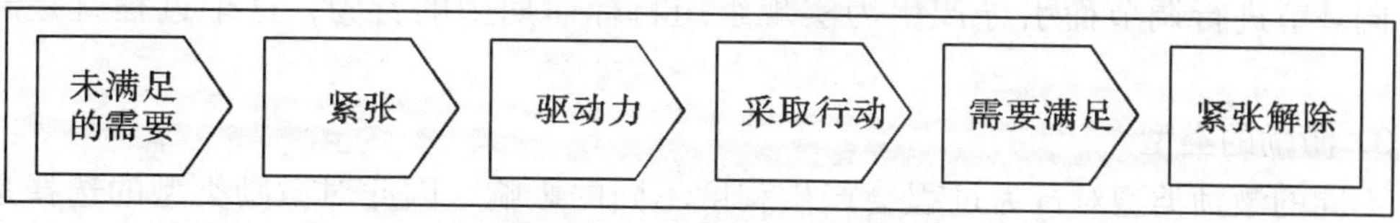

图 8－2　动机过程示意图

从未满足的需要到满足需要后解除紧张，再产生新的未满足的需要，再到满足需要解除紧张，这是一个不断循环的过程，动机贯穿其中，这是一种不以人的意志为转移的力量。

三、激励概述

1. 激励的含义

“激励”，一般是指激发人的内在动机，鼓励人朝着所期望的目标采取行动的过程。[①] 激励含有激发动机、鼓励行为、形成动力的意思，也就是人们常说的调动积极性。激励的过程，实际上就是人的需要的满足过程。心理学家对需要和动机非常感兴趣并做了大量的研究，他们认为人类的行为都是动机性的行为，即人们的行为，都是有一定的目的和目标的。这种动机起源于人的需求（欲望）。有需求（欲望），就会产生动机，有动机就有了行为。一种没有得到满足的需求是整个激励过程的起点。因为未得到满足的需求会造成人们的身体或心理失去平衡而感到紧张，这种紧张情绪会导致人们去采取某种行为以满足需求，来缓解或减轻其紧张程度。例如，人们在饥饿时大脑会支配人去寻找食物；口渴时大脑会支配人们去寻找水源。这种大脑指挥人们去行动的心理过程就是动机。行为在这里是为消除紧张而达到目标的一种手段。当目标达到之后，原有的需求和动机也就消失了。因此，一个激励过程，实际上就是人们的需求的满足过程，它以未能得到满足的需求开始，以需求得到满足而告终。由于人们总是具有不同程度的多种需求，而且当一种需求得到满足之后，新的需求将会反馈到下一循环过程中去。因此，激励的过程也是循环往复、持续不断的。

2. 激励的过程

在上面谈到了动机可以看成是需要获得满足的过程，在这个过程中动机是原动力，不以人的意志为转移。但是这个过程中的每一个环节都是可以调节的，可以通过采取一定的措施来对这个过程进行干预，从而使个人在获得需要满足的同时，使组织目标得以实现。

激励实质就是调动人的积极性，要通过一定的措施来实现，措施发挥作用的过程就是激励过程。激励过程以动机过程为基础，不能脱离动机过程而另外产生一个过程。

动机过程只是针对个体而言，它是一个循环，各个环节互相影响，通过对各个环

① 傅夏仙．人力资源管理［M］．杭州：浙江大学出版社，2003：154.

节进行干预，可以调整行为。进行管理就是使群体朝着组织目标而努力，关注的是指向组织目标的组织行为。组织行为是由个体行为聚合而产生的，可以通过在动机过程的不同环节进行调节而引导产生为实现组织目标而期望的行为，这个过程就是激励过程。

3. 激励的类型

不同的激励类型对行为过程会产生程度不同的影响，因此对激励类型的选择是做好激励工作的一个前提条件。

(1) 从激励内容上划分，将激励分为物质激励与精神激励

物质激励，就是从满足人们的物质需要出发，对物质利益关系进行调节，从而激发人的向上动机并控制其行为的趋向。物质激励多以加薪、减薪、奖金、罚款等形式出现。

精神激励，就是以满足人的精神需要出发，对人的心理施加必要的影响，从而产生激发力，影响人的行为。精神激励多以表扬和批评、记功、评先进、授予先进模范称号或处分等形式出现。物质激励和精神激励二者的目标是共同的，都是为了强化行为，提高人们的工作积极性。但是，它们作用的着力点是不同。前者作用于人们的生理方面，是对人的物质的满足；后者作用于人们的心理方面，是对人的精神需要的满足。

(2) 从激励的性质上划分，将激励分为正激励和负激励

正激励就是当一个人的行为符合社会的需要时，通过奖励的方式来鼓励这种行为，以达到保持这种行为的目的。正激励的手段可以是物质方面的，如奖金、奖品、津贴等；也可以是精神方面的，如表扬、树立先进典型等。

负激励就是当一个人的行为不符合社会需要时，通过制裁等方式来抑制这种行为，以达到消除这种行为的目的。负激励的手段可以是物质方面的，如降低工资级别、罚款等；也可以是精神方面的，如批评、通报、处分、记过等。正激励与负激励都以对人们的行为进行强化为目的，但它们的取向相反。正激励起正强化的作用，是对行为的肯定；负激励起负强化的作用，是对行为的否定。

(3) 从激励形式上划分，将激励分为内激励和外激励

内激励源于人员对工作活动本身及任务完成所带来的满足感。它是通过工作设计（使员工对工作感兴趣）和启发诱导（使员工感到工作的重要性和意义）来激发员工的主动精神，使人们的工作热情建立在高度自觉的基础上，以发挥出内在的潜力。

外激励则是运用环境条件来制约人们的动机，以此来强化或削弱各种行为，进而提高工作意愿。它多以行为规范或对工作活动和完成任务付给适当报酬的形式出现，来限制或鼓励某些行为的产生。如建立岗位责任制，以对失职行为进行限制；设立合理化建议奖，用以激发工作人员的创造性和革新精神。

4. 激励的原则

(1) 物质激励与精神激励相结合，以精神激励为主的原则

物质激励和精神激励对于调动员工的积极性来说，都是必不可少的。在我国目前的社会经济条件下，物质激励仍然是激励的重要手段，它对于调动员工的积极性有很大的作用。精神激励是激励的另一手段，由于它主要激发人的思想觉悟，思想觉悟提

高了，树立了正确的价值观，就可以长久地维持工作热情。物质激励和精神激励是对人们物质需要和精神需要的满足，而人们的这两种需要的层次和程度，不是一成不变的，而是随着客观情况的变化而变化的。一般来说，在社会经济文化发展水平较高的条件下，人们的精神需要比重会逐步加大。此外，文化程度、职业、思想境界、品德修养等因素也会对人的需要产生一定的影响。例如，从事简单劳动的人，往往比较偏重于物质需要；从事复杂劳动的人，则更多地倾向于追求精神需要的满足。由于不同类型的人有着不同的需要结构，同一类型的人在不同的时期和地区也有着不同的需要结构，因此，激励手段的运用，必须因人制宜、因时制宜、因地制宜。

在正激励和负激励的关系问题上，坚持正激励与负激励相结合，以正激励为主，负激励为辅。正激励是从正方向予以激励，负激励是从反方向予以激励，它们是激励中不可缺少的两个方面。单纯地运用正激励或负激励，效果都不理想。由于正激励和负激励之间存在着效应互补关系，因此，坚持把二者结合起来的原则，才能形成一种激励的合力，真正发挥出激励的作用。小功不奖则大功不立，小过不戒则大过必生。在实际工作中，只有做到奖功罚过、奖优罚劣、奖勤罚懒、奖罚分明，才能在组织中树正风、扬正气，真正调动起员工的积极性。在激励中，要坚持以正激励为主的原则，因为正激励是主动性激励，而负激励是被动性激励。就二者的作用而言，正激励是第一位的，负激励是第二位的。同时，由于惩罚只是手段，目的则在于实现目标，即改变行为者的行为方向，使其符合组织的需要，因此，即使进行负激励时，往往也要伴随正激励的因素。

（2）适时原则

激励时机的选择是非常重要的。超前的激励可能会使工作人员感到无足轻重，迟来的激励可能会使工作人员觉得多此一举，产生淡然处之的心理，从而削弱了激励的效果。激励时机直接影响激励效果，要善于把握时机。

对于激励的时机，应针对不同的情况进行具体分析。一般来说，根据激励时间与工作性质、复杂程度和完成周期的关系分类，可以将激励时机分为期前、期中、期末三种形式。

①期前激励：在工作开始之前，公布任务指标和相应奖罚措施。这种激励适用于工作周期长、任务明确的情况。

②期中激励：在工作进行中，分阶段规定任务指标及奖惩措施。这种激励适用于工作内容庞杂、需分阶段完成的任务。

③期末激励：在工作完成后，在总结工作的基础上进行激励。这种激励适用于工作任务复杂，开始时难以确定指标的情况。

（3）适度原则

①激励内容要适度。要求激励的内容实事求是、恰如其分。表扬一个人，要对那些确实值得表扬之处给予恰如其分的表扬，才能激励他人前进。如果任意夸大情节，评价失实，在众人面前把被奖励者说得太过完美，就会使一起工作的同事听了后不服，还会使被奖励者被绝大多数人疏远和冷遇。如果奖励错乱，张冠李戴，该奖励的没有奖励，不该奖励的却被奖励，或者几个人共同努力做出了工作成绩，却只奖励了其中

一个人或部分人，就会使得那些应受奖励而事实上没得到奖励的人感到不满和失望，挫伤了其工作积极性。同样的，批评一个人，也要尊重事实，实事求是，以理服人，就事论事，对事不对人。这样的批评才能使人信服，达到目的。惩罚合理才能使被惩罚者心理上接受，才有可能抑制不良行为的再次发生；如果惩罚不合理，会使被惩罚者心理上产生抗拒，难以抑制不良行为的再次发生。

②激励量要适度。激励的量是指奖励或惩罚标准的高低，它与激励效果有着密切的联系。超量激励和不足激励不但起不到激励的作用，甚至还会起到反作用，造成对员工工作积极性的打击。例如，过分优厚的奖励，会使人感到得来轻而易举，用不着努力；过分严厉的惩罚，往往导致人们产生抗拒心理，不利于改正错误继续上进；过于吝啬的奖励不仅不能发挥激励的作用，反而会使人们产生不满情绪；过轻的惩罚，可能导致人们的无所谓心理，有可能不但不思悔改，反而变本加厉。因此，激励一定要恰到好处。

③激励方式要适度。激励方式的适度是指要针对不同的激励对象采取不同的激励方式。这一原则是由激励对象需要的差异性决定的。因此，领导者、管理者要经常了解下属的思想动态与心理状态，了解不同类型的员工的不同需求，从而采取最适当的激励方式。

④激励频率要适度。激励频率就是指一定时间内激励他人的次数。在激励工作中，一定时间内激励他人的次数要适度。激励频率与激励效果之间并不是完全简单的正相关关系，频率过高或过低，往往都收不到好的激励效果。激励频率的选择受到多种客观因素的制约，这些客观因素包括工作的内容和性质、任务目标的明确程度、激励对象的素质状况、劳动条件和人力资源环境等。一般来说，对于工作复杂程度高、比较难以完成的任务，激励频率应该高；对于工作比较简单、容易完成的任务，激励频率则应该低。对于任务目标不明确，较长时期才能见成果的工作，激励频率应该较高；对于工作目标明确，短期可见成果的工作，激励频率应该较低。对于各方面素质较高的工作人员，如把自我能力的实现，当成自己最大的乐事，从而在工作中有高度自觉性和积极性的工作人员，就不宜采用高频率激励；反之，对于把追求较低层次的需要作为自己工作的动力的工作人员，则要采用高频率激励。另外，在劳动条件和人力资源环境较好的部门，激励频率则应该低。在实际的工作中，应根据具体情况进行具体分析，灵活地运用适当的激励频率。

第二节　激励理论

从激励过程模型中，我们可以看到，通过对未满足的需要、目标驱使的行为以及满足需要几个环节进行调控，都可以达到引导个体出现组织期望的行为的目的。人们对激励机制的研究，产生了许多理论，从不同角度对激励过程的调节进行了分析和阐述。从激励过程中的调控点进行划分（见图8-3），这些理论大致可以分为四大类。

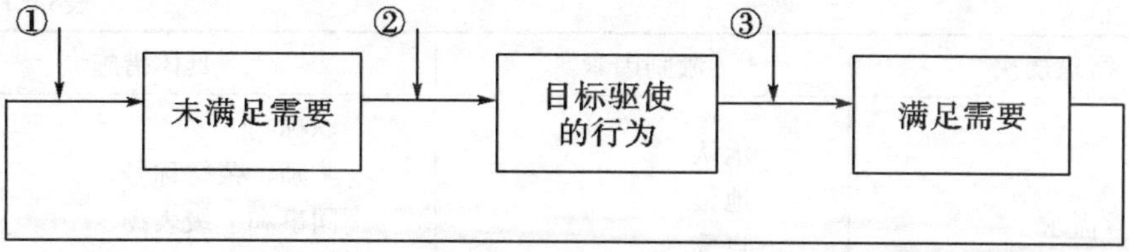

图 8－3　激励过程简图

第一大类：内容型激励理论，着重对引发动机的因素，即对激励的内容进行研究，作用点为图 8－3 中①。包括需要层次理论、X 理论和 Y 理论、双因素理论、ERG 理论、成就需理论。

第二大类：过程型激励理论，着重对目标的选择，即动机形成过程研究，作用点为图 8－3 中②。包括期望理论、公平理论、目标设置理论。

第三大类：调整型激励理论，着重对达到激励的目的，即调整和转化人的行为进行研究，作用点为图 8－3 中③。包括强化理论、挫折理论。

第四大类：综合激励模式，对上述三类理论进行整合，对激励过程的整体进行研究。包括波特尔—劳勒综合激励模式、迪尔综合激励模式。

一、内容型激励理论

内容型激励理论着重对引发动机的因素，即对激励的内容进行研究，包括马斯洛的需求层次理论、麦格雷戈的 X 理论和 Y 理论、赫兹伯格的双因素理论、阿尔德弗的 ERG 理论、麦克利兰的成就需要理论等。以下分别进行简要阐述。

1. 需求层次理论

需求层次理论是在 1943 年出版的《人类激励理论》一书中首先提出来的，该书作者是美国人本主义心理学家亚伯拉罕·马斯洛（Abraham Maslow）。1954 年马斯洛又在《激励与个性》一书中，对该理论进行了进一步阐述。本书第一章已有详述。

尽管众多的研究对马斯洛的需求层次理论并未提供强有力的支持，但由于其简单明了、易于理解、具有内在的逻辑性，还是得到了普遍的认可，特别是实践中的管理者。管理者应准确识别员工的需求特征，针对不同的特点采用不同的激励措施。表 8－1 是与需求层次相应的激励因素和措施，供参考。

表 8－1　与需求层次相应的激励因素和措施

需求层次	激励因素	具体措施
自我实现需求	成长 成就 提升	富有挑战性的工作 自主性/创造性的工作 工作成就 提升

表8－1(续)

需求层次	激励因素	具体措施
尊重需求	承认 地位 自尊 自重	职称 奖励、荣誉称号 同事和上级表扬 赋予更多的责任 委派挑战性工作
社会需求	友谊 志同道合 和谐人际关系	同事友谊 质量管理 社会交往活动
安全需求	安全 稳定 保障 舒适	福利保障 职工安全 良好的工作环境
生理需求	食品 住房 交通 健康 性生活	工作条件 基本工资待遇 食品保障 医疗条件 婚姻

2. X 理论和 Y 理论

关于人性的讨论由来已久，2000 多年前，我国就有“人之初，性本善”之说，同时也有与之截然不同的“人之初，性本恶”之言。同样，西方关于人性的假说也有两种完全相反的观点。道格拉斯·麦格雷戈（Douglas McGregor）对这两种观点及其在管理中的运用情况进行了研究，提出了 X 理论和 Y 理论。

（1）X 理论

X 理论认为人性具有下列特点：

①员工天生不喜欢工作，好逸恶劳，只要有机会，他们就会逃避工作；

②员工不愿意主动承担责任，很容易安于现状；

③员工只会按要求进行工作，不愿意进行创新，没有雄心壮志；

④员工都是贪婪的，都希望不劳而获。

与上述假设相适应，管理者采用的策略就是“胡萝卜加大棒”：强制员工工作，给员工明确工作任务，采用计件工资制，出现差错给予严厉的处罚。

（2）Y 理论

Y 理论与 X 理论相对立，它认为人具有下列特点：

①员工天生喜欢工作，视工作如休息、娱乐一样舒适自然；

②员工不但能够对自己的工作承担责任，还愿意主动承担更多的责任；

③员工会认真工作，能够采取多种办法完成任务，不断创新，能进行自我指导和自我控制；

④大部分员工都具备做出正确决策的能力。

与这些假设相适应，拥护Y理论的管理者采用的管理策略就是民主式的管理：员工参与决策，给员工宽松的工作环境，进行充分授权，经常给予员工支持和鼓励；让员工自我管理，为员工提供富有挑战性和责任感的工作，建立良好的群体关系。

不难验证，X理论和Y理论只是两种极端情况，现实社会中，每个人都具有X理论和Y理论中所概括的某些特点。在一个高素质人员集中的场合，Y理论似乎更容易被接受。管理者应根据组织发展阶段、目前状况、员工实际情况以及工作特点，合理运用管理策略。如某医院在前几年，采用的是一种近乎放任式的管理，由于员工能自主安排工作，具有一种宽松的工作环境，组织业绩也在持续增长。但也出现了一些问题：组织纪律散漫，经常因应诊迟到而被病人投诉。

3. 双因素理论

双因素理论又称激励—保健理论，是美国心理学家弗雷德里克·赫兹伯格（Frederick Herzberg）提出的[①]，这个理论的提出是建立在大量的实地调查基础之上的。

20世纪50年代，赫兹伯格领导的研究小组对美国一些工厂进行大规模的调查研究，他们在调查表中设计了许多问题，包括：

◆ 什么时候你对工作特别满意？

◆ 什么时候你对工作特别不满意？

◆ 满意和不满意的原因是什么？

调查结果与预期结果有很大的差别。调查人员在开始时假设，当改善某种员工不满意的因素时员工应该感到满意，或者当某种员工感到满意的条件变差时员工应该感到不满意，但调查结果并没有证实这个假设。调查结果显示，员工对满意与不满意的因素认知是不一致的，即当改善某种员工不满意的因素时，员工并不会感到非常满意而是减少了不满意；恶化了某种员工认为满意的因素时，员工并不会有强烈的不满意，如图8-4所示。

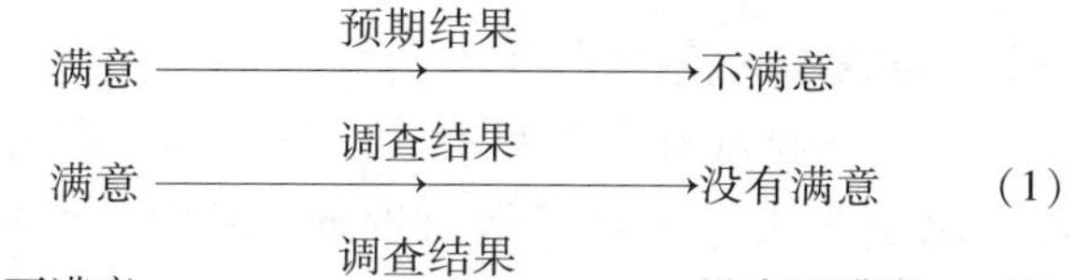

图8-4　双因素理论与传统观点比较

研究小组继续对图8-4中第（1）种结果的因素进行分析，发现这类因素与工作本身密切相关，如工作具有成就感、挑战性的工作、大家关注的工作、责任重大的任务、工作成绩能获得社会的承认、个人有很好的发展前程和自我发展的空间等。这类因素如果得到改善，可以很大程度上提高员工的积极性和工作热情；如果得不到很好的改善，员工会觉得工作缺乏动力，但不会引起员工的强烈不满。赫兹伯格将这类因

① HERZBERG F, MAUSNER B, SNYDERMAN B B. The Motivation to Worker [M]. New York: John Wiley & Sons, 1959.

素称为“激励因素”。

研究小组继续对图8-4中第（2）种结果进行分析，发现这类因素与工作环境有关，如工作条件、工资制度、管理制度、与上下级的关系、工作安全等。这类因素如果得到改善，员工没有怨言，但对提高生产率没有直接影响；这些因素如果存在许多问题，得不到解决，员工往往会产生强烈不满。赫兹伯格将此类因素称为“保健因素”。

该理论认为，只有靠激励因素来调动员工的积极性，才能提高生产率；保健因素所起的作用只是维持员工正常工作，处理得当可以消除不满，对提高生产率作用不明显。激励因素与保健因素之间是有差别的，参见表8-2。

表8-2　激励因素与保健因素对比

项目	激励因素	保健因素
起源	人类形成的趋向	动物生存的趋向
特征	性质上属于心理方面的长期满足 满足→没有满足 重视目标	性质上属于生理方面的短暂满足 不满足→没有不满意 重视任务
满足/不满足源泉	工作性质 工作本身 个人标准	工作条件 工作环境 非个人标准
显示出来的需要	成就、成长、责任、赏识	物质、社交、身份地位、方向、安全、经济
常见因素	成就感、社会承认、工作挑战性、重大责任、个人志向、个人成长	组织政策、行政管理、监督、与主管的关系、工作条件、与下级的关系、地位安全、工资

双因素理论为我们制定激励机制提供了有益的参考。首先，要为员工创造激励因素条件，通过赋予责任、给予挑战性工作机会、给予表扬、引进新技术等方式，给予员工发展机会，从而激励员工为组织目标做出贡献。其次，要正确处理好保健因素，通过改善工作条件、提高福利待遇、改善饮食交通、保证工作安全等方法，使员工能够安心工作，减少不满意情绪。再次，要善于把保健因素转化为激励因素。保健因素和激励因素是可以转化的，如工资作为固定的福利待遇是保健因素，如果作为一种奖励，就可以转化为激励因素。某组织发现工资支出很大，增加工资并不能提高工作效率。为此组织尝试对工资制度进行改革，将固定工资划分成两部分，一部分为基本工资，另一部分为岗位工资。岗位工资占70%，岗位工资与部门和个人业绩相联系，如果业绩有增长，岗位工资也随之增长。通过将工资与工作业绩相联系，将工资由保健因素变为一种激励因素，取得了很好的效果。

4. ERG理论

ERG理论是美国耶鲁大学教授阿尔德弗（C. Alderfer）提出的一种新的需要层次理论，

这个理论是对马斯洛需要层次理论的扩展。他将人的需要归纳为生存需要（Existence）、关系需要（Relation）、成长需要（Growth）。取三种需要的第一个字母 ERG，因此被称为 ERG 理论。

ERG 理论把人的需要归纳为生存、关系、成长的需要，与马斯洛的需要层次理论相联系但又有区别，二者的关系如图 8－5 所示。

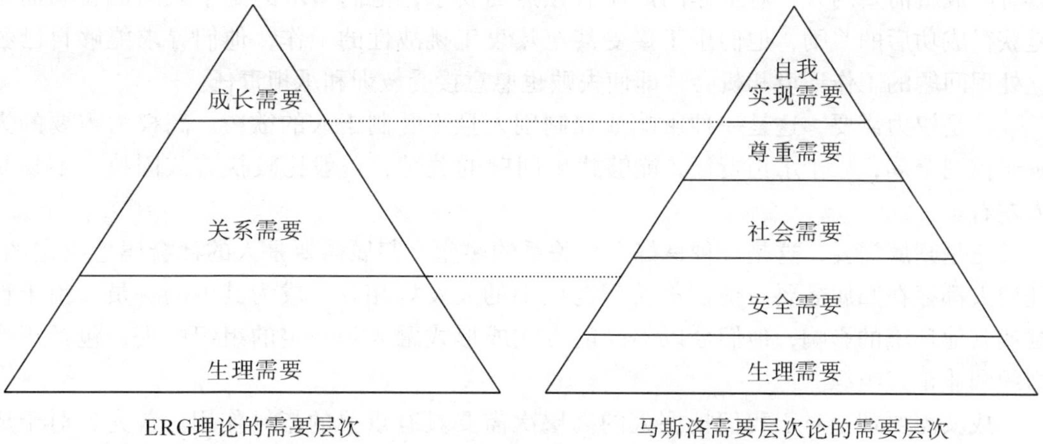

图 8－5　ERG 理论与马斯洛需要层次理论对比

（1）生存需要：指维持人的生命生存的需要，包括衣、食、住、行、性以及工作的基本条件。与马斯洛需要层次理论中的生理需要与部分安全需要相对应。

（2）关系需要：指个体对社会交往、人际关系以及互相尊重的需要。它对应于马斯洛需求层次理论中的社会需要和尊重需要。

（3）成长需要：与自我实现需要相对应，是个人要求得到全面发展，充分发挥自己作用，实现个人价值的需要。

ERG 理论是对马斯洛需要层次理论的拓展，拓展的意义不在于对需要层次的重新划分，而是对层次间的联系规律提出了新的观点。ERG 理论认为：需要的满足既可以是“满足→前进”模式，也可以是“受挫→后退”模式，即当一层次需要获得满足时，人会追求上一层次需要或加强同一层次需要；当需要受挫时，会转而追求下一层次需要或加强本层次需要。生存、关系、成长三种需要的内在联系可通过愿望加强律、满足前进律和受挫回归律进行概括。

愿望加强律是指各个层次的需要得到的满足越少，则对该层次的需要就越强烈。满足前进律是指低层次的需要得到的满足越多，该需要的重要性就越低，对高层次的需求就越强烈，当高层次需要得到满足时，还会不断强化高层次需要。受挫回归律是指当较高层次需要受到挫折时，人们就会退而求其次，增加对低层次的需要；当低层次需要受挫时，人们会减少本层次的需要。

在管理实践中，我们要善于分析员工的需求状况，并观察其变化规律，及时给予支持，引导员工向更高要求发展。当员工发展受到挫折时，应协助他们分析问题、找出原因，继续向前努力，避免出现自暴自弃情况。

5. 成就需要理论

成就需要理论也称“三种需要理论”，是由美国哈佛大学教授大卫·麦克利兰（David McClelland）在研究人的高层次需要时提出的一种理论。他认为人们在工作中有三种主要的动机和需要。①

一是成就需要，是指个体追求成功、追求卓越的需要，是一个人成功的内驱力。具有高成就需要的人，对工作的成功有强烈的要求，他们追求的是个人的成就感而不是获得成功后的奖励，他们乐于接受甚至热衷于挑战性的工作，他们寻求能够自己独立处理问题的工作环境和机会，即使失败也愿意接受教训和承担责任。

二是权力需要，这是一种影响或控制别人且不受制于人的欲望。高权力需要的人善于控制全局，乐于承担责任，能够找出问题的关键，一般比较执着或固执，不易受人左右。

三是归属需要，这是一种良好人际关系的愿望。归属需要是人的社会属性决定的，任何人都存在归属需要，他们都希望与周围的人友好相处，成为其中的一员。由于性格或其他环境的影响，他们会以不同的方式或形式融入到一定的组织中去，包括正式组织和非正式组织。

成就需要理论对于我们把握人的高层次需要具有重要的指导作用。首先，对于成就需要程度不同的人可以安排不同性质的工作，对于高成就需要的人，应让他们承担具有挑战性的工作，给予他们主动工作的环境；对于成就需要强度较低的员工，应让他们从事一些常规性工作，多进行指导和检查，也要多给他们自信心，增强成就需要。其次，适当引导权力需要，对于权力欲望高的员工，可以让他们从事管理工作，给予独立工作的权限，着重对结果的考察，但要控制以权谋私，还要让他们善于听取别人意见，克服固执偏激的缺点。最后，通过各种活动，让员工参与集体活动，特别是对新来员工、性格内向或所谓不合群的员工，主动帮助他们融入团队，增强集体荣誉感。

二、过程型激励理论

过程型激励理论着重对目标的选择，即动机形成过程进行研究，包括弗罗姆的期望理论、亚当斯的公平理论、目标设置理论等。本节将分别阐述这几种理论。

1. 期望理论

期望理论是美国心理学家V. 弗罗姆（Victor Vroom）于1964年在《工作与激励》一书中提出来的，这个理论是对激励问题最全面的解释之一。

期望理论的核心假设是：当人们预期到某一行为能为自己带来某种结果，且这种结果对自己具有吸引力时，才会采取这一特定行为。这一假设被大量的研究所证实。在这个假设中有以下几个重要概念，即：

①激励（Motivation，M）：对行为动机的激发程度；

②效价（Valence，V）：目标实现后能给自己带来价值的主观估计；

③期望（Expectancy，E）：能够实现目标可能性的主观估计，即目标实现概率，取

① MCCLELLAND D. Assessing Human Motivation [M]. New York: General Learning Press, 1971: 435 - 446.

值0~1；

④关联性（Instrumentality，I）：工作绩效与所得报酬之间相联系的主观估计，取值范围0~1。

期望理论可用公式进行描述。

（1）基本公式

$$M=V\cdot E$$ 即：激励=效价×期望

激励水平是效价与期望的乘积。一个人在进行某项工作时，要对能否实现目标有一个预期，即期望值；同时对于目标实现后能给自己带来什么利益，也有一个主观估计，即效价。这里所指的利益是多方面的，包括直接经济利益、提升机会、心理安慰、自我满足等多方面，这些方面呈现出复杂的组合体。比如，某医生要去完成一台手术，他会考虑手术成功后会给自己带来奖金、赢得同事称赞，同时他也会对手术成功机会进行估量。该医生去做这台手术的动力来自这两方面的乘积。

（2）基本公式扩展

基本公式表示了激励与效价、期望之间的关系，但在实际运用中，我们发现目标实现与效价并不是一一对应的关系，中间还有一定的关联度，称之为关联性。关联性虽然是个人的主观判断，但这个判断受过去结果的影响，这与组织规定或承诺本身有关，也与已经发生的规定执行情况或承诺兑现情况有关。因此就形成了期望理论的扩展公式：

$$M=V\cdot I\cdot E$$ 即：激励=效价×关联性×期望

前面所举的例子中，该医生除了考虑效价、期望之外，还要考虑手术成功后，是否能够得到自己期望的价值，即关联性。

期望理论的激励过程可通过以下模型（图8-6）进行说明。

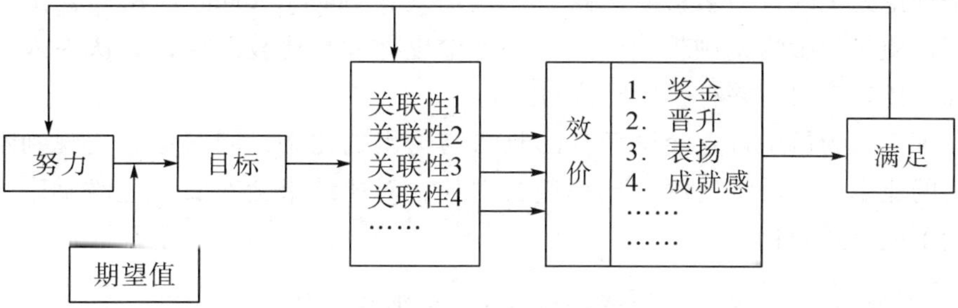

图8-6 期望理论激励过程模型

承接上面所提到的例子，我们要激励该医生去开展工作，应该注意下列问题：

①确定适宜的目标。组织对员工的目标要求要考虑员工自身的能力，如果给员工超出其自身能力的任务，那么员工容易失去信心，期望值很低，尽管复杂和高难度的工作任务会增强其效价，但二者的乘积不能达到最大化。相反，如果我们只要求他做非常简单的日常工作，尽管成功的期望值很高，但没有大的效价，二者的乘积也会很小。这两种情况都不能有效激励员工。只有制定适宜的目标，使期望值与效价之积达

到最大，才能有效激励员工。

②提高员工的期望值。对于组织中知识型员工来讲，要不断提高知识量，创新工作方式，引进新的技术，通过业务培训提高知识型员工技能，使员工增加工作的信心，提高期望值。

③帮助员工正确确立效价。效价是影响激励的重要因素，在工作前后都会产生作用。一件工作的效价是多项因素的集合体，因素之间互相影响。不同的人、同一个人在不同时间和阶段，其效价也会有差异。我们应引导员工设定明确的、清晰的、易于实现的、适度的价值期望，向内在性奖励归集。

④要提高工作目标与所得价值的关联性。关联性包括两方面因素，一方面和个人确立效价有关，效价与实际相差远则关联性低；另一方面和组织执行制度和兑现承诺有关，组织的奖励制度应与员工的表现紧密结合，使他们的努力及时得到回报。

2. 公平理论

在组织中，我们经常会发现这样的现象：一个部门之间的员工本来很团结，人际关系融洽，大家互相关照，尽管业务没有大的发展，但也平平稳稳，没有差错发生。为了发展需要，组织要求改变平均主义分配模式，实行按技术、按劳动量进行分配。部门经过讨论，终于制定了按劳分配的方案，一下子，大家的积极性调动起来了。为了工作，大家宁愿早上班、晚下班，周末也主动来上班，业务量不断增大，新业务也不断开展起来，与此相对应，员工的收入也拉开了距离。但没过几个月，新的矛盾出现了，同事之间经常攀比，认为自己付出多而奖金拿得少，同事之间经常为一点小事发生争吵，大家爱发牢骚，工作协调性下降。员工向领导投诉别人的缺点更是家常便饭。领导为此十分烦恼，有时他真想回到那种平均主义分配的时期。

其实，类似情况在许多组织都存在，产生的原因很多，其中大部分现象可以从公平理论中得到解释。

公平理论是美国行为学家斯达西·亚当斯（J. Stacey Adams）在其著作《奖酬不公平对工作质量的影响》中提出的，这一理论也称社会比较理论，它认为人与人之间存在着社会比较现象，并有就近比较的倾向。

这一理论认为员工首先会思考自己收入与付出的比率，同时也会主观判断别人收入与付出的比率，然后将这两个比率进行对比，对比结果会对其产生激励影响。这个关系可用下列公式表达。

$$\frac{O_p}{I_p} = \frac{O_r}{I_r} \quad \text{------------} \quad \text{公平感} \qquad (1)$$

$$\frac{O_p}{I_p} > \frac{O_r}{I_r} \quad \text{------------} \quad \text{不公平（吃亏感）} \qquad (2)$$

$$\frac{O_p}{I_p} < \frac{O_r}{I_r} \quad \text{------------} \quad \text{不公平（负疚感）} \qquad (3)$$

上式中，O代表投入后所获得的奖酬，包括金钱、地位、表扬、提升、机会等因素；I代表投入，包括时间、精力、经济、知识、能力等；p代表自己；r代表参照对象。

一般情况下，O是多种奖酬因素的集合体，每个因素都是主观的体验或感受，并不能用一个具体数字来表示。同样，I 也是多种投入的集合体，是一种主观的定性判断，不能量化。r 是参照对象，可以是他人，也可以是某一阶段时的自己。

公平理论告诉了我们这样一个事实，那就是：一个人所获得奖酬的绝对值与他的积极性高低并无直接的必然联系，真正影响工作积极性的是他所获得奖酬的相对值。相对值的性质和大小直接影响到激励水平，从而影响其今后的工作。

在第（1）种情况下，当事者会认为是公平的，此时心情舒畅，努力工作。

在第（2）种情况下，当事者会认为自己付出多回报少，而别人是付出少得到的相对多，会产生自己吃亏的不公平感。此时会产生嫉妒心理，抱怨很多，他们往往会采取一定的方式来减轻不公平感：一是通过减少自己的付出来调整自己的收入付出比例，如上例中有的人借故推诿、消极怠慢。二是采取进一步行为减少别人的收入或让别人多增加投入。三是改变参照对象，获得新的心理平衡，很容易出现得过且过现象，但如果合理调整参照对象，就可以避免盲目攀比，减少矛盾。四是通过发牢骚、泄怨气，甚至影响他人工作来发泄自己的不满。如上例中某些人，他们经常牢骚满腹，向科主任投诉。

第（3）种情况一般很少发生，除非情况非常明显，因为人们比较倾向于高估自己的付出和别人的收入，而低估自己的收入和别人的付出。在这种情况下，当事者会产生负疚感，增加心理负担，他们也会通过一定方式来减轻这种不公平感。一是自己积极工作，通过增加自己的付出，努力完成任务来减轻内疚感，这是一种积极的反馈。二是过分夸大自己的付出，或是小看别人的付出，从而使收入与付出比例达到新的平衡。这种反应极易损害团队精神。三是归因于自己运气好，容易助长不劳而获的心理。

公平理论为我们处理前面例子中所出现的问题提供了依据。首先，明确分配原则和考评方法，大家要充分讨论考评方法和分配方案，使大家理解并认同，从而减少执行上的分歧。其次，在分配过程中要有科学、客观、合理的依据，使大家对分配结果心服口服。再次，正确诱导、改变认知，对工作投入的感知是一种主观意向，人们比较倾向于高估自己的付出而低估别人的付出，这是产生不公平的主要原因，应引导员工尊重他人的劳动成果，可采用换位思考、交换工作等方法来帮助员工确立新的认知。最后，公平理论的不公平感并不是方程式两边略显不等就会产生的，只有当两边差值超过一定的阈值时才会有不公平感产生。因此我们在确定分配方法时应留有余地，形成一个缓和矛盾的安全地带。

3. 目标设置理论

目标设置理论最早是由 E. A. 洛克（E. A. Locke）提出的，他通过研究和实践，发现外在的刺激都通过目标来影响动机。另外一些管理学家也发现，许多内在的激励因素，如奖励、成就、责任等，也是通过目标来影响动机的。他们在实践中也发现，人们完成有目标的任务要比完成没有目标的任务效率高。

其实，早在洛克提出目标设置理论之前的 10 多年，彼得·德鲁克就在其《管理实践》一书中提出了在当时来说是一种全新的管理方法——目标管理（MBO，Management By Objectives）。MBO 在美国企业界取得的巨大成功，为目标设置理论提供了强有力的依据。我们回顾一下 MBO 的方法，也许有助于理解目标设置理论。

目标管理通过一种专门设计的过程使组织目标具有可操作性，这个过程将整体目标一层一层地分解到部门再到个人，每个部门、每个人都有自己明确的目标。在这个过程中，每个部门应参与整体目标分解工作，个人要参与部门目标分解工作，使目标转化过程成为一个既是“自上而下”又是“自下而上”的过程。每个员工由于明确了自己的任务，为了完成任务，他们必须利用一切资源，在工作中进行自我控制和自主管理，从而大大提高了工作效率。

目标设置理论除了提出目标的激励作用之外，还提到适当难度的目标对人的激励作用最大；过于容易的目标可能提不起人们的兴趣；过于艰难的目标，会让人们缺乏自信心。

目标设置理论的研究者们还建议管理者要善于将组织目标化为个人目标，通过协调使个人在实现个人目标时促成组织目标的实现。还强调了要引导个人确立自己目标，不要将目光只盯在自己的工作上，要给自己找一根标杆，争取去超越它。表 8－3 为重视目标与重视任务倾向之间的比较。

表 8－3　　重视目标与重视任务倾向特点的比较

	重视任务的人	重视目标的人
结果与反馈	回避反馈与评价，追求表扬	寻求对结果的反馈和评价
承担责任	避免承担个人责任	愿意承担个人责任
创新性	喜欢常规工作，不愿意创新	喜欢创新性工作机会
冒险性	寻求风险很高或很低的目标	寻求有适度冒险的目标
满足感来源	较多来自工作过程中	较多来自结果或解决难题时
工作动力	不一定有强大动力，精力不集中	有指向目标的强大动力和精力
工作自主性	听从指示	工作自主，不愿听取建议
抱负水平	抱负水平与成败无关	抱负水平高

三、调整型激励理论

调整型激励理论着重对达到激励的目的，即调整和转化人的行为方面进行研究，包括强化理论、挫折理论。

1. 强化理论

我们之前介绍的目标设置理论认为，个体的目标可以激励个体行动。与之相对，强化理论则认为，人的行为是由外部因素控制的。强化理论也称操作性条件反射论，是美国心理学家斯金纳（B. F. Skinner）在俄国生理学家巴甫洛夫的条件反射论、华生的行为主义论和桑代克的尝试学习论的基础上提出的一种新的行为主义理论。

所谓强化，就是指在人们出现某种行为之后发生的某种结果使以后这种行为发生的可能性发生变化，简而言之，就是能产生令人满意结果的行为会不断得到重复，而令人产生不愉快的行为会不断减少。强化理论是一种行为主义理论，由于运用它可以解决激励方面的问题，因此，我们将强化理论归为激励理论。

(1) 强化理论的激励过程模型

强化实质上是对工作动机的影响，其过程如图 8 - 7 所示。

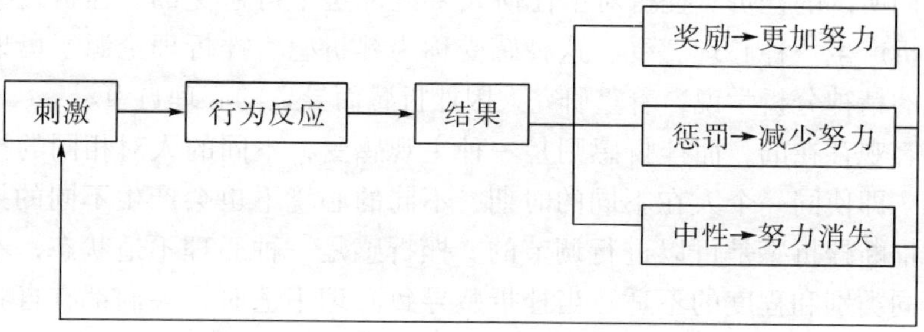

图 8 - 7 强化理论激励过程

上述模型指出了行为出现后，会产生三种结果：一是给予肯定的反馈，人们会继续努力，做得更好；二是给予否定的反馈，人们会减少这种努力，减少出现这种行为；三是中性反馈，既不进行表扬也不进行批评，人们的行为由于不受关注，他的努力也会逐渐消失。

(2) 强化类型

在前面我们介绍了行为出现后的三种结果对今后出现这种行为的机会产生的影响，我们对这三种结果进一步按情形细分，可以概括成以下四种类型：

一是正强化。用某种令人兴奋的结果，如奖金、提升、表扬、认可等，对某一行为进行奖励和肯定，使其感到满意，从而使其进一步加强该行为，以求获得更多的满足感。

二是负强化。当某种不符合要求的行为有了改变时，减少或消除施于其身的不愉快的刺激，从而使其改变后的行为持续下去。如，小李平时工作马马虎虎，有一次由于疏忽导致公司损失了一笔价值 500 万元的订单。此事上报到领导处，领导决定给予小李警告处分。小李接受了警告处分，并在领导的指导下认真分析自己过错原因，从而开始认真工作。在之后的工作中，小李再也没有犯过类似的错误，并且为公司争取到了很多订单，因此领导撤销了对他的警告处分。小李心存感激，在此后的工作中一直表现不错。在这个例子中，当小李出现错误后，领导给予其处分，待其行为改变后再撤销对他的处分，就是一种负强化。

三是自然消退。自然消退包括两种方式，第一种是对某种行为不予理睬，以表示对此行为的轻视或否定，使其自然消退。有一位职工爱挑别人毛病，经常向领导告别人的状。刚开始一两次，领导十分热情地接待了他，后来领导发现其所反映的情况都是些捕风捉影的事，就不再接见他。吃过几次闭门羹后，他再也不去找该领导了。该领导采取的策略就是一种不理睬式的自然消退。自然消退的第二种方式是对原来通过正强化确立起来的符合预期的行为，不再给予正强化，结果导致符合预期的行为减少。

四是惩罚。顾名思义，就是用批评、降职、降薪、处分等强制性措施来创造一种令人不愉快甚至是痛苦的环境，使某种不期望的行为终止，从而使这种行为今后不再出现。我们经常针对违纪违规人员进行处罚，就是这种类型的强化。

2．挫折理论

人在朝向目标前进的过程中，由于主观原因、客观原因，或二者兼有，不能达到目标，即我们所讲的挫折。挫折对于任何人来说都是不可避免的。挫折发生后，行为主体会对挫折产生一种心理感受，这种感受称为挫折感。挫折理论源于奥地利心理学家弗洛伊德的精神分析学说，着重研究人因挫折感而导致的心理自卫。

挫折是客观存在的，而挫折感则是一种主观感受，不同的人对相同的挫折会有不同的挫折感，即使同一个人在不同的时期、不同的心境下也会产生不同的挫折感。由此我们可以推断挫折感是可以进行调节的。挫折感是一种心理不适状态，不同的挫折感会产生不同类别和程度的不适。当挫折感导致心理不适时，人们都有自我调节的本能，使自己趋向平静，这种调节能力的心理反应，我们称之为心理自卫。

挫折感影响心理自卫，心理自卫直接影响人们的行为。我们根据心理自卫对行为的影响，将其区分为两类：一类是建设性的心理自卫，即积极进取，重新寻求成功；另一类是破坏性心理自卫，采取消极态度，有时采取对抗行为。

建设性心理自卫包括以下几种方式：一是正视挫折，增强努力。不放弃原有目标，继续加倍努力，重新尝试新的方法和途径，或将挫折感产生的敌对、悲愤情绪化为动力，最后获得成功。科学家经过多次失败最后获得成功，就属于此类心理自卫机制。二是重新解释目标，通过对目标设定进行调整或阐述，减轻挫折感，使自己达到心理平衡。三是调整目标，以新的容易达到的目标取代原来设定的目标。

破坏性心理自卫包括推诿、逃避、忧虑、攻击、冷漠等情形。破坏性心理自卫不利于个人和组织的目标实现，甚至会对自己和他人造成人身或心理伤害。

挫折理论为我们处理因挫折而出现的管理问题提供了理论依据，在管理实践中应注意下列问题：

第一，要引导员工正视挫折。挫折是客观存在的，许多员工担心出现失败，担心失败给自己带来不利影响，从而工作上缩手缩脚，心理负担很重，反而容易出现差错。

第二，帮助员工正确归因。归因即人们对遭受挫折的原因进行归纳和反思。美国心理学家维纳对归因提出了三个维度，即：内部归因和外部归因、稳定性归因和非稳定性归因、可控性归因和不可控性归因。归因的方式不同，产生的挫折感也不同，产生的心理自卫的性质也有差别。一般情况下，我们应指导员工朝主观努力方面归因，这样可以使他们相信通过再次努力就可以成功，从而采取建设性的心理自卫。

第三，采取宽容态度。对受挫者的消极行为应采取宽容态度，不要使受挫者更加丧失信心，采取宽容态度可以使受挫者恢复信心。

第四，为员工提供一个发泄的环境。员工的不满直接影响工作，创造一种环境让员工发泄怨恨，可以减轻不满。只有当不满情绪发泄出来后，人才能恢复理智，重新达到心理平衡。在日本等发达国家，许多公司都设有宣泄室，让受委屈的员工在这里以适当的方式将他们的怨恨发泄出来。

第五，开设工作心理咨询。目前由于工作压力大，人际关系紧张，许多人都存在强烈的心理负担，甚至出现心理疾病症状。开设工作心理咨询可以帮助员工化解挫折感。

四、综合型激励理论

人的工作是一个整体，激励过程也是一个整体，孤立地看待各个理论的做法是错误的。同样，单从某一方面采取激励措施，往往也不能奏效。综合激励理论试图将各种激励理论归纳起来，来探讨激励的全过程。下面将介绍波特尔和劳勒的综合激励模式以及迪尔的综合激励模式。

1. 波特尔和劳勒激励模式

美国学者波特尔（L. W. Porter）和劳勒（E. E. Lawer）以期望理论为基础，对公平理论、成就需要理论、强化理论等理论进行整合，形成一种综合的激励模式，我们称之为波特尔和劳勒激励模式，如图 8－8 所示。

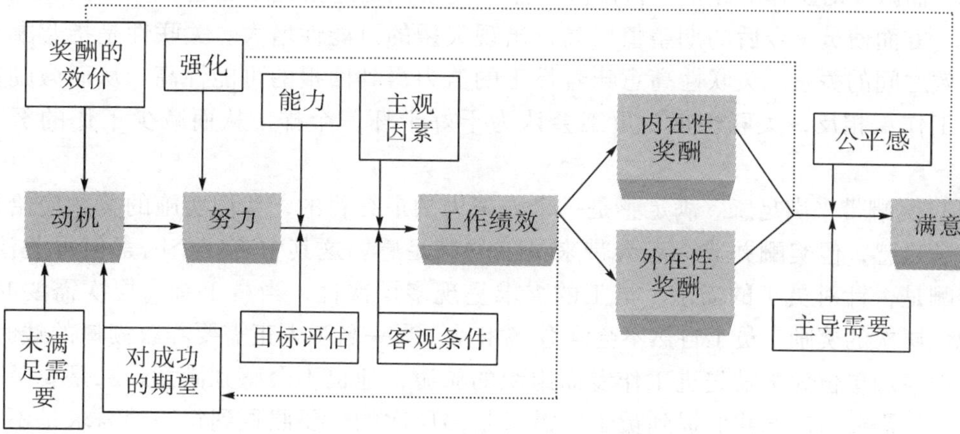

图 8－8 波特尔—劳勒综合激励模式

该模式认为，激励的基本过程是：动机导致努力，努力产生工作绩效，绩效产生满意感。在这个过程中包含了许多变量，这些变量从不同侧面影响着激励过程。下面我们简要分析这个模型。

（1）动机导致努力。动机是工作的原动力，其强度决定了努力程度。产生动机的原因是多方面的，主要包括这样几个方面：一是未满足的需要。内容包括生理需要、安全需要、社会交往需要、尊重需要、成就需要、自我实现需要等。需要越迫切，产生的动机就越强烈。二是对自己能否成功的预期。预期受个人能力、对任务和环境的判断等影响，期望值越高，信心越强。期望值也会受过去期望实现情况影响。从长远来看，确立适宜的期望值更有利于激发动机。三是效价，即成功后获得奖励的价值。这个价值是多方面的，有直接的也有间接的，取决于个人的主导需求。奖励与需求状况的弥合程度，决定了效价的大小。

（2）努力导致工作绩效。个人努力是为了实现目标，但能否实现目标，还取决于以下几个条件：一是个人能力，包括实际能力和能力的自我认知。对个人能力认知过高会减少努力程度，过低则会影响信心，都不利于达到好的工作绩效。可通过培训、学习等方式提高个人能力和对个人能力的准确认知。二是个人是否设置目标以及目标的高低。目标本身具有激励作用，有目标的行为比没有目标的行为更具有指向性。具有一定难度的目标能够更好地激励员工。工作目标本身是一种内在性激励因素，能够激发动机。三是个人主观认识和客观环境。积极的认识必然会以积极的行动去工作，应培养员工积极、乐观的精神。客观环境也是实现工作目标的基础，应为工作配备良好的工作条件，这些条件包括保健因素和激励因素，管理者要善于将保健因素转化为激励因素。四是强化。在个人努力过程中，应根据分阶段目标达成情况及时给予反馈，增强员工工作信心或帮助员工纠正偏差。

（3）工作绩效带来奖酬。当工作达到目标后，应给予相应的奖酬。奖励强度和关联性至关重要。奖励包括内在性奖励和外在性奖励。强度应达到一定的阈值，否则不能引起员工的关注。对奖励无知觉的员工会认为自己的劳动不被重视，于是会产生失落感，从而减少对工作的热情和付出。当然，奖励强度过大也不合适，一方面加大成本，另一方面使员工今后的期望值增高，出现失望的可能性增大。关联性是指奖酬与工作绩效之间的关系。关联性高意味着员工的努力得到回报的可能性高，从而激励员工努力工作；相反，关联性低，员工会认为干好干坏一个样，从而减少工作的努力程度。

（4）奖酬带来满足感。满足感是一个人努力的最终目的，我们实施的奖酬应给员工带来满足感，但奖酬并非一定会带来员工的满足感。这其中有几个因素值得关注：一是奖酬是否针对员工的需求。员工的需求呈现多层次性，当员工有高层次需要时，你给他低层次的奖励，员工自然不会满意；相反，当一名工人正需要养家糊口的钱时，你却让他参加单位为奖励先进工作者而组织的旅游，他也不会感到满意。二是要掌握员工的主导需要。前面我们提到员工的需求是多层次的，要照顾到每一种需求是不现实的，但每个人在某一特定时间都会有一个主导需求，我们要善于发现主导需求，针对主导需求给予相应的奖励。三是创造公平感。公平理论认为，奖酬的激励作用不是取决于奖励的绝对值而是取决于奖励的相对值，因此采用科学考评结果作为奖酬依据，正确诱导员工认知以及采用合适的奖酬制度非常重要。表 8－5 是常用奖酬分配律比较。

表 8－5　　奖酬分配律的比较

分配律	采用条件	影响因素
贡献率	1. 主要目的是提高生产率 2. 对团队协作性要求不高	1. 明确每个人的职责和任务 2. 分配者的贡献与收益，个人特点 3. 任务艰巨性与对工作者能力的认识
需要律 社会责任律	1. 团队协作要求高 2. 个人工作差异性低 3. 分配者能力强，足以把握局势	1. 对需要本身合法性与正统性的认识 2. 需要的性质
平均律	1. 团队氛围比较重要 2. 难以判断员工贡献 3. 奖酬分配者的认识能力差	1. 奖酬分配者的性别（女性比男性更愿采用平均律） 2. 任务的性质

2. 迪尔的综合激励模式

综合激励模式的另一个代表是美国学者迪尔教授提出的以数学公式表述的激励模式，公式如下：

$$M = V_{it} + E_{ia}V_{ia} + E_{ia}\sum_{j=1}^{n}E_{ej}V_{ej}$$

上式中，M 代表某项任务的激励水平；E 表示期望值；V 表示效价；i 表示内在的；e 表示外在的；a 表示完成；j 表示外在奖酬项目。

由以上公式可知，激励水平由三项组成：第一项 V_{it} 表示该项工作本身提供的内在奖酬之效价，这是由工作本身提供的激励，属于激励因素的作用，是一种内在激励。第二项 $E_{ia}V_{ia}$ 表示对工作任务完成的期望与效价之积，反映了工作任务完成所引起的激励程度，这也是一种内在激励。第三项 $E_{ia}\sum_{j=1}^{n}E_{ej}V_{ej}$ 表示各种可能的外在奖酬所引起的激励效果之和，这是一种外在激励。

迪尔的综合激励模式综合了内容型激励理论和过程型激励理论的内容，强调了人的激励过程是外激励和内激励综合作用的过程，要提高激励水平应从内激励和外激励两方面进行。

第三节　激励的应用

一、激励的实施步骤

一般而言，组织中激励的实施分为六个步骤，如图 8－9 所示。

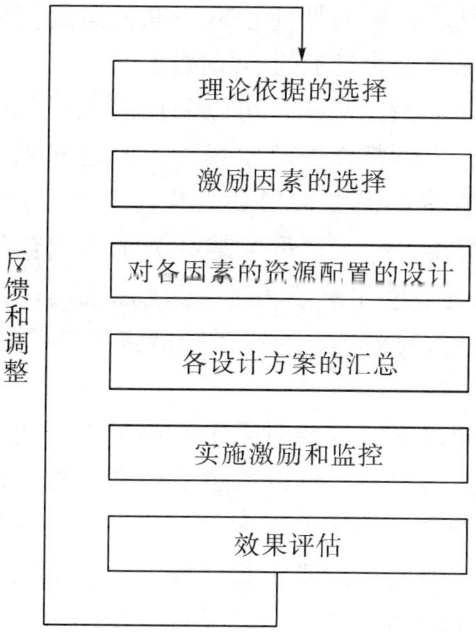

图 8－9　激励的实施步骤

1. 激励理论的选择

根据政府和行业的法律法规、企业所从事的产业特征、企业所处的市场情况等企业的外部环境条件，以及企业组织、团队和个人三个层次的具体情况，选择适合本企业的激励理论。根据所选择的激励理论，对激励因素做出相应的选择，因为激励因素是随着激励理论的变化而变化的。要根据企业面临的实际情况来选择激励理论的一个或多个结合。

2. 激励因素的选择

对激励因素的选择必须针对企业的实际情况。一方面对企业从组织、团队和个人三个方面进行详细的调查，然后确定激励因素，选择员工有需求（欲望）和动机的激励因素；另一方面要考虑不同部门、不同年龄、不同性别的员工对激励的不同要求，对于不同需求的员工要给予不同的激励因素。

3. 对各个因素的资源配置进行设计

结合企业现有的人力、物力、财力等资源状况，为重要的激励因素设计方案。例如，如果员工看重自我发展，注重自身能力的提升，则可以通过培训、职业生涯规划、海外教育等手段来进行激励；如果管理人员注重权力动机的满足，则企业可以选派能力优秀的管理人员任分公司的领导。

4. 各设计方案的汇总、整合

将所有的激励方案汇总，制定一个整体的实施方案。从组织、部门和个人三个层次来考虑方案的效率和可行性。

5. 实施激励和监控

按照制定的激励措施实施激励。根据部分强化理论，为了更有效地强化员工的行为，要注意激励的时间间隔和激励频率。对于员工出现了企业期望出现的行为表现时，企业对该行为的出现可以每次给予强化，也可以间隔强化；可以立即给予强化，也可以延迟进行强化。企业激励的不同时期应采取不同的激励间隔和激励频率，企业在选择时也要考虑到企业的情况和企业员工的实际情况。

一般而言，为了更有效地激励员工，可以采用间隔强化的激励方式，即不是在员工每一次出现企业期望的行为时都立即给予强化，而是间隔一定期限对员工的行为进行强化。如此，员工为了探索如何能够得到强化，会更多地表现出企业期望的行为。例如，月薪、年薪和季度奖金，并不是员工某一天工作出色就给予奖励，而是一个月甚至在更长的时间里都表现出色才给予奖励。激励措施的实施需要一贯性和连续性。激励的效果往往不是立刻能够见效的，所以激励措施需要一段时间的持续性。

6. 效果评估

激励措施实施一段时间之后，需要对激励实施的效果进行评估。首先需要评估员工工作努力程度是否有较大的提高。可以通过绩效考核部分的员工工作态度的考察来检测员工工作努力程度的变化。其次可以通过销售业绩、顾客满意度、顾客回头率等间接方式来评估激励效果。但是，需要注意的是，工作绩效受到员工工作能力和客观条件的制约，工作努力程度提高，并不一定导致工作绩效的上升，所以激励还需要和员工的培训以及提供良好的工作条件相结合。不能简单地认为如果员工工作业绩没有明显变化，激励措施就没有效果。

二、激励方式

组织激励的方式一般有下列几种：

1. 物质激励

在知识经济时代的今天，人们生活水平已经显著提高，金钱与激励之间的关系渐呈弱化的趋势。然而，物质需要始终是人类的第一需要，是人们从事一切社会活动的基本动因，物质激励仍然是激励的重要形式。金钱激励包括采取工资的形式或其他鼓励性报酬、奖金、优先认股权、公司支付的保险金，或在做出成绩时给予物质奖励。

2. 目标激励

目标激励，就是确定适当的目标诱发人的动机和行为，达到调动人的积极性的目的。目标左右一种诱因，具有引发、导向和激励的作用。一个人只有不断追求高目标，才能激发其积极向上。管理者要将员工内心深处的成就感和追求成功感挖掘出来，并协助他们制定详细的实施步骤，在随后的工作中引导和帮助他们努力实现目标。当员工的目标感强烈并迫切地想要实现时，那么员工对此就会投入极大的热情，对工作产生极大的责任感。

3. 尊重激励

管理者不重视员工的感受，不尊重员工的劳动成果，就会打击员工的工作积极性，使他们的工作仅仅是为了报酬，激励效果就会大大削弱。尊重是加速员工自信心爆发的催化剂，尊重激励是一种基本激励方式。上下级之间的相互尊重是一种强大的精神激励，它有助于增进企业员工之间的和谐，有助于增强企业的团队凝聚力，有助于增强员工对组织的归属感。

4. 参与激励

员工在工作中都有参与管理的要求和愿望，创造和提供一切机会让员工参与管理是调动他们积极性的有效方法。毫无疑问，很少有人参与商讨和自己有关的行为而不受激励的。因此，让员工恰当地参与管理，既能激励员工，又能为企业的成功获得有价值的信息。通过参与，形成员工对企业的归属感、认同感，可以进一步满足员工自尊和自我实现的需要。

5. 工作激励

工作本身具有激励的作用。为了更好地调动员工的工作积极性，管理者要考虑如何才能使工作本身更加具有意义和挑战性，给员工一种自我实现感。比如，重新进行工作设计，使工作内容丰富化和扩大化，并创造良好的工作环境。公司还可以通过员工与岗位的双向选择，通过使员工对自己的工作有一定的选择权来实施激励。

6. 个人发展激励

知识经济时代的来临，使得当今世界日趋信息化、数字化、网络化，知识更新速度不断加快，从而使员工知识结构不合理和知识老化现象日益突出。员工虽然在实践中不断丰富和积累知识，但仍需要对他们采取等级证书学习、进高校深造、出国培训等激励措施。通过这种学习来充实他们的知识，培养他们的能力，给他们提供进一步发展的机会，满足员工自我实现的需要。

7. 负激励

激励并不全都是正面的，激励也包括许多负激励措施。例如，淘汰制、罚款、降职和开除等措施。淘汰制是一种惩罚性控制手段。按照激励中的强化理论，激励可采用处罚方式，即利用带有强制性、威胁性的控制技术，如批评、降级、罚款、降薪、淘汰等来创造一种令人不快或带有压力的环境，以否定某些不符合要求的行为。现代管理理论和实践都表明，正面激励的作用远大于负面激励，因此在管理实践中要谨慎地使用负激励。

本章小结

本章内容是激励理论与应用。首先从内容型激励、过程型激励、行为调整型激励和综合型激励四个方面分别阐述了各种类型激励理论的内容和激励作用；其次重点介绍了各种激励理论在实践中的应用。

关键概念

1. 需求与激励　2. 内容型激励　3. 过程型激励　4. 行为调整型激励
5. 综合型激励　6. 正激励　7. 负激励　8. 满意感

本章思考题

1. 激励过程包含了哪些因素？各因素之间存在怎样的关系？
2. 动机是什么？激励是什么？
3. 有哪些类型的激励理论，各种类型的激励理论的内容是什么？
4. 激励理论是如何被应用到组织实践活动中的？

案例分析

王永庆用人的两大法宝①

在世界化工行业中，一提到中国台湾地区的王永庆，几乎无人不晓。他把台湾塑胶集团推进到世界化工工业的前50名。台塑集团取得如此辉煌的成就，是与王永庆善于用人分不开的。他从多年的经营管理实践中，创造了一套科学的用人之道，其中最为精辟的是“压力管理”和“奖励管理”两大法宝。

王永庆始终坚信“一勤天下无难事”。他一贯认为承受适度的压力，甚至主动迎接

① 王永庆管理精髓［OL］. http：//wenku. baidu. com/view/485eeafe700abb68a982fb5a. html.

挑战，更能充分表现一个人的生命力。王永庆的生活阅历，使他对这一问题的感受比一般人更为深刻。他在总结台塑企业的发展过程时说："如果台湾不是幅员如此狭窄，发展经济深为缺乏资源所苦，台塑企业可以不必这样辛苦地致力于谋求合理化经营就能求得生存及发展的话，我们是否能做到今天的PVC塑胶粉粒及其他二次加工均达世界第一不能不说是一个疑问。台塑企业能发展至年营业额逾千亿新台币的规模，可以说就是在这种压力逼迫下，一步一步艰苦走出来的。"他又说："研究经济发展的人都知道，为什么工业革命和经济先进国家会发源于温带国家，主要是由于这些国家气候条件较差、生活较艰难，不得不求取一条生路，这就是压力条件之一。日本工业发展得很好，也是在地瘠民困之下产生的，这也是压力所促成的。今日台湾工业的发展，可说也是在'退一步即无死所'的压力条件下产生的。"

事实的确如此。台塑企业如果当初不存在产品滞销，在台湾没有市场问题的话，王永庆就不会想出扩大生产，开辟国际市场的高招；没有台湾塑胶粉粒资源贫乏的严酷事实，他就不会有在美国购下那14家PVC塑胶粉粒工厂之举。当然，台塑公司也就不会有今天的规模。

王永庆深刻地研究了这一问题，把它用于企业管理中，创立了"压力管理"的方法。压力管理，顾名思义，就是在人为压力逼迫下的管理。具体地说，就是人为地造成企业整体有压迫感和让台塑的所有从业人员有压迫感。

首先是企业发展的生命力。随着时间的推移，台塑企业的规模越来越大，生产PVC塑胶粉粒的原料来源将是一个越来越严峻的问题。尽管台塑在美国有14家大工厂，但美国的尖端科技与电脑是领先世界各国的，台塑与这样的对手竞争，压力是巨大的。他们必须去开辟更多的原料基地，企业才会出现第二个春天。这既是企业的压力，也是王永庆的压力。

再说全体从业人员的压力。台塑的主管人员最怕"午餐汇报"。王永庆每天中午都在公司里吃一盒便饭，用餐后便在会议室里召见各事业单位的主管，先听他们的报告，然后会提出很多犀利而又细致的问题逼问他们。主管人员为应付这个"午餐汇报"，每周工作时间不少于70小时，他们必须对自己所管辖部门的大事小事十分清楚，对出现的问题做过真正的分析研究，才能够过关。由于压力太大，工作又十分紧张，台塑的很多主管人员都患有胃病，医生们戏称它是午餐汇报后的"台塑后遗症"。

王永庆呢？他每周的工作时间在100小时以上，由于他追根究底、巨细无遗，整个庞大的企业都在他的掌握之中，他对企业运作的每一个细节也都了如指掌。由于他每天坚持锻炼，尽管年逾古稀，但身体状况仍然很好，而且精力十分充沛。

随着企业规模的扩大，人多事杂，单靠一个人的管理是不够的，必须依靠组织的力量来推动。台塑集团在1968年就成立了专业管理机构，具体包括总经理室及采购部、财务部、营建部、法律事务室、秘书室、电脑处。总经理室下设营业、生产、财务、人事、资材、工程、经营分析、电脑8个组。这有如一个金刚石的分子结构，只要自顶端施加一种压力，自上而下的各个层次便都会产生压迫感。自1982年起，台塑又全面实施了电脑化作业，大大提高了经济效益。

"压力"是必要的，但是合理的激励机制也是不可缺少的。王永庆对员工的要求虽近乎苛刻，但对部属的奖励却极为慷慨。台塑的激励方式有两类。一类是物质的，即金钱；一类是精神的。有关台塑的金钱奖以年终奖金与改善奖金最为有名。王永庆私下发给干部的奖金称为“另一包”（因为是公开奖金之外的奖金）。这个“另一包”又分为两种：一种是台塑内部通称的“黑包”；另一种是给特殊有功人员的“杠上开包”。1986 年“黑包”发放的情形是：课长、专员级 10 万 ~20 万元（新台币）；处长、高专级 20 万 ~30 万元（新台币）；经理级 100 万元（新台币）。另外还给予特殊有功人员 200 万 ~400 万元（新台币）的“杠上开包”。走红的经理们每年薪水加红利可达四五百万元（新台币），少的也有七八十万元（新台币）。此外还设有成果奖金。对于一般职员，则采取“创造利润，分享员工”的做法，员工们都知道自己的努力会有回报，因此他们都拼命地工作。台塑的绩效奖金制度造成了 1 +1 ＞ 2 的效果。

案例思考题

1. 你如何理解王永庆的“压力管理”和“激励管理”的关系？
2. 你认为应该如何处理好“压力管理”和“激励管理”的关系？
3. 你如何理解王永庆的特殊激励手段，如发“红包”、“黑包”及“杠上开包”？

第九章　薪酬管理与薪酬设计

学习目标

1. 了解报酬与薪酬的区别及联系
2. 了解薪酬管理的相关概念
3. 熟悉并掌握薪酬管理体系的基本流程
4. 熟悉激励薪酬与福利的相关概念
5. 掌握薪酬制度的设计过程与方法

引导案例

YT 公司的薪酬制度①

YT 公司是一家大型的电子企业。2006 年，该公司实行了企业工资与档案工资脱钩，与岗位、技能、贡献和效益挂钩的“一脱四挂钩”的工资、奖金分配制度。

一是以实现劳动价值为依据，确定岗位等级和分配标准。岗位等级和分配标准经职代会通过确定。公司将全部岗位划分为科研、管理和生产三大类，每类又划分出十多个等级，每个等级都有相应的工资和奖金分配标准。科研人员实行职称工资，管理人员实行职务工资，工人实行岗位技术工资。科研岗位的平均工资是管理岗位的 2 倍，是生产岗位的 4 倍。

二是以岗位性质和任务完成情况为依据，确定奖金分配数额。每年对科研、管理和生产工作中有突出贡献的人员给予重奖，最高的达到 8 万元。总体上看，该公司加大了奖金分配的力度，进一步拉开了薪酬差距。

YT 公司注重公平竞争，以此作为拉开薪酬差距的前提。如对科研人员实行职称聘任制，每年一聘。这样既稳定了科研人员队伍，又鼓励优秀人员脱颖而出，为企业长远发展提供源源不断的智力支持。

① YT 公司的薪酬制度［OL］. 百度文库，http：//wenku. baidu. com/view/59b418ce0508763231121206. html.

第一节　薪酬理论概述

一、薪酬与报酬的基本概念

1. 薪酬的含义

薪酬是指员工从企业那里得到的各种直接的和间接的经济收入。简单地说，它就相当于报酬体系中的货币报酬部分。①

在企业中，薪酬一般由三个部分构成，一是基本薪酬；二是激励薪酬；三是间接薪酬。基本薪酬指企业根据员工所承担的工作或者所具备的技能而支付给他们的较为稳定的经济收入。激励薪酬是指企业根据员工、团队或者企业自身的绩效而支付给他们的具有变动性质的经济收入，这两个部分加起来就相当于货币报酬中的直接报酬部分，这也构成了薪酬的主体。间接薪酬就是给员工提供的各种福利。与基本薪酬和激励薪酬不同，间接薪酬的支付与员工个人的工作和绩效并没有直接的关系，往往具有普遍性，是企业福利的表现（见图9－1）。

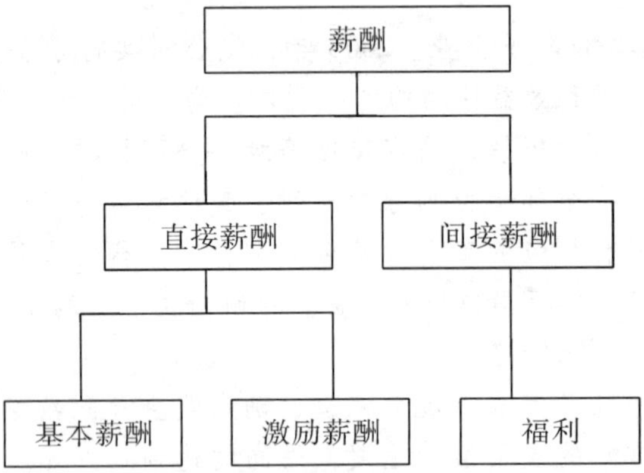

图9－1　薪酬的构成

2. 报酬的含义

在管理实践中，最容易与薪酬发生混淆的一个概念就是报酬。报酬是指员工从企业那里得到的作为个人贡献回报的他认为有价值的各种东西。报酬一般分为内在报酬和外在报酬两大类。内在报酬是指员工由工作本身所获得的心理满足和心理收益，如决策的参与、工作的自主权、个人发展、活动多元化以及工作挑战性等。外在报酬则通常指员工所得到的各种货币收入和实物，它包括两种类型，一种是货币报酬，如工资、奖金等，这部分即是薪酬；另一种是非货币报酬，如宽大的办公室、私人秘书等。货币报酬又可以分为两类，一种是直接报酬，如工资、绩效奖金、股票期权和利润分享等；二是间接报酬，如保险、带薪休假和住房补贴等（见图9－1）。

① 董克用，叶向峰．人力资源管理概述［M］．北京：中国人民大学出版社，2003：258.

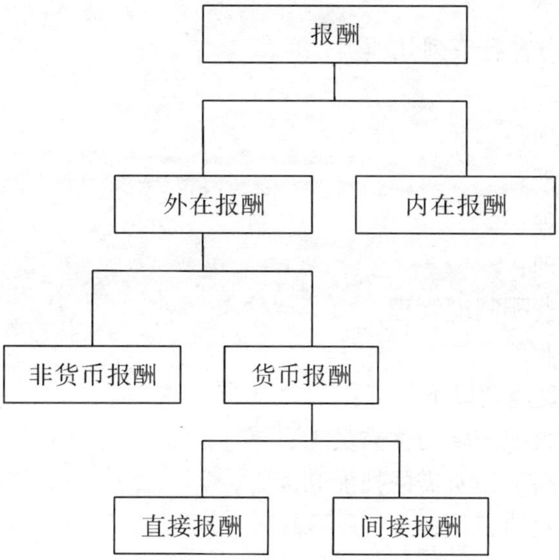

图 9－2　报酬的构成

3. 薪酬的作用

一个完整的薪酬结构，应该同时具有三方面的作用，即保障作用、激励作用与调节作用。

（1）保障作用：薪酬的保障作用是通过基本工资来体现的，员工所获薪酬数额至少能够保证员工及其家庭生活与发展的需要。

（2）激励作用：良好的薪酬结构能够激励员工发挥积极性与创造性，能够很好地完成组织的绩效指标。

（3）调节作用：薪酬的调节作用主要以福利的形式来表现。福利是企业关心员工、展现社会责任感的重要方面。通过提供各种福利与保险待遇，可使员工对企业有一种信任感和依恋感，形成良好的组织气氛。

二、薪酬管理

1. 薪酬管理的含义

薪酬管理是指企业在经营战略和发展规划的指导下，综合考虑内外部各种因素的影响，确定自身的薪酬水平、薪酬结构和薪酬形式，并进行薪酬调整和薪酬控制的整个过程。

薪酬水平是企业内部各类职位以及企业整体平均薪酬高低的概况，它反映了企业支付的薪酬的外部竞争性。薪酬结构是企业内部各个职位之间薪酬的相互关系，它反映了企业支付薪酬的内部一致性。薪酬形式是指在员工和企业总体的薪酬中，不同类型的薪酬组合方式。薪酬调整是指企业根据内外部各种因素的变化，对薪酬水平、薪酬结构和薪酬形式进行相应的变动。薪酬控制是指企业对支付的薪酬总额进行测算和监控，以维持正常的薪酬成本开支，避免给企业带来过重的财务负担。

2. 薪酬管理的内容

薪酬管理的主要内容有下列几项：

（1）薪酬水平管理；

（2）薪酬结果管理；

（3）薪酬体系管理；

（4）薪酬关系管理；

（5）薪酬形式管理；

（6）薪酬政策和薪酬制度管理。

3. 薪酬管理的目标

薪酬管理活动主要达到以下目标：

（1）吸引和留住组织需要的优秀员工；

（2）鼓励员工提高工作所需的技能和能力；

（3）鼓励员工高效地工作；

（4）创造组织所希望的文化氛围；

（5）控制运营成本。

4. 薪酬管理与人力资源管理各个模块之间的关系

（1）薪酬管理与职位设计

薪酬管理与职位设计关系密切。管理者要根据职位设计和岗位评估的结果来进行薪酬设计。职位等级设计过宽或过窄必然导致薪酬等级的设计不合理。

（2）薪酬管理与员工招聘

企业的薪酬管理制度会传递企业的经济实力、业绩水平、价值导向等信息，可以为应聘者提供必要的信息支持。另外，合理的薪酬制度可以减轻员工招聘的工作量，如针对高级管理人员或技术人员的高薪酬可以迅速吸引大批合格的求职者，减少招聘宣传工作，从而降低招聘成本。

（3）薪酬管理与培训开发

薪酬具有激励的功能，合理的薪酬制度会营造一种积极向上的氛围，员工会主动要求参加培训，进行再学习，不断提高自身的技能和素质，从而增加整个组织的竞争力。

（4）薪酬管理与绩效管理

可变薪酬作为薪酬的重要组成部分，其确定的依据就是员工的绩效考核结果。合理的薪酬制度会与绩效管理形成相辅相成的协调关系，提升员工的工作热情，进而提高整个组织的工作绩效。

三、激励与薪酬管理

1. 公平理论与薪酬管理

公平理论是美国心理学家亚当斯在 1967 年提出的。该理论侧重于研究薪酬大小与努力水平的关系，探讨薪酬的合理性对员工工作积极性的影响。该理论指出，员工的工作动机，不仅受其所得的绝对薪酬（自己的实际收入）的影响，也受其收入相对值影响（自己收入与他人收入的比较）。如果员工发现自己投入与收益的比例与别人的投入收益比例相等时，便认为是应该的、正常的，因此心情舒畅，工作努力；反之，就会产生不公平感。当然，薪酬过高所造成的不公平感也可能产生，但往往持续不久，因为员工可以重新评估，从而心理上感到合理。

公平理论告诉我们，企业的薪酬体系必须满足公平要求。员工在很大程度上是通过与他人所获工资的对比来评价自己所获的工资的，并且他们的工作态度与工作行为都会受到这种比较活动的影响。

在进行薪酬水平和结构决策时，需要注意员工可能会对工资进行三种类型的社会比较。一是工资比较的外部公平性，二是工资比较的内部公平性，三是工资比较的个人公平性。

2. 双因素论与薪酬管理

大量的调查发现，员工感到不满意的因素与员工感到满意的因素是不同的，前者往往是由外界工作环境引起的，后者是由工作本身产生的。造成员工不满意的原因是由于企业政策、行政管理、监督、与主管的交往关系、工作关系、与下级的关系、安全方面等因素处理不当。这些因素改变了，只能消除员工的不满，而不能激发其工作积极性，此类因素称为“保健因素”。另外员工感到满意的因素主要是工作富有成就感、工作成绩得到社会的承认、工作本身具有挑战性、负有重大责任、在职业上得到发展成长等。这类因素的改善能够激励员工工作的积极性和热情，提高生产率，此类因素称为“激励因素”。双因素理论的应用对于薪酬管理具有重大的指导意义，具体表现为以下几点：

（1）重视薪酬的激励作用。

（2）在薪酬结构中应对基本工资进行科学的设计，以保障员工基本的生活与工作需要。应相对稳定，原则上只升不降，不能随意变动。

（3）在考核的基础上加大奖金、绩效工资的比例。

（4）注意防止激励因素向保健因素转化。

（5）弹性福利制使福利多元化，使其带有“激励”色彩，值得肯定。

（6）值得注意的是，在薪酬设计中，要根据不同岗位来设计体现“保健因素”的基本工资。

3. 期望理论与薪酬管理

此理论可以用下列公式来表示：激发力量（动机力量）= 期望 × 效价。该公式表明：假如一个人把目标的价值看得越大，估计能实现的概率越高，那么激励的作用就越强。为使激发力量达到最佳值，提出人的期望模式如图 9 - 3 所示：

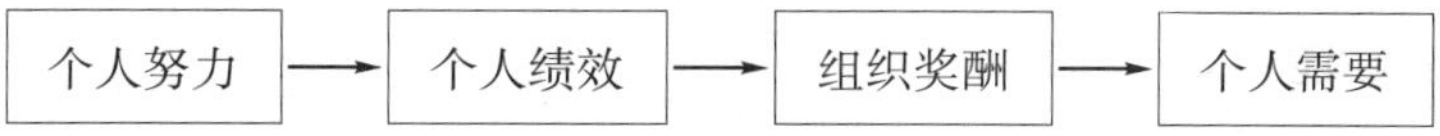

图 9 - 3 期望模式

期望理论认为，员工提高相应的绩效所能获得的薪酬水平会进一步增强自己的工作动机并提高自己的工作效率。因此运用该理论必须处理好以下三对关系：

（1）努力与绩效的关系；

（2）绩效与奖酬的关系；

（3）奖酬与个人需求的关系。

影响薪酬水平的因素很多，主要有：①影响员工个人薪酬水平的因素有工作绩效、职务（或岗位）、技术和文化水平、工作条件、年龄和工龄等。②影响企业整体薪酬水平的因素有生活费用和物价水平、工资支付能力、地区和行业工资水平、劳动力市场供求状况、工会作用和企业薪酬策略等。

第二节　薪酬管理体系设计

一、薪酬管理体系设计的基本原则

1. 公平性

企业员工对薪酬的公平感，也就是对薪酬发放是否公平的认识与判断，是设计薪酬制度和进行薪酬管理时首先要考虑的因素。

一般说来，薪酬的公平性可以分为以下三个层次：

（1）外部公平性。即同一行业、同一地区或同等规模的不同企业中类似职务的薪酬应基本相同。因为此类职务对员工的知识、技能与经验要求相似，付出的脑力与体力也相似，薪酬水平也应大致相同。

（2）内部公平性。即同一企业中，不同职务的员工所获得的薪酬应正比于其各自对企业做出的贡献，使员工不致产生薪酬不公平的感觉。

（3）个人公平性。即同一个企业中占据相同职位的员工，所获得的薪酬应与其做出的贡献成正比；同样，不同企业中职位相近的员工，其薪酬水平也应基本相同。

2. 竞争性

竞争性是指在社会上和人才市场中，企业的薪酬标准要有吸引力，才足以战胜竞争对手，招到企业所需的人才，同时也才能留住人才。

3. 激励性

激励性是指在内部各类、各级职务的薪酬水准上，适当拉开差距，真正体现薪酬的激励效果，从而提高员工的工作热情，为企业做出更大贡献。

4. 经济性

提高企业的薪酬水准，固然可以提高其竞争性与激励性，但同时会不可避免地导致企业人力成本的上升。因此，薪酬水平的高低不能不受经济性的制约，也就是要考虑企业自身的实际能力。

5. 合法性

合法性是指企业的薪酬制度必须符合现行的法律法规，否则将难以顺利推行。

在薪酬管理的过程中，要综合考虑以上原则，灵活地制定出最有效的薪酬方案，为企业的发展吸引到最合适的人才。

二、薪酬管理体系设计的模式

1. 薪酬四分图

从差异性与刚性两个维度对薪酬的各个组成部分进行特征分析，如图9－4所示。

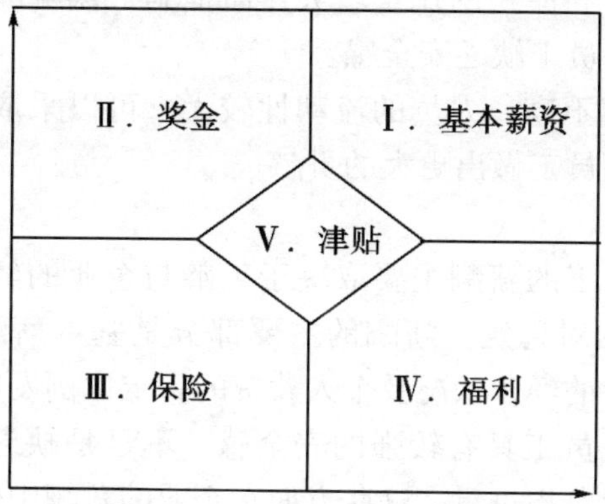

图9－4　薪酬四分图

图9－4中横坐标代表刚性，即不可变性；纵坐标代表差异性，即薪酬各部分在不同员工之间的差别程度。

（1）基本薪酬（基本工资）

处于第一象限的基本薪酬属于高差异性和高刚性。也就是说，在企业内部，员工之间的基本薪资差异是明显的，这是由职位价值决定的。如果员工调换职位，不能带走原来的职位工资，而是领取现行新职位工资，这表现出较强的刚性。

（2）奖金

处于第二象限的奖金属于高差异性和低刚性。即由于员工的绩效、为企业做出贡献相差较大，所以奖金表现出高差异性。而且，随着企业经济效益和战略目标的变化，奖金也要不断调整，表现出低刚性。

（3）保险

处于第三象限的保险，其成分较复杂。如医疗保险是低差异、高刚性的；而养老保险则是高差异、高刚性的。

（4）福利

处于第四象限的福利，是人人均可享受的利益，而且不能轻易取消，因此是低差异、高刚性的因素。

（5）津贴

处于四个象限中心的津贴，种类比较多，有的是低差异、高刚性的，有的则是高差异、低刚性的。

2. 薪酬模式设计

员工的薪酬模式的设计，就是将上述几个组成部分合理地组合起来，形成可供选择的三种薪酬模式。

（1）高弹性模式

在这种模式下，员工的薪酬主要是根据员工近期的绩效决定的。如果某段时期员工的工作绩效很高，那么所支付的薪酬相应也高，反之亦然。因此，不同时期，员工的薪酬起伏可能较大。

在这种模式下，奖金和津贴的比重较大，而福利、保险的比重较小。这种模式具有较强的激励功能，但是员工缺乏安全感。

如果员工的工作热情不高，人员的流动性较大，可以采取这种模式，加大绩效在薪酬结构中的比重，激励员工做出更大的贡献。

（2）高稳定模式

在高稳定模式下，员工的薪酬主要取决于工龄与企业的经营状况，与个人的绩效关系不大，员工的收入相对稳定。薪酬的主要部分是基本薪酬，而奖金的比例很少。薪酬的发放主要根据企业的经营状况及个人薪资的一定比例发放或者平均发放。

高稳定模式的好处是员工具有较强的安全感，不足是缺乏激励功能，而且企业的人工成本增长很快，企业负担过重。这些方面在企业的薪酬中体现得较多。

（3）折中模式

这种模式吸收了高弹性和高稳定两种模式的优点，合理组合薪酬的各个组成部分，能够不断地激励员工提高绩效，而且还能够让员工有安全的感觉。

这种模式在操作时需要结合企业的生产经营目标和工作特点以及企业的收益情况，合理地进行搭配使用。

三、薪酬管理体系设计的基本流程

制定健全合理的薪酬方案与制度，是企业人力资源管理中的一项重大决策，需要有合理完整的程序来保证。

典型的薪酬管理体系设计的流程如图 9－5 所示。图中实线方框表示了各个步骤的名称，虚线方框则说明各个对应步骤的主要内容与活动，流程的顺序用箭头表示。

1. 制定本企业的薪酬原则及策略

企业必须在其发展战略的基础上制定企业的薪酬原则和策略，并在此基础上建立一套对内具有公平性、对外具有竞争性的薪酬体系。在制定企业的薪酬原则和策略之前，可对本企业的组织现状进行深入的调查和研究。只有充分了解本企业的实际薪酬结构状况，才可能设计出具有可操作性的薪酬管理体系。企业现状调查一般包括以下内容：企业现行组织结构、工作职位分布、各职位工作内容和作用；各类人员的构成、薪酬水平、各类人员的薪酬在企业薪酬总额中的比例；企业员工对现行工资制度的满意度及最不满意的问题；企业经营绩效、各种技术经济数据；劳动力成本对整个成本的影响程度；各项成本和费用对企业利润的影响程度；利润增长潜力、空间在哪里；企业产品和生产技术水平。

2. 工作分析

工作分析是职位管理最重要的一个内容，它不仅是工作设计的重要依据，更是编写工作说明书以及工作评价的基础。工作分析主要对组织中各项工作职务的特征、规

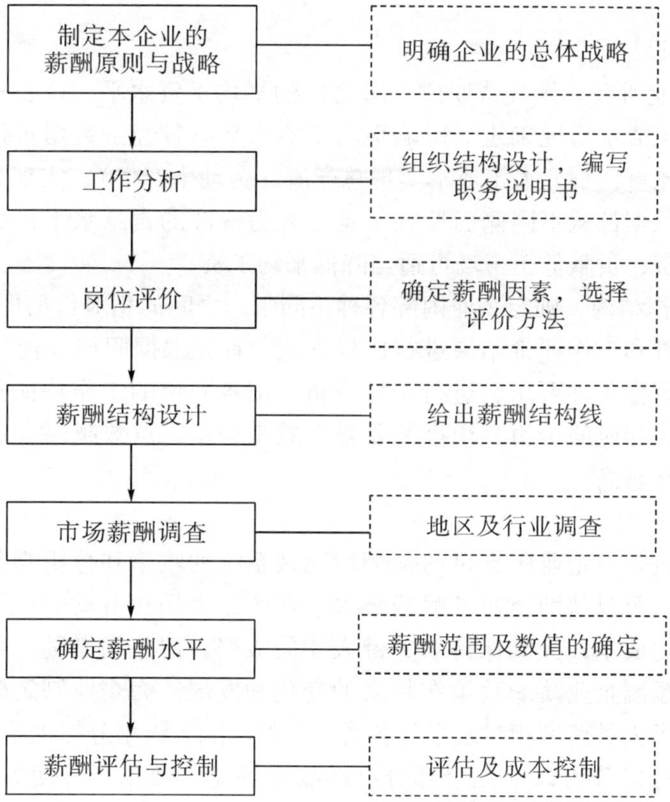

图 9－5　薪酬管理的基本

范、要求、流程以及对完成此工作的员工的素质、知识、技能要求进行描述。它的结果是编写工作说明书，为整个人力资源管理提供有价值的基础信息。

工作（岗位）说明书是对企业中各种职位（岗位）的职责、权限和任职条件资格做出的系统而具体的说明和规定，是选人和评价人的标准，是确立工资水平的依据。根据工作职位（岗位）说明书，可以进行工作职位（岗位）分类和企业员工分类，为进行工作评价和薪酬设计提供依据。

3. 岗位评价

岗位评价，是根据工作分析的结果，按照一定的标准，对工作的性质、强度、责任、复杂性及所需的任职资格等因素的差异程度，进行综合评估的活动。[①] 它以岗位任务在整个工作中的相对重要程度的评估结果为标准，以某具体岗位在正常情况下对工人的要求进行的系统分析和对照为依据，而不考虑个人的工作能力或在工作中的表现。

岗位评价包括两个步骤：一是收集与工作有关的信息；二是将所收集到的信息进行评估、比较，以衡量工作岗位的相对价值及其在组织中的等级地位。岗位评价要根据各个岗位的相对价值划分岗位的等级；岗位评价要有统一的评价标准，消除由岗位、工作内容等因素引起的岗位难度差异，使员工的薪酬具有可比性，确保工资制度的

① 杨明海，等. 工作分析与岗位评价［M］. 北京：电子工业出版社，2010：155.

公平。

4．薪酬结构设计

（1）确定企业所有工作（或职位、岗位）的平均工资水平。这要根据市场调查的结果和本企业人工成本情况确定。影响平均工资水平的各经济数据包括：人工成本占成本费用总额的比重；百元人工成本实现总产值（劳动生产率）、实现利润额和实现销售收入等。这些数据都从不同侧面反映了企业人力资源的贡献水平，贡献高于市场可适当提高平均工资，贡献低于市场可适当降低平均工资。

（2）建立工作结构，确定企业内部各种不同工作之间的相对价值即相对工资水平。这要根据市场调查和工作评价结果进行比较确定。首先根据职位（岗位）说明书中的工作描述和任职资格条件要求，进行工作分析。把各职位的工作特征归纳出来，再为这些工作特征确定相应的价值，用报酬要素点数来表示，点数越多表示该职位对企业越重要，工资水平越高。

5．市场薪酬调查

薪酬市场调查是对企业所支付的薪酬情况做系统的收集和分析判断过程。一个好的薪酬市场调查，可以帮助企业了解薪酬水平在产品市场和劳动力市场上的位置，既有利于控制劳动力成本，又能保持对关键人才的吸引、留住和激励，赢得人才竞争优势，同时还可以预测企业薪酬政策在将来的变化和发展，为企业制定薪酬制度、控制薪酬总水平、各类人员薪酬相对水平、各类人员的薪酬等级划分提供基本数据。

调查的内容可以分为以下几个部分：产品市场竞争数据、劳动力市场竞争数据、法律环境调查数据等。

市场调查方法有两种主要的方式。首先，要充分利用社会上的信息资源，广泛收集各种相关的技术、经济数据，如劳动力市场上的各类人员的指导价；统计部门公布的各行业各类人员的薪酬水平；产品市场上的产品价格和各企业产品在市场上的占有率等。

6．确定薪酬水平

设计薪酬结果之后，薪酬系统的基本框架就确定了。之后，管理人员要根据薪酬结构来进行薪酬水平的确定。薪酬水平的确定，即薪酬范围和数值的确定，包括工资分等和定薪。工资分等和定薪就是将薪酬分成若干等级，按照一定的顺序进行排列，再将金额相近的薪级归为一组，最后给每一个组别定薪。

个人工资水平的确定应根据企业薪酬支付方式，分别计算个人各部分工资，然后相加就是员工个人工资水平。概括来讲，根据员工个人所从事的工作职位（岗位）结合本人素质等级做出的工作评价结果（点数）在工资等级表中查找相应位置来决定基本工资水平；奖金即短期激励工资，按照企业绩效标准对员工实际工作业绩评定的结果进行分配；风险工资对某些员工是存在的，但对大部分员工是不存在的；补贴与福利按政府政策进行。

奖金的确定，首先依据企业绩效水平和支付能力决定当期奖励工资总额；再依据员工所在单位绩效水平，按照事先确定的计算公式计算该单位奖励工资总额；最后依据员工所在单位所有员工的工作评价结果和所有员工的绩效评价总分，计算出每个绩效分的价值平均值，再用这个平均值去乘以某个员工的工作评价结果点数和绩效分就是本人的奖金额。员工奖金每个月都是变动的。

7. 薪酬评估与控制

薪酬管理体系设计完成之后，就可以在组织内部形成薪酬体系并进行推广实施。在薪酬系统的制定和实施过程中，及时的沟通、必要的培训是保证薪酬管理体系设计成功的因素之一。薪酬是对人力资源成本和员工需求进行权衡的结果。随着企业内外部环境的不断变化，企业有必要在薪酬系统实施的过程中，定期对员工的薪酬需求和满意度进行调查，在保持相对稳定的前提下，对薪酬进行定期调整。

四、薪酬体系设计应注意的几个问题

企业在制定薪酬政策时应主要从这几个方面来考虑，即薪酬的对外竞争性、薪酬对内公平性及企业本身的支付能力。

1. 薪酬政策的对外竞争性

为了保持企业在行业中薪资福利的竞争性，吸引优秀的人才加盟，企业人力资源管理部门的一项重要工作就是参加薪酬调查，了解类似企业在薪资福利方面的数据，以此为参数调整本年度企业的薪资福利政策。除了参加一年一度的薪酬福利调查之外，企业还会根据需要为某一特殊职位专门聘请专业的管理咨询企业做相关数据的调查，正所谓知己知彼，百战不殆。

但这是否意味着企业只有支付最高的薪酬才能吸引最优秀的员工呢？在摩托罗拉、IBM 公司，它们所支付的薪酬在同行业中并不是最高的，但却吸引了它们所需要的优秀人才。

各个企业在薪酬支付政策上很不相同，在一些企业，它们的薪酬政策是给最优秀的人才支付最有竞争力的薪酬，因为它们认为，它们的人才是最优秀的，薪酬当然是最好的。但在另外一些企业里，它们可以支付较高的薪酬，但是它们在薪酬支付上并不占先，却同样可以吸引到最优秀的员工。企业文化、企业的名气、员工在企业的发展机会、企业的经营业绩，这些使员工并不会因为企业的薪酬不是最高而不加入这个企业。吸引人才，薪酬是一个重要因素，但员工最后选择的往往是企业的整体环境。

2. 薪酬设计一定要结合企业的实际

每个企业的薪酬设计都是不同的，在引进其他企业的薪酬设计经验时，管理专家建议我们一定要慎重，单纯讲一项薪酬计划好与不好是幼稚的，适不适合企业状况这一点才重要。

在公司的不同阶段、在不同类型的公司中，激励重点会有所不同。比如公司在投资阶段，人力资源、财务部门很重要；而在以成本为中心的公司如贝尔实验室，研发开拓人员很重要，是激励的重点；但在以利润为中心的公司，销售人员就成为了激励的重点。同样，在企业的不同阶段以及不同的企业中，激励的重点也是不同的。企业制定薪酬福利的指导思想是吸引最好的人才，留住最好的人才，激励员工努力工作。但是由于各个企业目标不同、市场的状况不同、员工的需要不同、企业的预算不同、企业之间的成熟度不同，所以不能盲目照搬别人的经验。

3. 重视员工的福利愿望

有关的调查数字显示，在相当多的企业里，薪酬福利计划一经制订，就许多年“躺”在上面睡大觉，很少有人再花心思去想想这些计划执行起来有什么问题，是不是员工需要的，哪些方面可以改进，福利计划激励员工的效果怎么样。

而在一些公司里，有专人负责改进已有的薪资福利计划，并根据需要去研究和开发新的项目。在上海的贝尔公司，它的福利政策，始终随着人才市场及员工需要变化而不断改变。公司员工平均年龄28岁，正值成家立业之年，购房置业是他们生活中首要考虑的问题。为此，上海贝尔推出了无息购房贷款，为员工在房价高涨之下的购房助一臂之力。而且员工工作满规定年限，此项贷款还可以减半偿还。

4. 按绩效表现支付薪酬

“按表现来支付薪酬”（Pay For Performance）是有效的薪酬支付体系的一条基本原则。好的薪酬计划一定是公平的，在以前我们研究过的诸多薪酬体系的案例中，支付不与业绩挂钩往往是薪酬计划失败的重要原因。为了使薪酬更公平，许多企业都试图先使评估做得更合理、更科学，充分考虑企业部门之间的特殊性。不少企业采用了360度绩效考核办法，上级、下级、客户、跨部门同事、同部门同事互相评估。

做业绩评估及管理的时候一定要避免考核目标过于单一，比如对销售人员的评估，如果仅从“销售业绩”来考核就是典型的目标设计过于单一，结果是销售员会绕开其他的方面，片面追求销售额，这样的业绩考核结果是不科学的。建议在目标设定时要把握几个原则即SMART原则，其中“S”是明确的、具体的（Specific），“M”是可衡量的（Measurable），“A”是可操作的（Attainable），“R”是相关的（Relevant），“T”是有时限的（Time－defined）。

在业绩考核方面，一些公司的做法值得借鉴，如摩托罗拉公司在员工业绩考核方面设定的目标不仅包括其在财政、客户关系、员工关系、合作伙伴之间的表现，也包括对员工的领导能力、战略计划、客户关注程度、信息和分析的能力、个人发展、过程管理方法等的考察。思科公司薪资标准主要跟职位相关，薪资的涨幅与每个人的能力直接挂钩，业绩好会多涨，业绩平平涨得少。在通用电气公司则只奖励那些完成了高难度工作指标的员工。公司的薪酬制度中的一个关键原则是要把薪酬与工作表现直接挂钩，公司按实际绩效付酬，公司的准则是不把报酬和权力绑在一起。这样，即使职位没有得到晋升，工资级别却可以根据业绩提升。

第三节　激励性薪酬与福利

一、个人激励薪酬

个人激励薪酬是指以员工个人的绩效表现为基础而支付的薪酬，这种付出方式有助于员工不断地提高自己的绩效水平。个人激励薪酬主要有以下几种形式：

1. 计件制

计件制是根据员工的产出水平和工资率来支付相应的薪酬。例如，企业规定每生产1件产品可以得到10元的工资，那么员工每天生产20件产品，可以得到200元的工资。在实践中，往往不是采用直接的计件制，而是差额计件制，即对于不同的产品产出水平分别规定不同的工资率，以此来计算工资。例如，员工每天生产率在1～10件水平，那么每件产品8元工资；如果员工每天的生产率在10～20件，那么每件产品10元工资。

2. 工时制

工时制是根据员工完成工作的时间来支付相应的薪酬。基本的工时制是标准工时制，就是首先确定完成某项工作的标准时间，当员工在标准时间内完成工作任务时，依然按照标准工作时间来支付薪酬。由于公共的工作时间缩短了，这就相当于工资率提高了。标准工时制有两种变化的形式，一种是哈尔西的50－50奖金制，该形式是指通过节约工作时间而形成的收益在企业和员工之间平均分享。另一种是罗恩制，指员工分享的收益根据其节约的时间的比率来确定。例如，某项工作的标准工作时间是5小时，员工只用了4小时就完成了，那么因工作时间节约而形成的收益，员工就可以分享到20%。

3. 绩效工资

绩效工资就是根据员工的绩效考核结果来支付相应的薪酬。由于有些职位的工作很难用数量和时间来进行量化，因此上述两种方法不能适用，要借助绩效考核的结果来支付激励薪酬。绩效工资有两种形式，一是绩效调薪，二是绩效奖金。

（1）绩效调薪

绩效调薪是指根据员工的绩效考核的结果对其基本薪酬进行调薪。调薪的周期因不同的公司而有所不同，一般按年来进行。而且调薪的比例根据绩效考核结果来确定，绩效考核结果越高，调薪的比例越高，如表9－1所示。进行绩效调薪时，要注意由于薪酬具有刚性，员工对于工资的下调会有强烈的抵触情绪，因此对于下调薪酬的部分不应超出该等级的薪酬区间，即员工基本薪酬的增加或减少不能超出该员工所在薪酬等级的最小值。

表9－1　绩效调薪比例

绩效考核等级	S	A	B	C	D
等级说明	非常优秀	优秀	合格	存在不足	有很大差距
绩效调薪幅度	6%	4%	0	－1%	－3%

（2）绩效奖金

绩效奖金是指根据员工的绩效考核结果给予的一次性奖励。绩效奖金只针对绩效优良者，不针对绩效不良者。

绩效奖金与绩效调薪存在三点不同。第一，对基本薪酬的影响不同。绩效调薪是对基本薪酬的调整，绩效奖金则不会影响到基本薪酬。第二，支付的周期不同。绩效调薪是对基本薪酬的调整，因此不可能过于频繁，否则会增加人力资源管理成本。绩效奖金不涉及基本薪酬的变化，因此周期可以相对较短，一般按月或按季来支付。第三，绩效调薪的幅度要受薪酬区间的限制，而绩效奖金则不会受到限制。

二、群体激励薪酬

群体激励薪酬是指以团队或企业的绩效为依据来支付薪酬。群体激励薪酬的优点是它使员工更加关注团队和企业的整体绩效，增进团队的合作，从而更有利于整体绩效的实现。群体激励薪酬的缺点是团队内对群体绩效没什么贡献的员工也因此得到了群体激励薪酬，产生了“搭便车”现象。群体激励薪酬有以下几种形式：

1. 利润分享计划

利润分享计划是指对代表企业绩效的某种指标通常是利润指标进行衡量，并以衡量的结果为依据来对员工支付薪酬。利润分享计划有两个优势，一是将员工的薪酬和企业绩效联系在一起，因此可以促进员工从企业的角度去工作，增加员工的责任感；二是利润分享计划所支付的报酬不计入基本薪酬，有助于调整薪酬的灵活性。在企业经营良好时支付较高的薪酬，在企业经营困难时支付较低的薪酬。

利润分享计划一般有三种形式，一是现金现付制（Cash or Current Payment Plan），即以现金的形式及时兑现员工应得到的利润分享。二是递延滚存制（Deferred Plan），即利润中应发给员工的部分不立即发放，而是转入员工的账户，留待未来支付，通常和企业的养老金制度结合在一起。有些企业规定如果员工的服务期限没有达到规定的年限，就无权得到或全部得到这部分薪酬。三是混合制（Combined Plan），即前两种形式的结合。

2. 斯坎隆计划（Scalon Plan）

斯坎隆计划是20世纪20年代中期由美国的一位工会领袖约瑟夫·斯坎隆提出的一个劳资合作计划，以成本节约的一定比例来给员工发放奖金。它的操作步骤是：

第一步，确定收益增加的来源，通常用劳动成本的节约表示生产率的提高，用次品率降低表示产品质量的提高，以及生产成本的节约。将上述各种来源的收益增加额加总，得出收益增加总额。

第二步，提留和弥补上期亏空。收益增加额一般不全部进行分配，如果上期存在透支则要先弥补亏空。此外，要从收益增加额中提取一定的比例作为资金储存，得到收益增加净值。

第三步，确定员工分享收益增加净值的比重，并根据这一比重计算出员工分配的总额。

第四步，将可分配的总额除以工资总额，得出分配的单价。员工的工资乘以这一单价，即可得到该员工分享的收益增加数额。

3. 鲁卡尔计划（Rucker Plan）

鲁卡尔计划在原理上与斯坎隆计划相似，但是计算的方式要复杂得多。它的基本假设是员工的工资总额保持在一个固定的水平上，然后根据公司过去几年的记录，以其中工资总额占生产价值（或净产值）的比例作为标准比例，以确定奖金的数额。

4. 股票所有权计划

股票所有权计划就是让员工部分地拥有公司的股票或者股权。虽然这种形式是针对员工个人来实行的，但是由于它和公司的整体绩效紧密联系在一起，因此将它归入群体激励薪酬中来。股票所有权计划主要有三类：现股计划、期股计划和期权计划。

（1）现股计划

现股计划指公司通过奖励的方式向员工直接赠送公司的股票或者参照股票当前的市场价格向员工出售公司的股票，使员工立即获得现实的股权。这种计划一般规定员工在一定时间内不能出售所持有的股票，这样股票价格的变化就会影响员工的收益。通过这种方式，可以促使员工更加关心企业的整体绩效和长远发展。

（2）期股计划

期股计划指公司和员工约定在未来某一时期内员工以一定的价格购买一定数量的公司股票，购买价格一般参照股票的当前价格。这样，如果未来股票的价格上涨，员工按照约定的价格买入股票，就可以获得收益；如果未来股票的价格下跌，那么员工就会有损失。因此，员工会通过自身的努力来实现公司的目标，以期望未来公司股票价格上涨，从而获得收益。

（3）期权计划

期权计划与期股计划相类似，不同之处在于公司给予员工在未来某一时期内以一定价格购买一定数量公司股票的权利。但是，员工到期可以行使这项权利，也可以放弃这项权利，购买股票的价格一般也要参照股票当前的市场价格来确定。

三、福利

1. 福利的含义

福利是指企业支付给员工的间接薪酬。在劳动经济学中，福利又被称为小额优惠。与直接薪酬相比，福利具有两个重要的特点：一是直接薪酬往往采取货币支付和现期支付的方式；而福利多采取实物支付或延期支付的形式。二是直接薪酬具有一定的可变性，与员工个人直接相关；而福利则具有准固定成本的性质。

2. 福利的作用

（1）增强企业员工的凝聚力

员工福利为企业全体成员的身心健康与才能的发展以及改善生活环境等创造了良好的条件，并且在一定程度上缩小了生活差距，使广大员工有“公平感”和“平等感”；同时，员工福利待遇的高低直接依赖于本企业的经济效益，因此就有助于培养员工为集体福利而劳动，发扬集体主义精神，对稳定劳动集体和消除人员流动现象也有着重要影响。

（2）提高员工觉悟，促进努力工作

员工福利是在劳动报酬以外，由相关部门根据实际需要将企业的（部分）劳动成果分配给员工，福利内容多与改善员工的物质文化生活密切相关，每一个人享受的福利机会均等。因此，员工较之按劳分配更能直接体验到主人翁地位和社会主义的优越性，从而有利于提高广大员工的社会主义觉悟，激发他们为集体也为自己而劳动的热情。

(3) 员工福利也是一种投资，而且能长远地取得效益

员工福利解决了员工生活上的后顾之忧和经济困难，改善了生活，使他们精力充沛、心情舒畅地工作，从而提高劳动生产率（工作效率），取得更大的经济效益。员工福利用在文化学习、体育娱乐方面的费用是“智力投资”。它提高了员工的劳动力素质，所带来的效益更是其他投资所不能比拟的。

3. 福利的内容

(1) 国家法定福利。这是由国家相关的法律和法规规定的福利内容，具有强制性，任何企业都必须执行。法定福利主要包括以下几项内容：

①法定的社会保险。包括基本养老保险、基本医疗保险、失业保险、工伤保险和生育保险。

②公休假日。如实行每周两天的公休制度。

③法定休假日。我国目前的法定休假日包括元旦、春节、端午节、劳动节、中秋节、国庆节和法律规定的其他休假日。

④带薪休假。劳动者连续工作一年以上，享受带薪年休假。

(2) 企业自主福利。企业自主福利项目不具有任何强制性，企业可根据本企业的实际情况设立。表 9－2 列出了美国企业的一些福利项目。

表 9－2　　美国企业自主福利项目

保险	医疗保健	退休
企业与员工告别费 补充失业保险 家庭事务：儿童护理、老人照顾 财政帮助 人寿保险 法律诉讼保险 员工持股计划 财务咨询 信用合作 企业提供的轿车和支出账户 教育辅导 工作调动和搬迁帮助	医疗保健 牙齿保健 处方用药 心理咨询 保健计划 企业的补充医疗保险 社会与娱乐活动 网球场 保龄球队 公益服务奖励 提供自主的活动 自助餐 娱乐项目	退休前咨询服务 退休员工保健计划 个人退休金账户 残疾人退休福利 假期和班上休息 午餐和工间休息 葬礼和丧亲假 家庭事假和病假

［资料来源］中国企业国际化管理课题组．企业人力资源国际化管理系统［M］．北京：中国财政经济出版社，2002：203．引用时有删节。

4. 员工福利设计应注意的问题[①]

(1) 福利水平要同企业的经济负担能力相适应

企业的福利需与企业经济效益挂钩，不能强求一律、相互攀比。在市场竞争日益

① 段霞．关于企业员工福利设计问题的探讨［J］．现代经济信息，2010（1）．

激烈的今天，企业生产成本的高低直接影响着自身竞争力的强弱。人力资源福利作为企业员工福利支出的一部分，作为企业雇佣成本的一部分，福利的高低对企业的生产成本具有直接的影响。在当今形势下，企业在市场竞争中具有很大的不确定性，经济效益也会随之呈现波动的趋势。然而，员工的福利却是具有刚性的。在这种情况下，当企业的经济效益降低，员工的福利却不易随之下滑，从而使企业陷入两难的境地。企业是独立的经济实体，因此要根据自己的经济状况来确定福利的规模、项目和标准。各企业应该经过充分的调查、分析，制定出切实可行的最佳福利方案，少花钱多办事。企业在进行福利设计时，要根据企业自身的实际情况，制订相关的福利计划，寻求企业效益和福利水平的平衡点。

（2）正确处理福利与工资的比例关系

工资和福利增长都是提高员工生活水平的有效途径。但是，在当今社会，按劳分配是消费品分配的主要经济规律。这就决定了工资应该满足职工需要的基本来源，福利只能作为工资的补充。这是因为福利主要是根据需要分配的，同员工的劳动量没有直接联系。如果员工福利占主要比重，不仅在财力上达不到，还会削弱工资激励职能的充分发挥，阻碍国民经济的发展。

（3）将培训作为员工的一种福利形式

培训对于一个企业来说，具有重要的现实意义，能提高员工的工作积极性，培养团队精神，从而提高工作效率，增强企业的凝聚力。对员工进行培训，一方面可以增加他们的新知识和技能，提升人力资本价值；另一方面可以形成一个较为完整的培训体系，通过对不同层次员工进行不同内容的培训，体现全体性和针对性。

第四节　薪酬制度

薪酬制度是指将企业的薪酬政策制度化、规范化。企业的薪酬制度是企业的一项基本制度，是企业人力资源管理体系的重要组成部分。

一、薪酬制度的作用

1. 激发员工的工作积极性

薪酬是激发员工工作热情的最有效因子，每个人兢兢业业从事岗位工作也都是因为有承诺的工资因子的激励作用。固然有不收取报酬的义务劳动，但多数人从业最直接的目的还是获取报酬，所以，企业的薪酬机制一定要适应员工和形势的需要，更何况报酬的多少与员工的工作绩效息息相关。换句话说，员工的努力程度直接决定其最终得到的酬劳，它对员工的激励效果不言而喻。

2. 满足员工获得尊重的需要

根据马斯洛需求层次理论，员工有了基本的工资保障，就有了更高层次的精神追求，这也是企业设计薪酬激励时必须加以重视的。一些企业让员工参与企业管理就是出于这样的考虑。这不是物质上的工资给付，而是一种纯粹的精神激励。让员工参与企业管理的重要事项，加强他们和领导的沟通，在重大问题的处理上听取员工的建议，不仅会增强员工的主人翁意识，满足其获得尊重的需要，让其产生自身的成就感和对企业的归属感，而且在整个企业形成强大的凝聚力，使企业的发展有源源不断的后劲力量。

3. 能给员工带来成就感

员工的基本工资报酬和精神报酬都有了保障，这种付薪机制就达到了预期效果，如果能坚持这样的合理付薪机制，长时间后员工会感到自己的价值得到了认可，萌生出发自内心的成就感。这种成就感使员工得到了高层次的满足。有成就感的员工，会形成企业发展的骨干力量，以所在企业为荣。①

二、薪酬制度的不同选择

每个企业都是不同的，无论资源、业务规模、平台承载能力、现金支持力度等。因此，企业在制定薪酬制度时，应结合自身企业的发展、企业的战略以及企业的价值观，不求制定最优的方案，但求找到与企业相匹配的方案，根据不同的发展时期，制定不同的薪酬制度。

1. 基于发展战略的薪酬模式选择

企业设计薪酬首先必须在发展战略的指导下，制定相对于当地市场薪酬行情和竞争对手薪酬水平的企业自身薪酬水平策略。

（1）市场领先型薪酬模式。采用这种薪酬模式的企业，薪酬水平在同行业的竞争对手中是处于领先地位的。领先薪酬模式一般基于以下几点考虑：市场处于成长期或快速扩张期，有很多市场的机会和成长空间，对高素质人才需求迫切；企业自身处于高速成长期，薪酬的支付能力比较强等。

（2）市场跟随型薪酬模式。采用这种模式的企业，实行的是市场跟随战略，一般都建立或找准了自己的标杆企业，企业的经营与管理模式都向自己的标杆企业看齐，同样，薪酬水平跟标杆企业差不多就行了。

（3）成本导向型薪酬模式。企业在制定薪酬水平策略时不考虑市场和竞争对手的薪酬水平，只考虑尽可能地节约企业生产、经营和管理的成本，这种企业的薪酬水平一般比较低，实行的是成本领先战略。有些公司可以依靠其综合优势，而不必花费最高的工资就可以找到企业需要的人才，并可以利用其公司的品牌、培训机制等来激励和留住人才。因此，在采取成本领先战略的基础上，才可能用较低的工资获得足够的优秀人才。

（4）混合型薪酬模式。混合薪酬策略就是在企业中针对不同部门、不同岗位、不同人才，采用不同的薪酬策略。比如对于企业核心与关键人才采用市场领先薪酬策略，而对一般人才、普通岗位采用非领先的薪酬策略。这种薪酬模式相对较为复杂，不利于企业人力资源的管理，需要成立专门的薪酬机构对各种人才的薪酬进行量身定制。

---

① 孙莎. 浅议我国中小企业薪酬制度现状［J］. 劳动保障世界，2011（5）.

2. 基于发展阶段的薪酬模式选择

由于企业在初创、成长、成熟、衰退等不同发展阶段表现出巨大的差异，所以企业也需要针对所处的阶段对采用的薪酬体系模式做出相应的变化，选择适合企业发展现状的方案。表9-3是不同发展阶段的企业对薪酬体系的选择，基本薪酬、奖金、福利的不同组合构建了不同的薪酬体系，对员工的激励和约束效果不尽相同。

表9-3 不同发展阶段的企业对薪酬体系的选择

企业发展阶段	固定工资	奖金	福利	模式
初创期	高	低	低	高稳定模式
高成长期	具有竞争力	高	低	高弹性模式
成熟期	具有竞争力	具有竞争力	具有竞争力	折中模式
稳定期	高	低	高	高稳定模式
衰退期	高	无	高	高稳定模式
更新期	具有竞争力	高	低	高弹性模式

3. 基于价值取向的薪酬模式选择

由于各个企业所处的环境、形成和发展的历史、领导者的风格等各种因素的影响，使各个企业的主导价值有所不同，而不同的价值取向引导了不同的薪酬策略和薪酬体系的选择。有些企业偏向个人主义，工作强调个人成就、独立工作，工作结果强调个人贡献，在这种情况下，薪酬设计多选用以绩效奖金为主，工资回报的是个人成就，重视短期目标的实现。有些企业偏向团队合作，企业的价值实现以集体成就为主，人们的集体和团队意识强，以这种价值导向的企业倾向于以集体业绩为重要准绳。①

三、薪酬制度的实施与反馈

1. 薪酬制度的实施

薪酬制度在实施过程中要保证公开、公正、公平，坚持多方参与原则，让员工参与薪酬制度的建立。在支付薪酬时，企业应该向员工提供薪酬清单，让员工充分了解薪酬的构成。薪酬制度的实施主要包括以下几个步骤：

第一步，落实薪酬制度实施的组织和人员。企业在实施薪酬制度之前要挑选有关人员组成专门的实施团队，负责整个实施过程的推进和统筹，同时负责与高层管理者、人力资源部门、财务部等相关部门进行沟通，及时反馈有关信息。

第二步，资金保障。任何一个制度的推行，都需要有一定的物质和资金作为基础。在薪酬制度的实施过程中，薪酬项目专家组可以提前申请一部分必要的经费和补贴。

第三步，宣传工作。在薪酬制度实施前和实施过程中，向员工宣传是一项必不可少的程序。通过宣传，人力资源管理者可让员工充分了解薪酬制度的合理性，以求得赞同和支持，减少实施过程中的摩擦和阻力。

① 刘俊荣. 浅谈中小民营企业薪酬制度的建立［J］. 经营管理者，2011（9）.

第四步，实施过程监控。在薪酬制度的实施过程中，薪酬项目专家和薪酬制度的制定者要对薪酬制度的实施过程进行全程监控，以及时纠正偏差，解决实施过程中出现的问题。

2. 薪酬制度的反馈

薪酬制度实施过程中，企业还要进行薪酬制度反馈信息的处理工作，主要通过对反馈信息的整理和分析，充分了解薪酬制度的实施效果，及时发现疏漏和问题，进行及时的调整和修正。

反馈信息包括外部反馈信息和内部反馈信心。外部反馈信息主要包括社会舆论反应、相关主管部门的反应等。外部反馈信息的收集和处理工作有两个重点，一是关注业内或竞争对手对新制度实施的看法；二是测试新制度是否符合国家的相关规定。

内部反馈信息包括普通员工的反馈信息和高层管理人员的反馈信息。普通员工的反馈信息主要包括普通员工对新制度是否感到公平、员工的满意度是否有所提高。企业应建立畅通的信息反馈系统，全面听取员工的各种意见和建议，以达到完善薪酬制度的目的。高层管理人员的反馈信息主要集中在成本控制和工作效率方面，如企业的薪酬水平是否兼具经济性和竞争性、员工的工作积极性是否提高、企业的生产效率是否提高等。

四、企业各类人员薪酬的设计方法

1. 管理人员的薪酬设计

生产操作员工的工作大都需遵循严格详尽而具体的职务要求，他们的工作绩效在很大程度上取决于他们自己的努力程度、技术操作熟练程度，以及他们所采用的技术与设备等工作环境。管理及行政人员则不同，他们的工作是综合性的，涉及多种因素，常常需要主动对情况做出自主分析与权衡，并做出决策，他们的工作绩效很大程度上取决于自身的能力和努力。因此，对于管理职位和专业技术职位来说，职位评价只是部分地回答了如何为这些员工付酬，因为这些职位在若干方面不同于生产职位和事务性职位。一般情况下，管理人员的薪酬是根据个人工作对组织的相对贡献值以及个人履行职责的工作业绩来确定的。确定管理人员工资包括了三个子因素：一是科学知识、专门技术和实践经验，用来反映工作对承担者的教育背景和工作经验的要求；二是管理技巧要求，这是指适应经营、管理、协调等各种管理情景并能一体化的技巧；三是人际关系技巧要求，这是指人际关系方面的积极的、熟练的、面对面交往的技巧。

2. 专业技术人员的薪酬设计

专业技术人员是指非管理类专业技术人员诸如工程师等。专业技术人员的薪酬确定制度有一些特殊的问题。对此所作的调查工作表明，薪酬主要用于鼓励他们的创造性和解决问题的能力，薪酬因素难以比较和测量。进一步来说，专业技术人员对于企业经济状况的影响通常与个人的实际努力程度并无直接联系。例如，工程师的发明是否成功依赖于许多因素，如产品的生产与销售情况。事实上，多数企业采用市场定价的方法来评价专业技术职位。他们通过市场确定专业职位的薪酬水平，由此建立基准职位的价值体系。然后建立这些基准职位和企业其他的专业职位的薪水结构。具体地讲，每个专业技术职业系通常只有4~6个工资等级，每个工资等级要求有变化幅度较大的薪酬系列。这种方法有利于确保企业之间在吸引某位才能出众的专业人员时保持竞争力，而企业也可以广泛地寻找所需要的员工。

3. 生产性员工的薪酬设计

一是计件工资制，是指确定每件产品的计件工资率，将生产人员的收入和产量直接挂钩。建立有效的计件工资制要求进行职位评价和工业工程设计。职位评价可以确定职位的小时工资率。但计件工资制的关键问题是产量标准，而这些标准通常通过工业工程设计制定。其表达形式一般为单位产品的限时耗或每小时的标准产量。计件工资制的优点是便于计算，易于为员工所理解，计量原则公平，报酬直接同业绩挂钩，具有很好的激励效果。而计件工资制的缺点是：企业一旦发现其工人的收入高于平均水平，便会提高产量标准。此外，小于计件工资率也要进行相应的调整，重新进行职位评价。因此，如果新的职位评价确定了新的小时工资率，那就必须修订计件工资率，这将是一项非常繁琐的事情。

二是标准工时制，主要是通过确定标准工时的工资率，将生产人员的收入与标准工时直接挂钩。标准工时制与计件工资制的区别在于：标准工时制是根据生产人员绩效高于标准水平的百分比支付相同等比例的奖金。这个计划假定工人都有固定的基本工资。标准工时制具有计件工资制的大多数优点，它便于计算、易于理解，而且奖励以时间为单位而不是以货币为单位。①

本章小结

本章内容是薪酬管理与薪酬设计。本章首先阐述薪酬的基本概念、内涵及主要内容，在此基础上论述了薪酬管理的意义与内容；其次阐述薪酬管理体系，以及如何建立薪酬管理体系，重点强调薪酬管理体系建立的基本原则、步骤和方法；接下来论述了薪酬的激励作用，如何建立激励性薪酬管理体系；最后介绍薪酬制度的基本内容以及如何建立和实施薪酬制度，其中包括企业各类人员的薪酬设计原则和方法。

关键概念

1. 薪酬　　2. 薪酬管理　　3. 薪酬管理体系　　4. 激励性薪酬
5. 薪酬制度　　6. 薪酬分配

① 蒋莉. 企业薪酬制度设计之我见［J］. 经营管理者，2010（9）.

本章思考题

1. 什么是报酬？什么是薪酬？薪酬的组成部分有哪些？

2. 薪酬管理的含义与内容是什么？

3. 论述重要的薪酬管理理论。

4. 个人与群体的薪酬激励方式有何区别？

5. 薪酬管理体系的设计有哪几个步骤？

6. 不同类型的企业人员在薪酬设计上有何区别？应该如何设计不同类型员工的薪酬水平？

案例分析

泰斗网络公司三种岗位薪酬体系①

泰斗网络公司是一家网络服务商，成立于1998年，现有员工200多人，许多人都是在某一领域拥有专长的专家，80%的技术人员都具有博士学位，公司产品年更新率达到30%。是什么样的利益回报有如此巨大的吸引力，致使大批优秀人才对泰斗网络公司投入如此大的热情呢？答案就是泰斗网络公司的薪酬水平和薪酬体系。

在泰斗网络公司有三个重要的岗位：项目管理、研究开发和系统工程。

这三种岗位总体薪酬水平都比较高，年度平均总薪酬都超过10万元。公司高利润在这三种从业人员的薪酬水平上得到充分体现，见表9-4。

表9-4 各岗位年薪酬总额

岗位名称	薪酬范围/年
研究开发经理	23万~29万元
系统工程经理	15万~20万元
项目管理经理	11万~14万元

从表9-4中可以看出，在薪酬总体水平比较高的基础上，对于不同性质的岗位，薪酬水平也存在一些差距。项目管理人员平均薪酬水平最低，系统工程人员收入相对较高，研究开发人员的薪酬最高。这也从侧面反映出了泰斗网络公司对不同岗位人员的重视程度的差异。这种薪酬差异是由该公司系统集成业的行业特点决定的。

泰斗公司主要靠技术服务和提供解决方案获利，因此，对岗位技术水平要求的高低对薪酬有直接影响。对于研发人员，他们对企业的贡献在于通过技术研究和技术实践为公司积累技术资本，是保证企业长期、稳定发展的基础，是增强企业市场竞争力

① 泰斗网络公司三种岗位薪酬体系［OL］. 百度文库，http：//wendang. baidu. com/view/24124f7b1711cc7931b71603. html.

的前提。对于系统工程人员，主要通过具体的工程实施和技术支持保证工程项目的顺利执行，但往往使用成熟的技术工具，在技术上没有太多研究突破。至于项目管理人员，工作中已经包含部分行政管理的成分，技术含量最低，因此，薪酬水平低于研发和系统工程人员。表9-5揭示了上述三种岗位薪酬构成的成分及其比重。

表9-5 三类岗位薪酬的构成及其比重 单位:%

岗位名称	基本工资总额	补贴总额	变动收入总额	福利总额
系统工程经理	71	2	18	9
研究开发经理	81	2	6	11
项目管理经理	80	2	10	8

从薪酬构成比例来讲，不同性质的岗位差异明显。这是由各个岗位所承担的工作任务的不同性质所决定的。最突出的特点是系统工程人员的固定收入比例明显低于项目管理和研发人员，而变动收入比例却最高。系统工程人员的工作任务是完成整个工程的实施，工程周期可能是几周、几个月，甚至跨年度。在实施过程中可能会出现种种问题，从而导致企业受到损失。企业的通常做法是减少系统工程人员的固定收入比例，加大奖励作用的变动收入比例，用来激励员工通过努力保证工程项目的顺利实施，有效降低项目执行的风险。相反，对于研发和项目管理人员，工作的失败风险比较小，因此增加固定收入的策略起到了留住员工的作用。

案例思考题

1. 泰斗网络公司薪酬体系的优势在哪里?
2. 你认为泰斗网络公司的薪酬体系存在什么问题？为什么？
3. 你对泰斗网络公司的薪酬体系有何建议?

第十章　劳动关系管理

学习目标

1. 了解劳动关系的含义及其内容
2. 了解各种劳动人事法规政策的作用
3. 理解劳动者的权利与地位
4. 熟悉劳动争议的解决方式、程序
5. 了解目前劳动关系的热点问题

引导案例

如何处理沈某与公司的矛盾①

某公司因有紧急生产任务，与公司工会协商后，公司领导决定安排员工近期每天加班两小时。技术人员沈某感到身体不适，认为自己无力加班，便找到公司领导请假。公司领导不予准假，因为沈某并没有充分理由证明自己身体不适，也没有出示医院证明。沈某仍表示要回家休息。最终，沈某还是在公司领导未同意的情况下没有加班。两天后，公司领导通知沈某，要求她停职并写出书面检查，检讨自己的错误，其当月绩效工资也将被扣发。

沈某认为，加不加班是职工个人的事，况且自己确实是身体不适，无法加班。公司不该扣她的钱，更不应该停止她的工作。她要求公司领导更正决定。

但公司领导认为，加班是和工会协商后的结果，职工应该参加。何况她未经允许，擅自离开是旷工行为，当然得扣她的绩效工资，停职是对她这种行为的惩罚。

那么，公司扣发沈某绩效工资并停止她工作的做法是否正确呢？

第一节　劳动关系概述

一、劳动关系的含义

1. 劳动关系

劳动关系具有两个方面的概念：一个是法律概念，一个是人力资源的概念。在我

① 拒绝加班就应当扣工资吗？[OL]. http://old.www.sg.com.cn/633/633a57.htm.

国，调整劳动关系的根本法律是《中华人民共和国劳动法》。它是调整劳动关系以及与劳动关系密切联系的其他关系的法律规范，其作用是从法律的角度确立和规范劳动关系。

劳动关系是指国家机关、企事业单位、社会团体和个体经济组织（统称用人单位）与劳动者个人之间，依法签订劳动合同，劳动者接受用人单位的管理，从事用人单位安排的工作，成为用人单位的成员，从用人单位领取报酬和受劳动保护所产生的法律关系。在实际生活中，用人单位没有与劳动者签订劳动合同的现象相当普遍，但只要双方实际履行了上述权利与义务，即形成事实上的劳动关系。事实上的劳动关系与劳动关系相比，仅仅是欠缺了书面合同这一形式要件，但并不影响劳动关系的成立。[①] 劳动关系有如下特点：

（1）主体双方具有平等和隶属性。劳动关系成立前，劳动者与用人单位是平等的主体，对是否建立劳动关系，以及建立劳动关系的条件、内容等问题，双方可在平等自愿、协商一致的基础上依法确定。劳动关系建立后，劳动者是用人单位的职工，处于提供劳动力的被领导地位；用人单位则成为劳动力使用者，处于管理劳动者的领导地位，双方形成领导与被领导的隶属关系。

（2）它具有在社会劳动过程中形成和实现的特征。劳动法律关系的基础是劳动关系。只有在将劳动者与用人单位提供的生产资料相结合以实现社会劳动的过程中，才可能形成劳动者与用人单位之间的法律关系。实现社会劳动过程，也就是劳动法律关系得以实现的过程。劳动过程形成和实现劳动法律关系，使劳动法律关系与市场、流通过程中形成和实现的民事法律关系区别开来。

（3）劳动法律关系的要素包括：①主体。劳动法律关系的主体一方是劳动者，另一方是用人单位。劳动者指劳动力所有者，包括所有自愿参加社会劳动的公民。用人单位指生产资料的所有者或经营管理者，在我国包括企业、个体经济组织和一定范围中的国家机关、事业单位、社会团体。②内容。即指劳动法律关系的主体双方依法享有的权利和承担的义务。③客体。即劳动法律关系主体双方的权利与义务共同指向的对象，也即劳动者的劳动行为。

2. 雇佣关系与劳务关系

雇佣关系是指受雇人（雇员）利用雇佣人（雇主）提供的条件，在雇佣人的指示、监督下，以自身的技能为雇佣人提供劳务，并由雇佣人提供报酬的法律关系。它的特点是：

（1）它的主体双方具有平等性，没有隶属性。雇佣法律关系主体之间是平等的法律关系，雇佣法律关系的产生、变更和消失以及履行，均是平等的，没有管理与被管理的隶属关系。

（2）它具有以当事人意思为主导的特征。作为雇佣法律关系，它的产生、变更和消失，以当事人的意思表示为标志，体现了当事人的意思自治，国家基本不干预。

（3）它主要是在流通领域发生的关系，而不是在社会劳动过程中发生的关系。它

① 张善秀. 对我国目前存在的几种用人关系之分析［J］. 商场现代化，2006（20）.

的要素包括：①主体。雇佣法律关系的主体，不仅包括自然人，也包括法人、合伙、国家、外国组织以及其他特殊组织（包括非法人组织、清算组织等）。②内容。它的内容，即权利与义务，具有广泛性。③客体。既包括行为，也包括物、智力成果及与人身不可分离的非物质利益（人格和身份）。

劳务关系是劳动者与用工者根据口头或书面约定，由劳动者向用工者提供一次性的或者是特定的劳动服务，用工者依约向劳动者支付劳务报酬的一种有偿服务的法律关系。劳务关系的特征：一是双方所产生的社会关系是完全平等的民事法律关系；二是提供劳务的一方取得报酬是以劳动结果为准；三是劳务关系中提供劳务的一方自行承担风险。在劳务合同中，劳务提供人与劳务接受人约定，由受雇人向劳务接受人直接提供劳务，劳务接受人向劳务提供人支付劳务费，劳务接受人在接受劳务的过程中应当提供适当的劳动保护和劳动条件。如果受雇人向劳务接受人提供的劳务不符合劳务合同的约定，劳务提供人应当向劳务接受人承担违约责任。

二、劳动关系的法律特征

劳动法所规定的劳动关系主要有以下三个法律特征：

（1）劳动关系是在现实的劳动过程中发生的关系，与劳动者有着直接的联系。

（2）劳动关系的双方当事人，一方是劳动者，另一方是提供生产资料的劳动者所在单位，如企业、事业单位、政府部门等。

（3）劳动关系的一方劳动者要成为另一方所在单位的成员，并遵守单位的内部劳动规则。①

三、劳动关系的基本内容

劳动关系所包括的基本内容有：劳动者与用人单位之间在工作时间、休息时间、劳动报酬、劳动安全卫生、劳动纪律与奖惩、劳动保险、职业培训等方面形成的关系。此外，与劳动关系密不可分的关系还包括劳动行政部门与用人单位、劳动者在劳动就业、劳动争议和社会保险等方面的关系，工会与用人单位、职工之间履行工会的职责和职权，代表和维护职工合法权益而发生的关系等。

四、劳动关系的重要性

劳动关系的重要性，是由其在企业管理中的关键作用决定的。管理者深刻地理解劳动关系并能够正确地处理这方面的问题，可以获得以下几个方面的好处：

1. 能够提高企业的盈利能力

罢工、劳动生产率低、关键员工跳槽等都是对企业盈利优势的明显破坏。而这些问题的避免有得于提高企业的盈利能力。

2. 有利于管理者的能力提高

如果某一个管理者所管辖的单位或部门经常出现劳动关系纠纷，或者某一起纠纷

① 张德. 人力资源开发与管理［M］. 北京：清华大学出版社，2001：293.

引起了极为严重的后果，那就说明这位管理者的管理能力有问题，管理绩效就会受到不良影响。它也说明这位管理者缺乏人力资源管理技术。在人力资源管理越来越受到重视的今天，如何处理好劳动关系已经是管理者职业发展的关键。

3. 能够帮助避免纠纷，或有效地处理纠纷

建立并保持良好的劳动关系，可以使员工在一个心情愉快的环境中工作，即使出现一些问题或纠纷也能够较好地解决，避免事态的扩大。

4. 有助于处理日常管理中的许多问题

管理人员具备了劳动关系的理念和技能，在面临很多现实的管理问题时，就能够正确地认识这些问题，并以恰当的思路来解决它们。

五、劳动人事法规政策

1.《中华人民共和国劳动法》

劳动法（Labour Law），是调整劳动关系以及与劳动关系密切联系的社会关系的法律规范的总称。这些法律条文规定工会、雇主及雇员的关系，并保障各方面的权利及义务。我国的劳动法是《中华人民共和国劳动法》，于1995年1月1日起施行。《中华人民共和国劳动法》包括13章，分别是总则、促进就业、劳动合同和集体合同、工作时间和休息休假、工资、劳动安全卫生、女职工和未成年工特殊保护、职业培训、社会保险和福利、劳动争议、监督检查、法律责任、附则。劳动法的制定是为了保护劳动者的合法权益，调整劳动关系，建立和维护适应社会主义市场经济的劳动制度，促进经济发展和社会进步。

2.《中华人民共和国劳动合同法》

《中华人民共和国劳动合同法》是在2007年6月29日由第十届全国人民代表大会常务委员会第二十八次会议通过，并由中华人民共和国主席令发布的关于劳动合同的法律条文。《中华人民共和国劳动合同法》自2008年1月1日起施行。劳动合同法共分8章98条，包括：总则、劳动合同的订立、劳动合同的履行和变更、劳动合同的解除和终止、特别规定、监督检查、法律责任、附则。劳动合同法是规范劳动关系的一部重要法律，在中国特色社会主义法律体系中属于社会法。[①] 劳动合同法的制定是为了完善劳动合同制度，明确劳动合同双方当事人的权利和义务，保护劳动者的合法权益，构建和发展和谐稳定的劳动关系。

3.《中华人民共和国劳动合同法实施条例》

为了贯彻实施《中华人民共和国劳动合同法》而制定的《中华人民共和国劳动合同法实施条例》于2008年9月3日国务院第二十五次常务会议通过，2008年9月18日公布，自公布之日起施行。本条例共分为总则、劳动合同的订立、劳动合同的解除和终止、劳务派遣特别规定、法律责任、附则六部分。本条例要求各级人民政府和县级以上人民政府劳动行政等有关部门以及工会等组织，应当采取措施，推动劳动合同法的贯彻实施，促进劳动关系的和谐。

---

① 百度百科：劳动合同法［OL］. http://baike.baidu.com/view/1027506.htm.

4.《中华人民共和国就业促进法》

2007年8月30日由第十届全国人民代表大会常务委员会第二十九次会议通过，以中华人民共和国主席令第七十号发布，自2008年1月1日起施行。为了促进就业，促进经济发展与扩大就业相协调，促进社会和谐稳定，制定了《中华人民共和国就业促进法》。作为一部与民众利益密切相关的法律，就业促进法在起草之初就受到社会各界的广泛关注。人们期待这部法律的制定和实施能为扩大就业、发展和谐劳动关系带来福音。历经三次审议，反复修改，就业促进法正式出台。禁止就业歧视、扶助困难群体、规范就业服务和管理等诸多人们关心的就业问题在这部法律中都有体现。就业促进法的制定是为了促进就业，促进经济发展与扩大就业相协调，促进社会和谐稳定。

5.《中华人民共和国劳动争议调解仲裁法》

为了公正及时解决劳动争议，保护当事人合法权益，促进劳动关系和谐稳定，中华人民共和国第十届全国人民代表大会常务委员会第三十一次会议于2007年12月29日通过《中华人民共和国劳动争议调解仲裁法》，自2008年5月1日起施行。调解仲裁法的制定是为了公正及时地解决劳动争议，保护当事人的合法权益，促进劳动关系和谐稳定。

第二节　劳动者的地位与权益

一、劳动者的地位

劳动者是企业生产经营活动的主体，是企业财富的创造者，也是社会财富的创造者。任何一个企业或事业单位，没有全体劳动者的努力工作，是无法达到组织目标，实现其经济效益和社会效益的。因此，劳动者在企业内处于主体地位，而经营管理者则处于主导地位，二者相辅相成，缺一不可。

在我国，劳动者是国家的主人，在整个社会行使当家做主的权利，在企业内部享有法定的民主权利，在全民所有制和其他公有制企业中，职工享有主人翁的地位和权利。

二、劳动者的权利

我国的劳动法规定了劳动者在劳动关系中的各项权利，其主要的权利如下：

1. 劳动者有平等就业和选择职业的权利

第一，劳动者有平等就业的权利。劳动权也称劳动就业权，是指具有劳动能力的公民有获得职业的权利。劳动是人们生活的第一基本条件，是一切物质财富、精神财富的源泉。它是有劳动能力的公民获得参加社会劳动和切实保证按劳取酬的权利。公民的劳动就业权是公民所有的各项权利的基础，如果公民的劳动权不能实现，其他一切权利也就失去了基础和意义。

第二，劳动者有选择职业的权利。劳动者选择职业的权利是指劳动者根据自己意愿选择适合自己才能的、自己喜好的职业。劳动者拥有自由选择职业的权利，有利于劳动者充分发挥个人的特长，促进社会生产力的发展。

2. 劳动者有取得劳动报酬的权利

取得劳动报酬是公民的一项重要的权利。我国《宪法》明文规定的各尽所能、按劳分配的原则，是我国经济制度的重要组成部分。《宪法》还规定，实行男女同工同酬，国家在发展生产的基础上，提高劳动报酬和福利待遇。

3. 劳动者享有休息休假的权利

我国《宪法》规定，劳动者有休息的权利，国家建设和发展劳动者休息和休养的设施，规定职工的工作时间和休假制度。我国《劳动法》规定的休息时间包括工作间隙、两个工作日之间的休息时间、公休日、法定节假日以及年休假、探亲假、婚丧假、事假、生育假、病假等。

4. 劳动者有获得劳动安全卫生保护的权利

劳动安全卫生保护，是保护劳动者的生命安全和身体健康，是对享受劳动权利的主体切身利益最直接的保护。这包括防止工伤事故和职业病。如果劳动保护欠缺，其后果不是某些权益的丧失，而是劳动者健康和生命直接受到伤害。目前我国已制定了大量的关于劳动安全保护方面的法规，形成了安全技术法规制度、职业安全卫生行政管理制度以及劳动保护监督制度。

5. 劳动者有接受职业技能培训的权利

我国《宪法》规定，公民有受教育的权利和义务。受教育既包括受普通教育，也包括受职业教育。公民要实现自己的劳动权，必须拥有一定的职业技能，而要获得这些职业技能，则越来越依赖于专门的职业培训。因此，劳动者若没有职业培训权利，劳动就业权就成为了一句空话。

6. 劳动者有享受社会保险和福利的权利

疾病、年老等是每一个劳动者都不可避免的。社会保险是劳动力再生产的一种客观需要。我国劳动保险包括生育、养老、疾病、伤残、死亡、待业、供养直系亲属等。

7. 劳动者有提请劳动争议处理的权利

劳动争议指劳动关系当事人因执行劳动法或履行集体合同和劳动合同的规定引起的争议。劳动关系当事人，作为劳动关系的主体，各自存在着不同的利益，双方不可避免地会产生分歧。用人单位与劳动者发生劳动争议，劳动者可以依法申请调解、仲裁、提起诉讼。劳动调解委员会由用人单位、工会和职工代表组成。劳动仲裁委员会由劳动行政部门的代表、同级工会、用人单位代表组成。解决劳动争议应贯彻合法、公正、及时处理的原则。

8. 法律规定的其他劳动权利

其他劳动权利是根据劳动法相关法规和有关地方法规而具体化的劳动权利。

管理者必须认识到，这些权利是劳动者生存、发展、提高劳动水平的必备条件，对用人单位与劳动者自己都是有利的。

三、工会、职代会的地位和作用

1. 工会

我国的工会组织与西方国家的工会组织是不同的。在西方国家，劳动者完全处在劳动力市场之中。劳动者寻求工作与劳动力市场的供求状况关系很大。劳动者与雇主直接存在着讨价还价的关系，而且劳动者在讨价还价中处于劣势地位。因此，雇员用来抵消资方讨价还价的力量来自于联合起来的工会。在讨价还价中，工会的作用是代表劳动者的利益，平衡雇主的经济实力。在我国，工会是职工自愿结合的工人阶级的群众组织。我国的《工会法》规定，工会应组织和教育职工依照宪法和法律的规定行使民主权利，发挥国家主人翁的作用，通过各种途径和形式，参与管理国家事务，管理经济和文化事业，管理社会事务；协助人民政府开展工作，维护工人阶级领导的、以工农联盟为基础的人民民主专政的社会主义国家政权。

按照我国《工会法》的规定，工会在企业管理特别是维护职工的合法权益方面应起积极的作用。目前，工会在企业的民主管理、参政议政、厂务公开等方面发挥了积极的推动作用。

2. 职工代表大会

实行职工代表大会制度是中国国有企业的另一特点。依照有关企业职工代表大会条例，职工代表大会的基本职权有以下五项：

第一，定期听取厂长（总经理）的工作报告，审议企业的经营方针、长远和年度计划、重大技术改造和技术引进计划、职工培训计划、财务预决算、自有资金分配和使用方案，提出意见和建议，并就上述方案的实施做出决议。

第二，审议通过厂长（总经理）提出的企业的经济责任制方案、工资调整计划、奖金分配方案、劳动保护措施方案、奖惩办法及其他重要的规章制度。

第三，审议决定职工福利基金使用方案、职工住宅分配方案和其他有关职工生活福利的重大事项。

第四，评议、监督企业各级领导干部，并提出奖惩和任免的建议。

第五，主管机关任命或者免除企业行政领导人员的职务时，必须充分考虑职工代表大会的意见。

总之，在我国的企业劳动关系中，工会和职工代表大会在确保劳动者的权益得以实现方面起着非常重要的作用。

第三节 劳动争议及处理

一、劳动争议概述

1. 劳动争议的概念

劳动争议指用人单位和劳动者之间因劳动权利和劳动义务所发生的纠纷。[①] 目前，我国有关劳动争议的法律法规主要有《企业劳动争议处理条例》、《企业劳动争议调解委员会组织及工作规则》、《劳动争议仲裁委员会办案规则》、《最高人民法院关于审理劳动争议案件适用法律若干问题的解释》等。

2. 劳动争议的种类

（1）终止劳动关系的劳动争议，指企业开除、除名、辞退职工或职工辞职、离职而发生的劳动争议。

（2）执行劳动法规的劳动争议，指企业和劳动者之间因执行国家有关工资、保险、福利、培训、劳动保护规定而发生的争议。

（3）履行劳动合同的劳动争议，指企业和劳动者之间因执行、变更、解除劳动合同而发生的争执。

（4）其他劳动争议。

二、解决劳动争议的基本原则

在劳动关系的发展中，劳动关系各方出现矛盾是不可避免的。正确地处理劳动争议，是维护和谐的劳动关系，发挥人力资源潜力的重要方面。在处理劳动关系中的矛盾时，双方都应遵循一定的原则。

1. 调解和及时处理的原则

用人单位和劳动者发生劳动争议，当事人可以依法申请调解、仲裁、提起诉讼，也可以协商解决。调解是指在双方当事人自愿的前提下，由劳动争议处理机构在双方之间进行协调和疏通，目的在于促使争议双方相互谅解，达成协议，从而结束争议的活动。

处理劳动争议，应遵循及时处理的原则。劳动争议案件具有特殊性，它关系到职工的就业、报酬、劳动条件等切身利益问题，如不及时迅速地予以处理，势必影响职工的生活和生产秩序的稳定。劳动法规定，提出仲裁要求的一方应当自劳动争议发生之日起60日内向劳动仲裁委员会提出书面申请。仲裁裁决一般应在收到仲裁申请的60日内做出。

2. 在查清事实的基础上依法处理的原则，即合法原则

劳动争议处理机构应当对争议的起因、发展和现状进行深入细致的调查，在查清

① 陈维政，余凯成，程文文．人力资源管理［M］．北京：高等教育出版社，2006：357.

事实、明辨是非的基础上，依据劳动法规、规章和政策做出公正处理。达成的调解协议、做出的裁决和判决不得违反国家现行法规和政策规定，不得损害国家利益、社会公共利益或他人合法权益。

3. 当事人在适用法律上一律平等的原则，即公正的原则

这一原则包含两层含义：一是劳动争议双方当事人在处理劳动争议过程中法律地位平等，平等地享有权利和履行义务，任何一方都不得把自己的意志强加于另一方；而劳动争议处理机构应当公正执法，保障双方当事人行使权利，对当事人在适用法律上一律平等，不得偏袒或歧视任何一方。

三、解决劳动争议的途径和方法

劳资双方在解决劳动争议时，除了遵循以上原则外，还要通过一定的途径，采用合适的解决方法。根据劳动法的规定，我国目前的劳动争议处理机构为劳动争议调解委员会、劳动争议仲裁委员会和人民法院。这是解决劳动争议的三个现实的渠道。

1. 通过劳动争议委员会进行调解

根据劳动法的规定，在企业内部可以设立劳动争议调解委员会。劳动争议调解委员会由职工代表、用人单位代表和工会代表三方组成。其调解活动是群众自我管理、自我教育的活动，具有群众性和非诉性的特点。

劳动争议调解委员会调解劳动争议一般应遵循以下步骤：

（1）申请：指劳动争议当事人以口头或书面方式向本单位劳动争议委员会提出调解的请求，由其当事人自愿申请。

（2）受理：指劳动争议调解委员会接到当事人的调解申请后，经过审查，决定接受申请的过程。受理包括三个过程：第一，审查。即审查发生争议的事项是否属于劳动争议，只有属于劳动争议的纠纷事项才能受理；第二，通知并询问另一方当事人是否愿意接受调解，只有双方当事人都同意调解，调解委员会才能受理；第三，决定受理后，应及时通知当事人做好准备，并告知调解时间、地点等事宜。

（3）调查：经过深入调查研究，了解情况，掌握证据材料，弄清争议的原委，以及调解争议的法律政策依据等。

（4）调解：调解委员会召开准备会，统一认识，提出调解意见；找双方当事人谈话；召开调解会议。

（5）制作调解协议书：经过调解，双方达成协议，即由调解委员会制作调解协议书。

2. 通过劳动争议仲裁委员会进行裁决

劳动争议仲裁委员会是依法成立的、独立行使劳动争议仲裁权的劳动争议处理机构。它以县、市、市辖区为单位，负责处理本地区发生的劳动争议。

以仲裁的方式来解决劳资双方发生的劳动争议在世界各国是比较普遍的一种方式。劳动争议仲裁委员会由劳动行政主管部门、同级工会、用人单位三方代表组成，劳动争议仲裁委员会主任由劳动行政主管部门的负责人担任。劳动行政主管部门的劳动争议处理机构为仲裁委员会的办事机构，负责办理仲裁委员会的日常事务。劳动争议仲

裁委员会是一个带有司法性质的行政执行机关，其生效的仲裁决定和调解书具有法律强制力。

在劳动争议仲裁中应该遵循以下三个原则：

第一，调解原则。先行调解，调解无效再及时仲裁。

第二，及时、迅速原则。劳动争议仲裁委员会必须严格依照法律规定的期限结案，即“仲裁裁决一般应在收到仲裁申请的60日内做出”。

第三，一次裁决原则。劳动争议仲裁委员会对每一起劳动争议案件实行一次裁决即行终结的法律制度。当事人不服裁决的，可在收到仲裁书之日起15日内，向有管辖权的人民法院起诉。期满不起诉的，仲裁决定书即发生法律效力。

劳动争议仲裁一般分为五个阶段：

第一阶段：受理案件阶段；

第二阶段：调查取证阶段；

第三阶段：调解阶段；

第四阶段：裁决阶段；

第五阶段：执行阶段。

3. 通过人民法院处理劳动争议

人民法院并不处理所有的劳动争议，只处理如下范围内的劳动争议案件：

第一，争议事项范围：因履行和解除劳动合同发生的争议；因执行国家有关工资、保险、福利、培训、劳动保护的规定发生的争议；法律规定由人民法院处理的其他劳动争议。

第二，企业范围：国有企业；县（区）属以上城镇集体所有制企业；乡镇企业；私营企业；“三资”企业。

第三，职工范围：与上述企业形成劳动关系的劳动者；经劳动行政机关批准录用并已签订劳动合同的临时工、季节工、农民工；依据有关法律、法规的规定，可以参照本法处理的其他职工。

人民法院受理劳动争议案件的条件是：

第一，劳动关系当事人之间的劳动争议，必须先经过劳动争议仲裁委员会仲裁。

第二，必须是在接到仲裁决定书之日起15日内向人民法院起诉的，超过15日，人民法院不予受理。

第三，属于受诉人民法院管辖。

四、劳动协商与谈判

1. 劳动协商与谈判的模式

在劳动力市场中，供需双方（在西方即为劳资双方）讨价还价的格局形成了双方的协商与谈判。劳资双方协商与谈判的主要内容是围绕着工资标准、劳动条件、解雇人数，还有其他有关职工的权益问题。劳资双方的代表，一方是劳动者代表即工会，另一方是雇主。从劳资协商与谈判的整体模式上来看，目前国际上主要有三种基本模式。在此以工资水平的协商与谈判为例作简要介绍：

（1）要由国家宏观层次上的劳资双方谈判决定。这种谈判的模式主要在新加坡、奥地利、挪威、瑞典等国家施行。

（2）主要由产业中观层次劳资双方谈判决定。这种谈判模式主要在德国、荷兰、瑞士等国家施行。

（3）主要由企业微观层次劳资双方谈判决定。这种谈判模式主要在英国、加拿大、美国、法国、意大利、新西兰、澳大利亚、日本等国家施行。

2. 我国劳动协商制度的发展趋势

随着我国劳动力市场的逐步建立和完善，也应逐步建立和完善劳动协商谈判制度，以确保企业和职工双方的权益均受到尊重，使所有的企业经营者同所有的职工群众之间，形成一种正常的、民主的新型工资分配协调机制，从而使企业内部分配关系达到协调发展，以利于调动、发挥和保护职工群众的劳动积极性。

在中国的社会环境下，劳资双方协商与谈判主要以企业内部劳动协商为主。协商的双方，一方为工会，另一方为企业经营者。协商谈判的内容主要有：①职工工资、福利增长幅度；②工资结构如基本工资、奖金、补贴结构、工资的年龄结构、工资的岗位结构等。双方达成的协议主要由企业行政负责履行，工会（或职代会）监督企业行政履约。

随着社会主义市场经济的发展，企业内部劳动协商所要解决的劳动关系问题也应该逐步扩大范围，诸如用工与辞退工人、解雇工人、工作时间及休假、补充保险与职工福利、劳动保护等。协商谈判的层次也可以逐渐由微观的企业双方扩大到中观层次等。

第四节　劳动关系的热点问题

我国社会主义市场经济体制还在建设之中，发展还不是很成熟，在劳动关系方面仍有许多需要逐步健全的地方。以下几个方面是需要我们特别注意的：

一、劳动保护与社会保障

1. 劳动保护

劳动保护，是为了保护劳动者在劳动过程中的安全和健康所采取的各种技术措施和组织措施的总称。劳动保护的主要任务有：

第一，保证安全生产——采取各种有效的措施，减少和消除劳动中的不安全、不卫生因素，改善职工的劳动条件，满足其安全需要。

第二，实现劳逸结合——采取各种必要措施，使职工有劳有逸，保证劳动者休息和娱乐。

第三，实行女工保护——由于生理特征的不同，女工需要实行特殊的保护措施和条件。

第四，组织工伤救护——保证劳动者一旦发生工伤事故，立即得到良好的治疗。

做好职业中毒和职业病的预防工作和救治工作。

2. 社会保障

社会保障的主要内容包括：基本养老保险、失业保险、基本医疗保险、工伤保险、生育保险等社会保险。过去，在计划经济体制下，这些都是由企业直接负担的。现在社会主义市场经济逐步将这些保险社会化。但是目前社会保障制度才刚刚开始建立，有许多不完善的地方，需要我们不断地探讨。

二、惩处的公平

1. 惩处的基本概念

惩处的目的是促使员工在工作中行为审慎。在这里“审慎的”行为被界定为遵守规章制度。在组织中，规章制度的作用与法律在社会上的作用一样。当员工违反这些规章制度时，组织就要给予恰当的纪律处分。一个公平而恰当的纪律处分程序基于三个前提：一是规章制度；二是逐步渐进的处罚制度；三是申诉程序。

2. 惩处准则

惩处的第一准则是保证你的惩处行动被认为是公平的，因此有必要由一位公正的仲裁人来批准。仲裁人在确定你的惩处行动是否有“正当理由”时可能要遵照以下准则：

第一，纪律应当与管理人员对同样事件的一般反应方式一致。

第二，仲裁人应当让员工对制定任何规定程序的内在原因提出质询。

第三，调查应当得到能充分证明行为不当的证据。

第四，实用的规定、程序或惩处应得到公平的、没有差别的实施。

第五，惩处应当与错误的性质、程序以及犯错误的员工过去的历史相匹配。

除了以上准则之外，还应该考虑下面一些准则：

一是互相商议的权利；

二是不要让你的下属失去尊严，保全面子的需要；

三是提供证据是你的义务；

四是要抓住事实；

五是在生气的时候不要行动。

三、辞职与解雇

1. 解雇的概念

解雇指员工与企业的雇佣关系的非自愿性终止。解雇是企业对员工最严厉的纪律处分，因此，它也是应慎重采用的手段。具体讲，解雇应当是正当的、有充分理由的。而且，只有在采取了所有帮助改善或挽救该员工的适当步骤均告无效的情况下才应采取解雇手段。

2. 解雇的原因

解雇的原因可分为工作业绩不合要求、行为不当、缺乏从事本职工作的资格、工作要求改变等几种类型。

工作绩效不合要求可界定为一直没有完成指定任务或一直不符合规定的工作标准。具体的原因包括旷工过多，行动迟缓，一直不符合额定的工作要求，或对公司、主管或同事持反感的态度。

行为不当可界定为蓄意、有目的地违反企业的规定，可能包括偷盗、吵闹和不服从。

缺乏从事本职工作的资格界定为某员工虽然很勤奋但没有能力从事企业指定的工作。通过培训后，该员工仍无法承担所担任的工作时，企业才不得已而解雇。

工作要求改变可界定为在工作性质改变以后，员工没有能力从事指定的工作。同样，在其本职工作被淘汰时，员工可能会被解雇。这里再强调一下，该员工可能很勤奋，工作也很努力。因此，如果有可能的话，企业应该尽力留住这个员工，设法给他（她）调动工作。

不服从指故意藐视或不服从上司的正确领导或正当的指挥。

3．解雇的程序

如果发生解雇，在制定解雇程序时应遵循以下步骤：

一是在采取任何最后行动之前，进行警告。必须让员工知道他或她的工作业绩不合要求，或存在其他原因。

二是确认已经以书面的形式提出了最后的警告。

三是做好解雇前的工作交接准备。

四是预测被解雇人的反应，避免其发生过激的行为。

五是注意其他人员对解雇行为的反应，做好沟通工作。

六是实施解雇前的谈话。

七是办理解雇手续。

4．辞职

辞职，也称为随意终止，指劳动关系可以由雇主或雇员因任何原因而随意终止。也就是说，劳动关系可以由雇主或雇员任何一方随意终止。在终止双方的劳动关系时，无论谁提出来，首先是按照国家有关法律法规办理辞职手续，其次是根据双方的劳动协议办理辞职手续。

四、退休

退休是一个人停止自己工作的时间，通常在60～65岁之间。但由于企业实行的提前退休激励方案，现在，提前退休的人越来越多。退休是一种苦乐交织的体验，一方面，退休是一个人职业生涯的终点，他（她）可以休养，享受他们的劳动成果，不必再为工作操心；而另一方面，他们要面对一种新的生活，突然闲在家里，无事可做，在心理上会有失落感。企业在处理员工的退休问题上，不应该只是简单地办理退休手续，而是应积极开展退休前后的一系列工作，使退休人员顺利完成这一关键的转折。一般来讲，企业应该注重两个方面的工作，一个是退休前的咨询服务，为即将退休的员工解答有关问题，排除心理障碍；另一个就是成立离退休办公室，负责组织退休人员的有关活动，丰富他们的退休生活。

本章小结

本章主要内容是劳动关系管理。首先阐述了劳动关系的基本概念和内容，介绍了我国有关劳动关系的一些法律法规，比如《中华人民共和国劳动法》、《中华人民共和国劳动合同法》和《中华人民共和国劳动合同法实施条例》等五个法律文件；其次阐明了劳动者的权利和义务；接着论述了我国目前对劳动关系起着非常重要作用的组织形式——工会和职代会；阐明了工会和职代会的主要职责和作用；最后论述了劳动纠纷、争议和冲突的处理原则、过程和方法。

关键概念

1. 劳动关系　2. 劳动法　3. 劳动合同法　4. 工会、职代会
5. 劳动纠纷　6. 劳动争议　7. 劳动争议仲裁　8. 劳动保护

本章思考题

1. 劳动关系的概念是什么？劳动关系的内容是什么？
2. 请论述劳动关系的主要作用，它与企业人力资源管理的关系是什么？
3. 我国目前的劳动人事法规有哪些？
4. 劳动争议的基本概念是什么？如何解决劳动争议？
5. 劳动关系的热点问题有哪些？

案例分析

外资公司员工是否享有探亲假的权利？[①]

黎某和妻子均是硕士研究生，毕业后两人被分回原籍杭州，共同在当地的某科研机构从事科研工作。1997 年，北京的某外商独资公司向黎某发来邀请函，高薪聘请黎某到该公司工作。黎某征得妻子同意后，只身一人来到了北京，与外资公司签订了五年的劳动合同，担任了该公司的总工程师，工作了一年多，也没回家探望过妻子。

2001 年春节前夕，黎某找到公司总经理："我想回杭州和妻子一起过春节，顺便把今年的探亲假休完后，再回来上班。"

"探亲假？什么探亲假？咱们是外资公司，没有国有企业中那些乱七八糟的这假那假。本公司只遵守《劳动法》的规定，因为《劳动法》中没有规定探亲假，所以本公

① 非国有企业或公司有义务给员工探亲假吗？[OL]. http://blog.hr.com.cn/index.php/action-viewknowledge-itemid-221401.html.

司没有探亲假。”黎某看到总经理态度非常坚决，也没敢再继续要求，打算回杭州休完7天春节假，就回来上班。

回到杭州，黎某把公司没有探亲假一事告诉了妻子，妻子感到很纳闷：“我听说有些外资公司也是有探亲假的呀，为什么你们公司没有呢?”

第二天是大年初一，夫妻俩一起骑车去看望黎某的父母。不料，在路上，妻子被一辆超速行驶的汽车撞倒，造成左腿骨折，住进了医院。

春节假期过后，黎某与公司总经理通了电话，先把妻子受伤之事说了，然后，他又一次提出他应该享受探亲假，并告诉总经理，他为了在医院照顾妻子，现在就要休30天的探亲假。总经理再一次重申，本公司没有探亲假。他要照顾妻子，只能按事假处理。

一个月后，黎某回到了北京，发现公司果然对他按事假进行处理，停发了一个月工资。无奈，黎某向市劳动争议仲裁委员会，提出了仲裁申请，主张自己有享受探亲假的权利，要求公司补发他一个月工资。

案例思考题

1. 你认为该外资公司是否应该设立探亲假？为什么？
2. 劳动争议仲裁委员会应该如何解决这一争议？

参考文献

1. CLIVE FLETCHER. Appraisal: An Idea Whose Time Has Gone? [J]. Personnel Management, September 1993.

2. HERZBERG F, MAUSNER B, SNYDERMAN B B. The Motivation to Work [M]. New York: John Wiley & Sons, 1959.

3. KENNETH P CARSON, ROBERT L CARDY, GREGORY H DOBBINS. Upgrade the Employee Evaluation Process [J]. HRMagaizine, November 1992.

4. M K JUDIESCH, F L SCHMIDT, J E HUNTER. Has the Problem of Judgment in Utility Analysis been Solved? [J]. Journal of Applied Psychology, Vol78 -6, Dec1993.

5. MARK EDWARDS, ANN J EWEN. How to Manage Performance and Pay with 360 Degree Feedback [J]. Compensation and Benefits Review, 1996 (28).

6. MCCLELLAND D. Assessing Human Motivation [M]. New York: General Learning Press, 1971: 435 -446.

7. PINTRICH P R, SCHUNK D H. Motivation in Education: Theory, Research, and Applications [M]. Eaglewood Cliffs: Prentice - Hall, 1996.

8. VROOM V H. Work and Motivation [M]. New York: Wiley, 1964: 289 -335.

9. WAYNE F CASIO. Managing Human Resources [M]. New York: McGraw - Hill, 1995.

10. 雷蒙德·A. 诺伊. 人力资源管理 [M]. 刘昕，等，译. 北京：中国人民大学出版社，2001.

11. 爱尔文·戈尔茨坦，凯文·伏特. 组织中的培训 [M]. 常玉轩，译. 北京：清华大学出版社，2002.

12. 蔡宁. 培训需求分析五步流程 [J]. 中国劳动，2009 (6).

13. 陈的非. 企业员工招聘的途径和方法探析 [J]. 人力管理实践，2010 (3).

14. 陈丽芬. 论组织培训需求评估 [J]. 南京理工大学学报：社会科学版，2008 (2).

15. 陈维政，余凯成，程文文. 人力资源管理 [M]. 北京：高等教育出版社，2006.

16. 程延园. 人力资源管理 [M]. 北京：清华大学出版社、北京交通大学出版社，2010.

17. 戴良铁. 人力资源管理实务——方法、工具、计算机软件 [M]. 广州：暨南大学出版社，2003.

18. 董克用，叶向峰. 人力资源管理概述［M］. 北京：中国人民大学出版社，2003.

19. 段霞. 关于企业员工福利设计问题的探讨［J］. 现代经济信息，2010（1）.

20. 付亚和. 工作分析［M］. 上海：复旦大学出版社，2005.

21. 傅夏仙. 人力资源管理［M］. 杭州：浙江大学出版社，2003.

22. 侯荔江. 人力资源管理［M］. 成都：西南财经大学出版社，2010.

23. 胡君辰，郑绍濂. 人力资源开发与管理［M］. 上海：复旦大学出版社，2002.

24. 黄铁鹰，梁钧平，慕凤丽. 人力资源管理案例［M］. 北京：中国人民大学出版社，2011.

25. 黄文述，凌文辁. 培训需求分析的三要素模型解析［J］. 人才资源开发，2006（2）.

26. 蒋莉. 企业薪酬制度设计之我见［J］. 经营管理者，2010（9）.

27. 廖全文. 招聘与录用［M］. 北京：中国人民大学出版社，2002.

28. 刘俊荣. 浅谈中小民营企业薪酬制度的建立［J］. 经营管理者，2011（9）.

29. 罗宾斯. 组织行为学［M］. 孙健敏，等，译. 北京：中国人民大学出版社，1997.

30. 罗青华. 迎接企业间人力资源的竞争［J］. 中外管理导报，1999（1）.

31. 马新建. 人力资源管理与开发［M］. 北京：石油工业出版社，2003.

32. 彭聃龄. 普通心理学［M］. 北京：北京师范大学出版社，2004.

33. 彭剑锋. 人力资源管理概论［M］. 上海：复旦大学出版社，2007.

34. 桑顿三世. 评鉴中心在人力资源管理中的应用［M］. 上海人才有限公司评鉴中心研发专家组，译. 上海：复旦大学出版社，2004.

35. 孙莎. 浅议我国中小企业薪酬制度现状［J］. 劳动保障世界，2011（5）.

36. 孙英. 浅析员工培训效果评估［J］. 中国集体经济，2010（10）.

37. 王青. 工作分析——理论与应用［M］. 北京：清华大学出版社、北京交通大学出版社，2009.

38. 王湘晖，肖宏珏. 大中型企业人员招聘途径的分析与思考［J］. 湖南环境生物职业技术学院学报，2007（9）.

39. 文跃然. 人力资源战略与规划［M］. 上海：复旦大学出版社，2008.

40. 徐永森，戴尚理. 激励原理与方法［M］. 长春：吉林大学出版社，1991.

41. 杨明海，薛靖，孙亚男. 工作分析与岗位评价［M］. 北京：电子工业出版社，2010.

42. 于秀芝. 人力资源管理［M］. 北京：经济管理出版社，2002.

43. 余凯程，程文文，陈维政. 人力资源管理［M］. 大连：大连理工大学出版社，1997.

44. 曾坤生，刘茂松. 人力资源管理学［M］. 北京：经济科学出版社，2004.

45. 张德. 人力资源开发与管理［M］. 北京：清华大学出版社，2002.

46. 张善秀. 对我国目前存在的几种用人关系之分析［J］. 商场现代化，2006（20）.

47. 张一驰. 人力资源管理教程［M］. 北京：北京大学出版社，1999.

48. 赵永乐. 工作分析与设计［M］. 上海：上海交通大学出版社，2006.

49. 中国企业国际化管理课题组. 企业人力资源国际化管理系统［M］. 北京：中国财政经济出版社，2002.

50. 朱勇国. 工作分析［M］. 北京：高等教育出版社，2007.

51. 聂绍群. 招聘中层管理者的困难分析［J］. 人力资源管理，2009（3）.